알기 쉽게. 정확하게. 필요한 내용들로 구성한

3쿠션 System 실전당구

Five & Half System 집중분석 수록

유효식 저

System 알면 당구가 보인다!
3쿠션 완결편!

일신서적출판사

동호인님 께서는 게임에서 승률이 얼마나 되십니까 ?

이제부터는 모든 *Play*에 *System*을 적용하십시오 !

머지않아 전체적인 경기운영에 *Road map*이 그려질 것입니다 !

이 책은 지난 40여 년 동안 수많은 당구 고수님들과의 산경험과 *System*을 바탕으로,

당구대 위에서 펼쳐지는 모든 상황들을 명쾌한 해설과 함께 정확한 수치로 차트화하여 누구나 실전에 바로 적용할 수 있도록 제작 하였습니다.

특히 3쿠션 *System* 실전 당구는 당구 동호인들께서 가장 궁금해 하는 *System*, 타법의 종류, 당점, 스피드, 포인트계산법, 보정 이론 등 정확하게 공의 두께를 맞추는 방법에 이르기까지 아주 알기 쉽게 표현 하였습니다.

아울러 당구의 기본 자세와 당구를 잘치기 위한 조언 등 고점자가 되기위해 꼭 알아야 할 사항들을 함께 수록하였습니다.

갈수록 국제화 되어가고 있는 *System* 당구야말로 수 많은 당구 매니아 님들에게 없어서는 안될 귀중한 지침서가 될 것을 확신합니다.

이번 기획를 통해 3쿠션 *System* 실전당구로 당구 매니아님들을 만나 뵙게 된 것을 기쁘게 생각하며 당구 동호인님들의 큰 발전을 기대해 봅니다 !

3쿠션 System 실전당구

3쿠션 System 실전 당구는 ~

보다 알기 쉽게 !

보다 정확하게 !

보다 필요한 내용들만을 간추려서

실전에 바로 활용할 수 있도록 제작 하였습니다

이제부터 모든 당구는 System을 기초삼아 연습하십시오

머지 않아 놀랄만한 결과로 나타날 것입니다 !

✓ System

✓ 타법의 기본 분류

✓ 당점

✓ 분리각 이론

✓ 스피드

✓ 포인트 계산법

✓ 보정 이론

✓ 포지션 Play

✓ 정확한 두께 조준법

✓ 당구의 기본 자세

✓ 스쿼트와 커브 현상

✓ 고점자와 하점자의 차이점

✓ 당구를 잘 치기 위한 조언

기술 이론 목차

- 머리글 2
- 당구 기초 용어 6
- 당점 8
- 공의 두께와 분리각 9
- 정확한 공의 두께 조준법 10
- 스커트와 커브 현상 11
- 타법의 기본 분류 13
- 정확한 스트록을 위한 훈련 방법 14
- 타법의 종류와 활용 15
- 타격감 없는 샷의 중요성 18
- 예비 스트록의 중요성 19
- 당구를 잘 치기 위한 조언 16 20
- 브리지와 그립 22
- 초구의 중요성과 공략법 23
- 2.5레일이란 ? 24
- 당구의 기본 자세 ....,...... 25
- 고점자와 하점자의 차이점 26
- Frozen된 공에 대한 조치(붙은 공) 27
- 당구대 밖으로 벗어난 공의 조치 28
- 파울의 범위 29
- 중대와 대대의 차이점 30
- 올바른 당구 용어 31
- 게임에 승자가 되려면 32

System 목차

- 3쿠션 System의 기본도 33
- Five & Half System 35
- 35와 1/2 System 63
- Plus System(종합) 69
- 빈쿠션 돌리기의 강자가 되려면 82
- 앞으로돌리기 System 83
- 제각돌리기 System 101
- 뒤로돌리기 System 123
- No English System 145
- 빗겨치기 System 175
- 횡단 & 더블 System 189
- 알아두면 유용한 System 203
- 더블 레일 System 213
- Reverse & System 227
- 걸어치기 System 241
- 역회전 System 277
- Position Play 287
- Positioning의 원칙 288
- 책을 마치면서 311

수구 : 내가 치는 공을 뜻하며 수구와 큐 볼의 의미는 같다.

수구 수치 : 수구 수치라 함은 내가 칠 공의 출발점에 해당하는 프레임 포인트 수치를 의미한다.

레일 : 쿠션을 표현할 때 사용하는 용어로, 예를 들어 2.5레일 이라 하면 반대편 단쿠션을 향해 친 공이 돌아와 단쿠션을 맞고 장쿠션의 반 정도 지나 멈추는 스피드를 말한다.

스트록 : 스트록에는 여러 종류가 있지만 크게 분류하면 길게 밀어주는 follow stroke, 끊어치는 jab stroke, 아주 가볍게 끊어치는 Soft Jap stroke으로 분류된다.

포인트 계산법 : System을 계산할 때는 프레임에 표시된 프레임 포인트(흰점)를 기준으로 계산하지만, 레일 포인트를 사용하는 경우도 있다.

당점 : 회전을 주기 위한 수구의 정확한 지점을 말하며, 시계 방향 또는 나침반 방향으로 표현하기도 한다. 예를 들어 한시 반이라 하면 2Tip에 해당되며, 2시 ~ 3시(9시 ~10시)는 3Tip에 해당된다.

8시 또는 4시 방향에 하단 당점을 주면 4Tip으로 분류된다.

당점은 상단 당점, 중단 당점, 하단 당점으로 구분된다.

1적구 : 수구가 첫 번째 맞히는 공을 말한다. (오브젝트 볼 object ball)

2목적구 : 1적구를 맞고 두 번째 맞는 공을 의미한다.

뱅크 샷 : 수구가 1적구를 맞히기 전에 레일(쿠션)을 먼저 맞히는 샷을 말한다.

뱅킹 : 선구를 결정하기 위해 맞은편 레일을 쳐서 헤드 레일에 가까운 사람이 선구를 한다.

순 비틀기 : 정회전을 준 상태에서 빗겨치지 않고 회전은 다 살려주는 스트록을 말한다.

종 비틀기 : 빠른 스피드로 큐를 위로 치솟아 공이 앞으로 전진하는 힘을 더해주는 샷, 또는 끌어치기를 하기 위해 하단을 깊게 찔러주는 샷도 종비틀기이다.

횡 비틀기 : 큐를 옆으로 비틀어 회전력을 더해주는 샷.

잽 샷 : 복싱에서 잽을 날리듯 스트록하면서 부드럽게 큐를 살짝 잡아주는 샷.

팔로우 샷 : 큐를 길게 뻗어주는 것을 말하며 당구에서 가장 기본이 되는 샷이다.

관통 샷 : 큐가 수구를 뚫고 나가듯 비틀림 없이 일직선으로 큐를 곧게 뻗어주는 샷. 고점자들은 큐의 흔들림 없는 관통 샷을 많이 선호하며 사용한다.

Soft stop shot : 임펙트와 동시에 큐를 살짝 잡아주는 것.

브리지 bridge : 큐를 고정하기 위해 취하는 손과 손가락의 형태.

훅 hook : 브리지에서 엄지와 검지를 이용해 큐 스틱의 상대를 고정 시키기 위해 만드는 모양.

초크 chalk : 탄산칼슘 분말이나 석고를 압축해 큐 미스 방지와 큐팁의 마찰을 도와주도록 만든 것.

큐 팁 : Cue tip : 큐 끝에 부착한 가죽 조각으로 큐 볼과 접촉하는 부분.

에러마진 error margin : 진로가 다소 어긋나도 득점할 수 있는 범위.(오차 허용치)

보정 이론 : 당구대 제조 메이커 마다의 특성 또는 습도, 시간 경과 등에 따라 System 의 수치를 조정해서 계산하는 것을 말한다.

3중 대회전 : 6쿠션 이상의 쿠션 터치로 진로를 갖는 궤도.

소실점 : 일부 시스템의 운영에서 경기 면적 밖에서 정렬의 기준점을 찾아내는 것.

입사각 : 공이 레일을 향해 진행할 때 공의 진로와 레일이 이루는 각도.

반사각 : 쿠션에 맞고 튀어 나오는 공이 레일과 이루는 각도.

분리각 : 수구가 1적구와 부딪쳤을 때 수구와 1적구의 분리각 합은 대략 90° 이다. 따라서 이를 계산해 Kiss의 여부를 판단할 수 있다.

선각 : 수지 소재를 사용해 큐 상대의 파손을 막기 위해 상대의 끝에 부착하는 부품.

입사점 : 프레임이나 레일에 큐 볼을 보내야 하는 지점.

상박 : 어깨부터 팔꿈치.

하박 : 팔꿈치부터 손까지.

상대 : 큐 팁이 있는 큐의 가벼운 쪽.

하대 : 큐 스틱의 무거운 쪽 부분.

데드 볼 : Tip을 주지 않고 비틀기를 배제 시키고 치는 공, 회전을 죽여 치는 공.

케롬 carom : 수구와 적구의 접촉으로 점수를 가산하는 종목.

꼬미 : 스핀샷, 공을 회전력으로만 치는 것.

느낌 Tip : 무회전으로 공을 칠 경우 역회전으로 잘못 치는 것을 방지하기 위해 반 Tip이 안될 정도로 아주 미세하게 회전을 주는 것을 뜻한다.

티키샷 : 상단 회전으로 최대한 밀면서 비틀어 치는 샷

펜샷 : 공을 아주 얇게 치는 것

당점 effecto

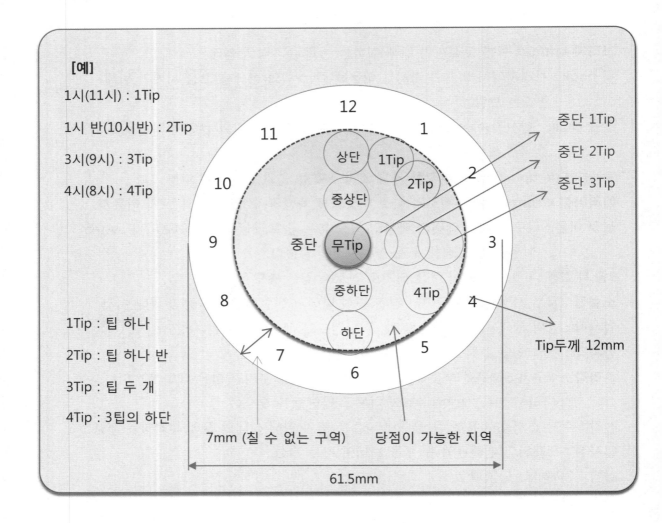

[예]

1시(11시) : 1Tip

1시 반(10시반) : 2Tip

3시(9시) : 3Tip

4시(8시) : 4Tip

1Tip : 팁 하나

2Tip : 팁 하나 반

3Tip : 팁 두 개

4Tip : 3팁의 하단

(다이어그램 레이블)
12 / 1 / 2 / 3 / 4 / 5 / 6 / 7 / 8 / 9 / 10 / 11

상단 / 1Tip / 2Tip / 중상단 / 중단 / 무Tip / 중하단 / 4Tip / 하단

중단 1Tip
중단 2Tip
중단 3Tip

Tip두께 12mm

7mm (칠 수 없는 구역)   당점이 가능한 지역

61.5mm

[해설]

당점은 0Tip에서 4Tip으로 분류되며 중단, 상단, 하단, 중 상단, 중 하단으로 분리된다.
1Tip : 팁 하나 / 2Tip : 팁 하나 반 / 3Tip : 팁 두 개로 분리된다.
4시 방향에 3Tip을 주면 4Tip이 된다.

특별한 경우가 아니라면 당점은 공의 중앙과 바깥 부분의 중앙 부분에 두는 습관을
들이는 것이 이상적이며, 더 바깥쪽에 당점을 준다 해도 회전은 더 발생하지 않는다.

평소 시계 방향을 기준으로 자신의 당점 기준을 확실히 고정하는 것이 좋다.

공의 두께와 분리각

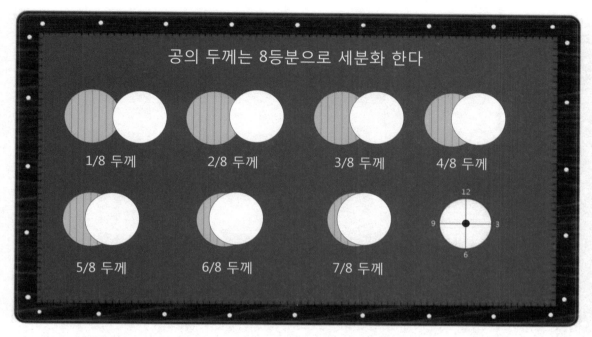

공의 두께는 8등분으로 세분화 한다

1/8 두께   2/8 두께   3/8 두께   4/8 두께

5/8 두께   6/8 두께   7/8 두께

공의 두께를 ½이상 두껍게 칠 때는 밀림 현상을 주의해야 되며,
회전을 2Tip 이상 줄 때는 스쿼트나 커브 현상을 조준에 반영해야 한다.

아래 분리각은 수구의 중앙을 쳤을 때 분리되는 이론이며 타법과 당점에 따라 달라진다.
실제 경기에서는 ½두께로 부드럽게 쳤을 때 45° 분리되는 것으로 대략 계산한다.

[수구와 1적구의 분리각을 더하면 약 90° 이다]

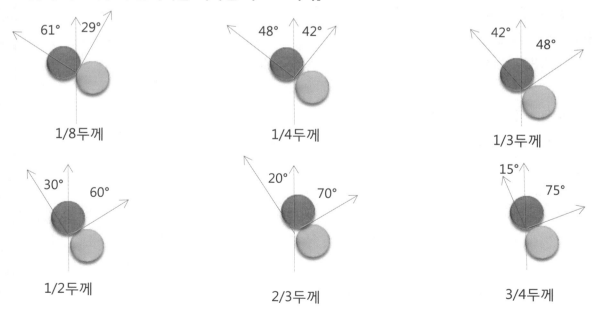

61°   29°   48°   42°   42°   48°

1/8두께   1/4두께   1/3두께

30°   60°   20°   70°   15°   75°

1/2두께   2/3두께   3/4두께

정확한 공의 두께 조준법

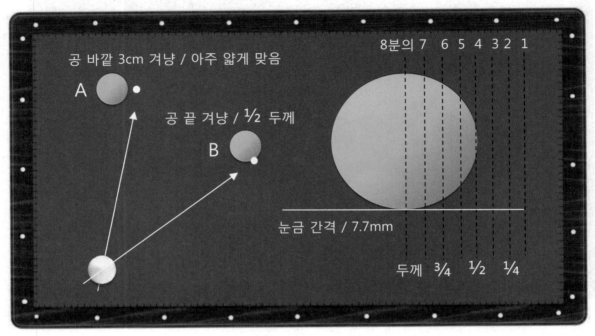

공 바깥 3cm 겨냥 / 아주 얇게 맞음

A

공 끝 겨냥 / ½ 두께

B

8분의 7 6 5 4 3 2 1

눈금 간격 / 7.7mm

두께 ¾ ½ ¼

❖ 공을 잘 치려면 어떤 위치에서든 ½두께를 정확하게 맞출 수 있어야 한다.

[해설]

도형 A처럼 큐를 공의 바깥 2.5cm~3cm 지점을 겨냥하면 1적구는 아주 얇게 맞고,
도형 B처럼 큐를 공 끝을 겨냥하면 절반인 1/2이 맞는다.
단, 회전을 주지 않고 큐를 정확히 맞추었을 때의 이론이다.
대부분 하점자의 경우 공을 겨냥할 때 정렬선이 정확하지 않고 또는 강한 스트록으로
인한 스쿼트나 커브 현상으로 정확한 두께를 맞추기가 쉽지 않다.

이 이론을 바탕으로 ½두께를 정확하게 맞추는 연습과 공의 바깥 3cm를 겨냥하고
공을 얇게 맞추는 노력을 한다면 나머지 두께는 조준을 조금씩 이동해 주면 된다.
(공은 61.5mm 라는 것을 기억하고 반지름이 30.7mm라는 것을 기억하자)

[Point]

회전을 많이 주거나 공을 세게 칠 경우, 또는 수구와 1적구의 거리가 멀 경우 정도에 따라
약 8mm ~ 12mm정도 공의 휨 현상이 생긴다, 따라서 그만큼 보정해 두께를 겨냥해야 한다.
(다음 페이지 스쿼트 현상과 커브 현상 참조)

스쿼트 Squirt 현상

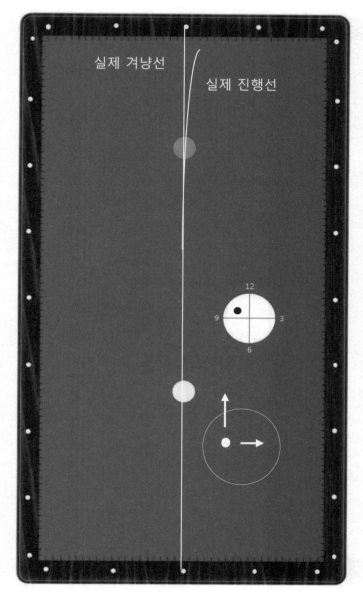

실제 겨냥선

실제 진행선

좌측 아래 그림처럼 흰색 점 부분을 큐로 친다면 수구가 앞으로 나가려는 힘과 우측으로 가려는 힘이 동시에 작용된다.

다만 앞으로 전진하려는 힘이 강하기 때문에 우측으로 나가려는 힘을 일부 상쇄 시켜 조금만 우측으로 이동하는 것이다.

특히 스쿼트 현상은 수구의 극 상단 또는 극 하단을 칠 때 더 많이 발생되는 것을 감안하여 평소 자신의 스쿼트 정도를 필히 익혀 두어야 한다.

스쿼트를 줄이기 위해서는 필요 이상의 회전을 주는 습관부터 고쳐 나가야한다.

[해설]

스쿼트 현상은 공이 큐의 연장 일직선으로 굴러가다 회전을 준 반대 방향으로 휘어지는 것을 말하는데, 이 현상은 회전을 많이 주고 세게 칠 경우, 또는 큐의 하대를 들거나, 강하게 스트록 할 때 더 많이 발생하기도 한다.

당점은 공 중앙과 바깥 부분의 중심 정도면 충분하다.
그 이상 회전을 준다 해도 회전이 더 먹지 않는다는 것을 기억하자.

커브 Curve 현상

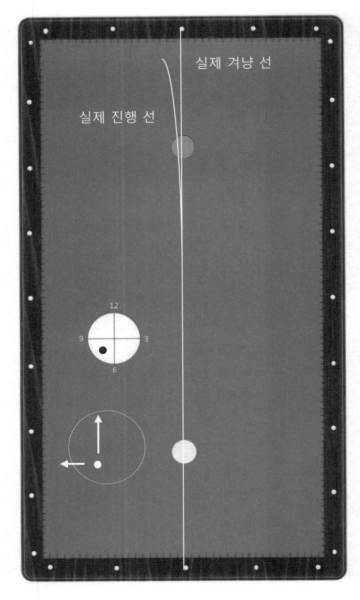

실제 겨냥 선

실제 진행 선

12
9   3
6

[Tip]

일류 선수들의 플레이를 보면 극단적인 당점 사용이나 강한 샷을 구사하지 않는 것을 볼 수 있듯이, 특별한 경우를 제외하고, 커브현상을 억제하려면 당점을 한Tip반 정도 또는 1.5Tip 정도로 유지하는 것이 바람직하다 .

하지만 제 각 돌리기 등에서 각을 짧게 만들어야 할 경우에는 커브현상을 적절히 활용하면 쉽게 해결할 수도 있다.

[해설]

커브 현상은 스쿼트 현상과는 반대로 수구의 움직임이 처음에는 큐 선을 타고 움직이다가 차츰 회전 방향으로 휘어지는 것을 말한다.

커브 현상이 생기는 이유는 회전을 많이 주고 살살 칠 경우 또는 수구의 회전력을 살린다는 느낌으로 큐의 뒤쪽을 살짝 들어주고 부드러우면서 가볍게 찍어 친다는 기분으로 치면 공의 회전력이 당구대 바닥과 마찰하면서 더 많이 생긴다.

타법의 기본 분류

[해설]

1: 타격감없이 가볍게 큐 무게만 살짝 공에 얹어 놓는 타법.

2: 짧게 끊어치는 타법으로 공의 회전을 억제시켜 분리각을 짧게 만들고자 할 때 많이
   사용한다.

3: 뒤로 돌리기나 제각돌리기 등, 가장 자신 있으면서 평범하게 많이 사용하는 샷이다.

4. 대회전 또는 각을 길게 만들어야 할 때 큐를 부드럽게 깊이 넣어주면 공이 길어진다.

[조언]
당구에서 가장 중요한 것은 타법이다.
샷을 하기 전에 어떠한 타법을 구사할 것인지를 먼저 결정해야 한다.

정확한 스트록을 위한 훈련 방법

1. 초크를 바르면서 1적구의 궤도, Kiss, 포지션, 내 공이 멈추어야 할 지점 등을 점검한다.

2. 겨드랑이를 붙이고 상박을 고정한 뒤 하박은 힘을 빼고 축 늘어뜨린다 .

3. 큐는 당구대 바닥과 최대한 수평을 유지하고 몸과 하나가 되어 리듬감있게 움직인다.

4. 호흡을 가다듬은 후 큐를 움직이지 말고 당점을 겨냥한다.

5. 수구를 타격하기 전에 3번의 예비 스트록을 하고 4번째 본 스트록을 한다.

  (손목 사용은 최대한 억제하고 상박과 하박이 90° 일 때 타격한다)

6. 조준이 끝나면 수구의 스피드와 타법에만 집중한다.

7. 스트록은 하박으로 타구하되 자연스럽게 큐가 멈춰질 때까지 곧게 뻗는다.

8. 수구를 타구하고 나서 그립을 풀지 말고 자세를 일정 동안 유지한다.

[큐의 선택]

큐는 게임의 승패를 좌우하는 중요한 도구이다.
평소 자신의 스트록 성향에 맞는 편안한 큐를 선택하는 것이 가장 좋은 방법이다.

[큐 팁의 특성]

큐의 팁은 보통 11.5mm ~12mm를 사용하는데 12mm는 파워가 좋고,
11.5mm는 회전을 최대한 컨트롤할 수 있는 특징이 있다.
파워가 약한 사람은 12mm를 사용하는 것이 바람직하며, 파워가 좋은 사람은 11.7mm
큐 팁을 사용하는 것도 좋은 방법이다.

타법의 종류와 활용

   3쿠션에서 고점자와 하점자의 가장 큰 차이점은 타법에 있다.
포인트 계산법이나 당점, 스피드 등은 눈동냥으로 어느정도 배울 수 있으나, 타법만은
순간적인 동작으로 이루어지기 때문에 눈으로 관찰이 잘 안 된다. 결국 타법의 비밀을
모르고 한결같은 샷 만을 구사해서는 고점자 반열에 진입할 수 없다 .

❖ 밀어치는 타법 (follow through)
3쿠션에서 가장 먼저 배워야 하는 중요하고 기본이 되는 Stroke이다.
밀어치기를 할 때는 큐의 무게와 가속력을 활용해야 하며 큐를 부드럽고 길게 내밀어
주어야 한다, 밀어치기 타법은 3쿠션 이후에도 회전력이 살아 있으며,
키스를 빼야 할 경우, 수구의 분리각을 길게 만들 때 등 다양하게 사용된다.

❖ 잽 Stroke (Jap Stroke)
3쿠션에서 많이 활용되는 타법중의 하나로 공의 회전력을 억제시켜 수구의 궤도를
짧게 만들고자 할 때 많이 사용한다. 스트록과 동시에 큐를 잡아주는 정도에 따라
수구의 반사각이 짧아지는 정도를 조절할 수 있다, 특히 뒤로 돌리기에서 공이 길게
밀리는 것을 방지하기 위해서나, 제각돌리기에서 각을 길게 만들어야 할 때,
원 쿠션 걸어치기 등에서 짧게 각을 만들 때 주로 활용한다. 큐를 잡아주면 큐의
비틀림이 방지되어 공의 회전력을 억제시켜 공의 각이 짧아지는 간단한 원리이다.
반대로 제각돌리기에서 공을 짧게 돌려야 할 경우 브리지를 짧게 잡고 짧은 잽샷을
해도 된다.
당구를 정식으로 배워보지 못한 동호인이라면 이 타법의 원리를 하루 빨리 이해하고
익히면 당구의 공략법이 아주 쉬워지며 급속한 성장을 할 수 있다.
이 샷을 구사하는 요령은 1적구를 타격하는 동시에 큐를 멈추는 듯 타격하면 된다.
❖ (일명 끊어치기, 짤라치기, 잡아주는 샷으로 불리기도 한다)

❖ Soft stop stroke
잽을 아주 가볍게 넣어주는 샷으로 팔로우 샷과 잽 샷의 중간 형태이다.
경기를 하다보면 Soft stop stroke으로 큐를 가볍게 잡아주어야 할 경우가 아주많다.

❖ 드로우 샷 (Draw shot) : 큐 볼의 하단에 종 비틀기를 가해 큐 볼과 충돌 후 후진
하도록 하는 샷.

타법의 종류와 활용

❖ 던져치기 타법

 3쿠션에서 고수들이 많이 사용하는 타법중의 하나이다.

큐 그립을 아주 가볍게 잡고 빠르고 경쾌하게 큐를 던져 준다는 느낌으로 수구에 무게를 실리지 않도록 큐 그립을 끝까지 잡지 않는다.

뒤로 돌리기, 횡단샷, 대회전 등 다양한 경우에 사용된다.

❖ Short 타법

빠른 스트록과 동시에 큐브레이크를 잡아주면 공이 급격히 짧아지는 타법이다.

1적구가 수구와 가까이 있는 뒤로 돌리기에서 끌어 돌려야 할 경우 힘들여 끌지말고 쇼트 타법을 활용하면 1적구를 얇게 맞춰도 쉽게 분리각을 만들 수 있기 때문에 키스를 방지할 수 있다.

단점은 1적구에 힘이 전달된 이후 그 다음 진로가 불규칙 하다.

❖ 스핀 샷 (일명 꼬미 샷)

두꺼운 두께로 수구의 병진 운동을 감소시키고 충분한 회전력으로 궤도를 유지 시키는 고급 기술로 2적구가 쿠션 가까이 있을 경우 득점률을 높이기 위해 사용한다.

❖ 밀어치면서 큐(손)를 놓아 주는 타법

특히 짧은 제각돌리기에서 일반적인 샷으로는 각이 없을 때 활용하거나, 키스를 빼기 위해 1적구를 두껍게 밀어치면서 공의 각도를 짧게 만들어야 할 때 주로 사용하는 샷이다, 타법은 1적구를 겨냥하고 쿠션을 향해 밀어치면서 동시에 큐를 놓아 주면 수구는 1쿠션을 맞고 2쿠션에 반사되어 3쿠션을 도는 순간 늘어지지 않고 그대로 각이 짧게 형성된다 .

❖ 부드러운 롱샷

강하게 치는 타법이 아니라 큐를 부드러우면서 길게 뻗어주는 타법이다.

입사각에 의한 반사 각도의 변화를 최소화 시키려면 부드럽고 길게 치는 롱샷을 해야 한다.

롱샷은 대회전을 칠 때 필요하지만, 2.5레일을 칠 때도 부드러운 롱 샷을 구사해야 할 때가 많다.

횡단 샷 (3단)을 칠 경우에도 수구의 기울기를 만들어야 할 경우에는 부드러운 롱샷을 해야할 경우가 많다.

타법의 종류와 활용

❖ **Down Shot**

스트록하면서 큐가 밑으로 향하게 치는 타법

쿠션 가까이 있는 공을 얇게 대회전 시킬 때 Down Shot을 활용하면 길게 칠 수 있다

❖ **Up Shot**

스트록하면서 큐를 위로 살짝 들어 주는 샷

스트록과 동시에 큐를 살짝 들어주면 직진성을 높일 수 있다

❖ **죽여 치는 타법 (Dead ball)** : 큐를 비틀지 않고 회전을 억제시켜 마지막 쿠션에서
공의 밀림 현상을 방지할 때 사용하는 타법.

❖ **굴리는 타법**

1쿠션이나 1적구에 타격을 주지 않기 위해 부드럽게 굴리는 샷으로 특히 입 반사
각의 각도 변화를 최소화 시키기 위해 부드럽게 굴려주는 샷을 말한다, 쇼트 앵글
인 경우 주로 사용한다.

❖ **근접 끌어치기 타법**

수구가 1적구와 매우 가까이 있는 경우 하단 Tip 주고 역방향 종 비틀기를 구사
하는 타법, 매우 빠르고 순발력 있는 스트록이 필요하다.

❖ **근접 밀어치기 타법**

수구가 1적구와 매우 가까이 있는 경우 스피드하게 밀어치는 타법.

❖ **횡 비틀기** : 최대한의 회전을 살릴 때나 강한 코너웍을 시키기 위해 큐를 옆
으로 비틀어 치는 것. (큐를 관통시키면서 비틀어 치면 회전력은 극대화된다)

❖ **종 비틀기** : 밀어치기 또는 끌어치기에 힘을 더 가하기 위해 큐를 위로 치솟으며
비틀어 치는 타법을 말한다.

❖ **순 비틀기** : 정회전을 준 상태에서 비틀기를 하지 않고 큐를 똑바로 밀어치는 타법.

❖ **컷 샷 (Cut shot)** : 1적구에 종 비틀기를 가하면서 순간 잘라 치는 샷.

❖ **볼 쿠션 (Ball cushion)** : 1적구를 Kiss시켜 원하는 공의 진로를 만든다.

볼 쿠션을 치는 요령은 끌어치기의 조준법을 활용하면 된다.

❖ **레일 퍼스트 샷(Rail first shot)** : 빈쿠션치기를 뜻한다

1뱅크샷, 2뱅크샷, 3뱅크샷으로 구분한다

타격감 없는 샷의 중요성

 대부분의 아마추어 동호인들이 너무나 타격을 주는 샷에 길들여져 있는 것 같다, 어쩌면 타격감 없는 샷이란 용어자체가 생소하게 들릴지도 모른다.
타격감 없는 샷이란 1적구의 두께에 상관없이 공을 부드럽게 부딪쳐 큐 볼의 회전력을 끝까지 유지시켜주기 위함인데, 고점자가 되기 위해서는 반드시 타격감 없는 샷을 구사할 수 있어야 한다.
특히 리버스 형태에서 회전력을 끝까지 살리기 위해서는 절대적으로 필요한 샷이다. 큐 뒤를 구름처럼 가볍게 잡고 1적구의 두께에 상관없이 부드럽게 부딪치며 길게 밀어치는 샷 연습을 꾸준히 하면 된다.

[연습 방법]

1) 가상의 수구 당점 부분을 겨냥하고 느리게 백 스윙.
2) 가상의 수구 당점 지점을 아주 서서히 통과하는 느린 샷.
3) 큐가 나갈 때 보다 더 느린 백스윙.
4) 공 세 개를 통과하는 부드러우면서 긴 스트록 연습.
5) 부드러운 neutral grip(중립그립)으로 스트록을 연습.
6) 큐 전체를 감싸 쥐는 단단한 firm grip으로 스트록 연습.

(위 동작은 연결된 동작이다)
백 스윙과 릴리즈가 부드럽게 물 흐르듯이 그리고 아주 천천히 구사되지 않으면 절대 타격감 없는 샷을 구사할 수 없다.

예비 스트록의 중요성

공을 의지대로 치기 위해서는 반드시 예비 스트록이 필요하다.
예비 스트록은 본 스트록을 하는데 탄력을 더해 주는 것은 물론 정렬과 자세를
최종적으로 점검하는 과정이기 때문이다.

[예비 스트록 전에 점검해야 할 사항]

1. 수구, 큐스틱, 1적구가 일직선으로 정렬되어 있는지.

2. 그립, 팔, 머리가 큐 스틱과 일자로 정렬되어 있는지.
   (주안시가 큐 선 위에 일직선으로 맞추어졌는지)

3. 큐 스틱이 오른발 위에 일치하는지.

4. 왼팔은 뻗고 상체를 낮추었는지.

5, 브리지는 견고하면서 편안한지.

6. 양 발에 균형을 유지하고 체중의 60% 정도가 뒤쪽에 실려있는지.

7. 하박을 축 늘어뜨린 상태에서 큐를 가볍게 잡고 있는지.

8. 어깨와 상박을 고정한 상태에서 하박의 움직임이 부드러운지.

9. 만일 전체적인 자세에 꼬임이나 어색함이 있다면 자세를 풀고 다시 세팅해야 된다.

**[위의 동작들은 동시에 이루어져야 하는 동작이므로, 평소 자세를 잡는 꾸준한
훈련이 필요하다]**

[조언]
예비 스트록의 과정을 보면 상대방의 당구 실력을 어느 정도 가늠할 수 있으며
예비 스트록의 과정을 충실히 하는 것은 절대 슬로우 플레이가 아니다

1, 일단 게임이 시작되면 게임 외의 모든 생각은 지워 버려라.

불필요한 전화 또는 잡담 등 자신이 속해 있는 게임 외에 다른 당구대의 게임에도 절대 관심 갖지 않는다.

2. 철저하게 게임에만 집중하고 멘탈을 관리하라.

공이 잘되고 안되는 것은 일순간이다. 잘되다가도 한순간에 뒤바뀌는 것이 당구의 특성이다, 특히 쉬운 공일수록 더 집중해야 하고 최선을 다해야 한다.

대부분 게임에서 무너지는 경우는 내가 쉬운 공을 못쳤을 때 상대방이 다득점으로 연결하면서 승부가 뒤바뀌는 경우가 대부분이다.

게임에 집중하는 습관과 상대의 다득점에 동요되지 않는 멘탈 관리가 중요하다.

3. 샷을 하기 전에 항상 일정한 예비 동작(루틴)을 습관화하라.

1) 초크를 바르면서 현재 공의 배치와 다음 공의 Position을 머리속에 그린다.

2) Kiss의 염려는 없는지 확인하고 타법과 스피드를 결정한다.

3) 그립 스텐스 등을 점검하고 자세 정렬과 함께 호흡을 조절한다.

3) 샷을 위한 예비 스트록을 몇 차례 한다.

4) 모든 준비가 끝났으면 자신감 있게 샷을 한다.

4. 타격감 없는 샷에 대한 의미가 진정 무엇인지를 정확하게 이해하라.

고점자들의 스트록은 대부분 타격감 없는 샷으로 물 흐르듯 부드럽게 원하는 각을 만든다.

5. 창의력을 발휘하라.

당구에서 정답은 없다, 다만 득점 성공률 차이가 있을 뿐이다.

다양한 각도에서 공을 생각하는 습관을 가지는 것도 고수가 되기 위한 지름길이다.

6. 상대방을 미리 평가하지 마라.

상대가 고수라고 주눅이 들 필요 없고 상대가 하수라고 해서 얕잡아 보아도 안된다, 항상 평상심을 유지하면서 자신의 게임에만 집중하라.

7. 실력 향상에 투자를 아끼지 마라.

돈,시간, 노력(연구,분석,창조) 어느 것도 아끼지 말아야 한다.

System, 타법, 당점, 스피드, 감각 등을 익히기 위해 꾸준히 노력해야 한다.

8. 고점자들을 가까이 하라.

당구는 어차피 하나 하나 배우면서 자신의 것으로 만들고 응용하는 것이다.

9. 한 가지를 배우면 반복해서 자신 있을 때까지 연습하라.

당구란 알고 있다고 반드시 득점과 연결되는 것이 아니다.

10. 항상 겸손하라.

겸손하고 자신을 낮추는 사람에게는 가르쳐 주고 싶은 마음이 생기게 된다.
그만큼 실력이 성장할 수 있는 기회가 생기게 되는 것이다.

11. System을 배워라.

System을 알고 치는 것과 모르고 치는 것은 엄청난 차이가 있다.
System을 모르는 사람은 시간이 지나면서 한계를 느끼게 될 것이다.

12. 타법, 당점, 두께, 스피드에 대해 더 정밀해지도록 많은 노력을 기울여라.

중급자 대부분이 타법, 당점, 두께, 스피드에 정밀하지 못하다, 고점자가 되려면
이 네 가지 사항들을 기본적으로 갖추어야 한다.

13. 항상 포지션 플레이를 생각하라.

매 이닝(inning)마다 1점으로 끝난다는 것은 상대방이 만들어준 1점만을 득점했
다는 것이다. 즉 내가 만들어낸 점수는 없다는 말이 된다.
최소한 1목적구를 어떻게 코너로 보낼 것인가? 아니면 다음 공 위치가 어떻게
될 것인가를 항시 염두에 두면서 플레이 하는 습관을 들여야 한다.

14. 기본기에 충실 하라

그립, 자세, 조준, 예비 스트록 등 기본기 만큼 중요한 것은 없다.

15. 허공 치기의 뜻을 이해하라

1적구를 겨냥할 때 1적구를 직접보고 조준하면 정확한 두께를 맞추기가 어렵다
공의 두께 조준법에 따라 큐 끝을 허공에 맞추고 허공을 향해 샷을 던지면 두께와
스트록이 한번에 해결된다 (허공치기란, 이미지볼을 겨냥하여 친다는 것을 뜻한다)

16. 모든 연습은 System에 입각해서 실전처럼 연습하라.

■ 브리지와 그립 종류

브리지를 취하는 방법은 여러 가지 형태가 있지만 가장 많이 사용되는 기본적인
브리지 형태는 두 가지다.
세손가락을 펴서 고정해주는 그립과,
세손가락을 모아 지탱하는 형태의 그립이 있다.
이 밖에도 오버브리지, 프레임브리지, 레일브리지, 오픈브리지 등이 있다.
상황에 따라 견고하고 편하게 취할 수 있는 그립을 선택하면 된다.
참고로 요즈음 일류 선수들의 플레이를 보면 형태에 따라 맞는 브리지를 바꿔가며
사용하는 것을 볼 수 있다.

[브리지 하는 요령]

1. 엄지의 첫 번째 마디와 중지의 두 번째 마디를 적당히 밀착시켜서 그립을 고정한다.
2. 손바닥 아래 부분을 바닥에 부드럽게 밀착시켜 큐의 흔들림을 방지한다.
3. 검지손가락 (훅)을 부드럽게 고정해 큐가 일직선으로 움직일 수 있도록 해준다.
4. 큐 볼과 브리지의 사이는 20cm ~ 25cm 정도 유지한다.
   타격을 주지 않아야 할 경우 또는 당점이 세밀해야 할 경우에는 그립을 짧게 잡고
   그립도 부드럽게 잡아주고,
   타격이 필요한 경우에는 브리지를 견고히 하고 조금 길게 잡는다
   (롱샷을 할 경우 브리지할 때 엄지와 중지를 실찍 눌러서 견고하게 해준다
5. 큐를 잡을 때는 큐의 무게 중심에서 약 15cm~ 20cm 정도 뒤를 잡는다.

[대표적인 그립의 종류]

펌그립 (Firm grip) : 큐 전체를 감싸 쥐는 그립으로 수구를 무겁고 정교하게 다룰 때
사용한다. 일종의 잽샵을 하는 느낌으로 각을 짧게 다룰 때 또는
정교한 샷이 요구될 때 많이 사용한다.

뉴트럴 그립 (Neutral grip) : 수구를 가볍게 다루기 위해 부드럽게 쥐는 중립 그립을
뜻한다. 던져치기, 길게치기 등 손목의 스냅을 사용하기
편해 다양한 테크닉에 사용할 수 있다.

최근 국제식 당구대가 널리 보급되면서 게임 운영방식에 따라 초구의 득점 공략은 게임의 승부를 좌우할 만큼 아주 중요하게 되었다.

초구를 포지션시키게 되면 바로 다득점으로 연결하면서 게임의 주도권을 갖을 수 있게 되기 때문이다.

따라서 일정한 스피드와 일정한 당점, 일정한 두께, 일정한 타법을 자신의 것으로 익혀나가야 한다.

1적구를 키스지역에서 완전히 벗어나게 하는 것은 2목적구를 맞추는 것보다 더 어려운 숙제인 만큼 시간날 때마다 꾸준히 연습해야 된다.

그 결과 초구에서 포지션으로 연결시킬 수 있다면 경기의 승률은 매우 높아질 것이다.

또한 초구를 득하기 위해서는 뱅 킹 연습 또한 게을리해서는 안되며, 뱅 킹을 할 때 요령은 브리지를 1적구와 아주 가깝게하고 큐를 짧게 잡고 연습하면 도움이 될 수 있다.

[초구를 효과적으로 치는 방법]

1. 당점을 2Tip 으로 고정화시킨다.
2. 두께는 5/8 두께로 맞추는 것이 이상적인데 공의 직진성과 회전력이 만나 생기는 스쿼트 현상을 고려하여 3/4의 두께로 겨냥하면 5/8 두께로 맞게 된다.
3. 스피드는 2.5레일 크기로 쳤을 때 다음 공의 포지션이 이루어진다.
4. 타법은 공 한 개 정도 통과하는 스트록으로 1적구에 적당히 부딪쳐 주면 수구는 자연적인 각을 형성하면서 2목적구에 도달하게 된다.

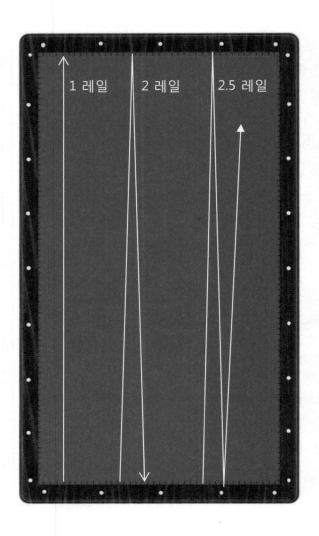

[2.5레일 이란?]

공이 맞은편 쿠션을 맞고 굴러와 다시 올라간 공이 3번째 쿠션에 다시 맞지 않는 정도의 스피드를 말하며,

또는 공이 한 바퀴 돈 다음 6번째 쿠션에 닿지 않고 멈추는 정도의 스피드를 말한다.

빈쿠션 돌리기는 대부분 2.5레일 스피드에 계산법이 맞추어져 있으므로

빈쿠션 돌리기를 잘하려면 2.5레일 스피드를 먼저 익혀야 한다.

(쿠션을 3번 왕복하며 단쿠션을 6번 맞으면 6레일이 된다)

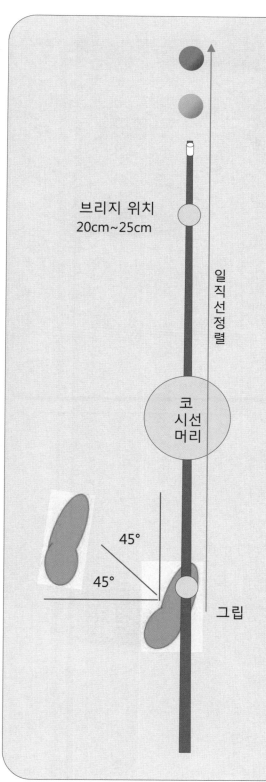

브리지 위치
20cm~25cm

일직선 정렬

코
시선
머리

45°

45°

그립

[올바른 자세를 취하기 위한 순서]

1. 목적구와 수구와 오른발 앞부분을 일렬로
   먼저 맞추고 선다.

2. 상체에 힘을 빼고 팔을 한번 더 늘어뜨려
   힘을 뺀다.

3. 체중은 양 발에 분산시키고 오른쪽에 약간
   더 둔다. (55 : 45 or 60 : 40)

4. 자세를 낮춰 왼팔을 쭉 뻗어 브리지를
   고정하고 오른쪽 팔꿈치는 90°로 구부린다.

5.. 1적구와 수구와 시선(코)을 다시 한번 일렬
   로 맞춘다.

6. 1적구의 두께를 다시 한번 조절하고 예비
   스트록을 3차례 한다.

◆ 가까이 있는 공을 다룰 때는 브리지를
   10cm정도로 가까이 하고,
   큐도 비례로 짧게 잡는다.

◆ 강한 파워가 요구되는 공을 칠 때는 브리지
   를 멀리하고 왼발을 약간 크로스 시킨다.

◆ 공은 팔과 손으로 치는 것이 아니라
   하박의 움직임을 통한 큐 무게로 친다.

고점자와 하점자의 차이점

1. System을 최대한 활용한다.

2. 기본 당구일수록 최선을 다 한다.

3. 당점과 스피드에 집중한다.

4. 항상 일정한 리듬을 유지하려 노력한다.

5. 타법을 마음속에 확실히 결정한 후 타구를 한다.

6. 자세, 그립, 브리지 등을 수시로 점검한다.

7. 쿠션 상태를 수시로 파악한다.

8. 안 맞은 공에 대해 크게 개의치 않는다.

9. 에러마진이 큰 공을 식별할 줄 안다.

10. 상대방의 다득점에 동요하지 않는다.

11. 항상 이겨있다고 자신감을 갖고 게임한다.

12. 초크를 한 가지만 사용한다. (미스 샷 방지)

13 샷하기 전에 몇 가지 체크와 구상을 한다.
    (Kiss, 수구가 멈추는 지점, 포지셔닝, 타법 등)

14. 그립을 아주 부드럽게 잡는다.

고점자

---

1. 감각에만 의존한다.

2. 기본 당구라고 너무 쉽게 생각한다.

3. 당점과 스피드 개념이 부족하다.

4. 서두르는 경향이 많고 템포 조절을 안한다.

5. 타법 결정없이 습관적으로 샷이 나간다.

6. 자세, 그립, 브리지 등이 정립되지 않았다.

7. 쿠션 상태에 따른 보정 이유를 모른다.

8. 안 맞은 공에 대해 실망이 크다.

9. 득점 확률이 높은 공 식별이 약하다.

10. 상대방의 다득점에 동요된다.

11. 게임에 질 것 같다는 생각을 미리한다.

12, 한 가지 초크만을 사용하는 이유를 모른다.

13. Kiss공을 행운에 맡기고 타법에 대한 결정없이
    샷이 나가버린다.

14. 그립도 강하고 어깨에 힘이 들어가 있다.

하점자

Frozen된 공에 대한 조치 (붙은 공)

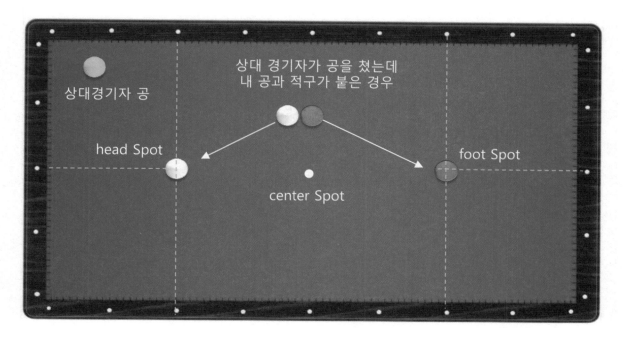

❖ 수구와 목적구가 붙은 경우에는 수구는 Head Spot으로 목적구는 Foot Spot으로
이동한다 .

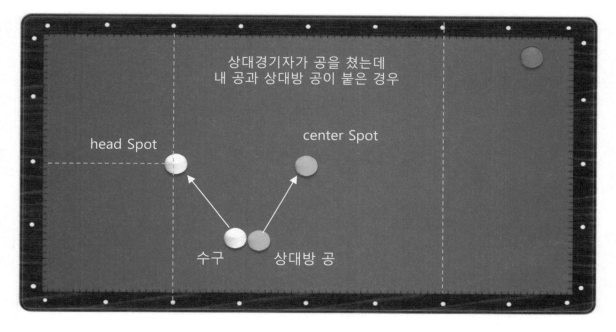

❖ 수구와 상대방 공이 붙은 경우에는 수구는 Head Spot으로 상대방 공은 Center Spot
으로 이동한다 .

■ 당구대 밖으로 벗어난 공의 조치

* 적색공은 반대편 초구 지점 (Foot Spot)으로 자기 차례의 수구(큐 볼)는 시작선의
  중간지점 (Headline Center Spot)으로 배치한다.

* 상대방의 수구는 당구대의 중간지점. (Center Spot) (내정된 지점이 다른 공에
  점유되어 있거나 가려져 있는 경우는 점유하고 있는 공이 가야 할 위치로 놓여진다)

* 공이 프레임에서 떨어지거나 프레임에 닿으면 공이 당구대에서 튀어나간 것으로
  간주한다.

* 심판은 "파울"을 선언하며 빠르게 그 공을 잡아야 한다.
  (당구대 안의 다른 공에 영향을 주지 않기 위함)

[붙은 공에 대한 조치]

* 큐 볼이 두 개의 공 중 하나 또는 두개의 공과 붙은 경우
  심판에게 재배치 원칙에 따라 배치할 것을 요구하거나, 붙은 상태로 득점할 수
  있다면 그대로 진행해도 상관없다.
  (큐 볼이 쿠션에 붙은 경우는 쿠션을 향해서 진행시킬 수 없다)

* 최초 진행 방향이 붙어있는 공 쪽으로 진행하지 않는다는 조건하에 찍어치기를
  구사할 수 있다.

* 큐 볼을 붙은 공과 상관없는 방향으로 진행시켰음에도 불구하고 붙은 공이 큐 볼이
  있던 쪽으로 움직이면 붙어있던 공은 기댄 공(Lean ball)으로 인정되기 때문에 파울로
  간주하지 않는다.

파울의 범위

1. 투 터치(Duble Hit)를 한 경우.
   *큐 팁이 움직이는 공과 두 번 이상 닿은 경우.
   *큐 볼이 다른 공과 충돌하는 순간에 큐 팁이 큐 볼과 닿은 경우.
   *레일에 가까운 공을 치면서 큐 팁이 레일과 닿은 경우.
2. 타구과정에서 하나 또는 다수의 공이 테이블 밖으로 벗어난 경우.
3. 큐 팁이 아닌 다른 부분으로 공을 건드린 경우.
   (큐 팁 외에 다른 물체로 공을 건드린 경우. (공은 원래 위치로 되돌려야 한다.)
4. 세 개의 공이 완전히 멈추기 전에 샷을 한 경우.
5. 선수가 포인트 또는 가까운 곳에 초크를 놓아 표시한 경우.
6. 선수가 심판에게 요구하지 않고 본인이 이물질을 제거하기 위해 공을 만졌을 때.
7. 심판의 요구에도 불구하고 규정된 시간 내에(40초) 타구하지 않은 경우.
8. 타구 순간에 한발이 닿지 않은 경우.
9 선수가 타구를 제외한 직접, 간접적으로 공을 이동 시킨 경우.
   (파울이 고의적으로 범해진 경우 더 유리하다고 판단되면 모든 공을 최대한 원래
   위치에 가깝게 배치해 달라고 요구할 수 있다)
10. 쿠션과 붙어있다고 판단되는 큐 볼을 쿠션을 향해 진행시키는 경우.
11. 이닝 중간이나 연속득점의 중간에 본인의 공이 아니라고 언급한 경우.
12. 선수가 각 종목의 규정을 준수하지 않은 경우.

오구(誤球) : 한번 정해진 수구(큐 볼)는 시합이 종료될 때까지 변경할 수 없다.
   상대의 큐 볼을 자신의 큐 볼로 착각하고 쳤을 경우는 샷의 성공여부에 관계
   없이 파울이다.
   대기중인 플레이어는 착각을 일으킨 플레이어가 샷을 하기 전에 큐 볼을 정정
   해 줄 수 있으나, 심판은 샷이 끝난 후에만 지적이 가능하다.
   큐 볼이 바뀐 사실을 아무도 인지하지 못한 경우 이전까지의 득점은 유효하다.
   2득점을 했다고 가정할 때, 다음 샷을 구상하는 과정에서 지적이 들어오면 1점이
   인정되며, 다음 샷을 했거나 하는 도중에 지적이 들어오면 2점 모두 인정된다.

중대와 대대의 차이점

중대	비교	대대
2.540mm X 1.270mm	크기	2.844mm X 1.422mm
약간 미흡	시스템 적용	적합
보통	반발력	중대의 70~80% 힘으로 쳐야 함
로구로 또는 아스트로	쿠션	아스트로
많음	에너지 손실	적음
일반적인 스트록 구사	스트록	타격감 없는 부드러운 샷 구사
키스 확률 높음	키스	당구대가 큰 만큼 빅 볼이 적음
대대 보다 약간 짧은 편임	시스템	정확한 국제 수준
안 먹힘	횡단 샷, N자 샷	적합
타법이 단조로움	쿠션 활용도	타법으로 다양하게 활용
3단 샷, 더블쿠션 등이 어려움	공의 선택	노잉글리시, 3단, 리버스 등 최적
당구대가 작아 현상이 적음	커브 & 스쿼트	당구대가 길어 현상이 크게 생김
많음	에러 마진	적음
하우스 큐 문제 없음	큐의 선택	개인 큐 권장
노 잉글리쉬, 시스템 적용 미흡	특징	모든 시스템 적용 적합

올바른 당구 용어

잘못된 용어	올바른 용어	잘못된 용어	올바른 용어
다이	당구대	하고 마오시	옆으로 돌리기
다마	당구공	우라 마오시	뒤로 돌리기
나사	당구지	레지 마오시	대회전 돌리기
오시	밀어치기	오 마오시	앞으로 돌리기
황 오시	세게 밀어치기	히가기. 시까기	앞으로 걸어치기
시끼	끌어치기	짱꼴라	길게 빗겨치기
니꾸	투 터치	조단조	더블레일
시네루	회전	리보이스	리버스
히로 (시로)	흰색 / 파울	기레가시	빗겨치기
접시	1뱅크 역회전	맛세이	찍어치기
무당 / 무시	무회전	겜베이	복식
나미	얇게치기	가라쿠	빈 쿠션치기
똥창	구석	후루쿠	재수, 요행
세리	연속 모아치기	겐세이	견제, 수비
다데	세로치기	가야시	모아치기
빵구	구멍치기	도리끼리	한 큐에 끝낸다
곡구	상단 커브	쫑	Kiss
다마꼬	Kiss	빠킹	벌점 / 파울
긴다마	쉬운공	갸꾸	역회전
기리히끼, 오시	짧게 끌기, 밀기	제시	정회전
꼬미	강한 회전	스끼기리	단번 치기
돗대	마무리	시다	하단 커브

게임에 승자가 되려면

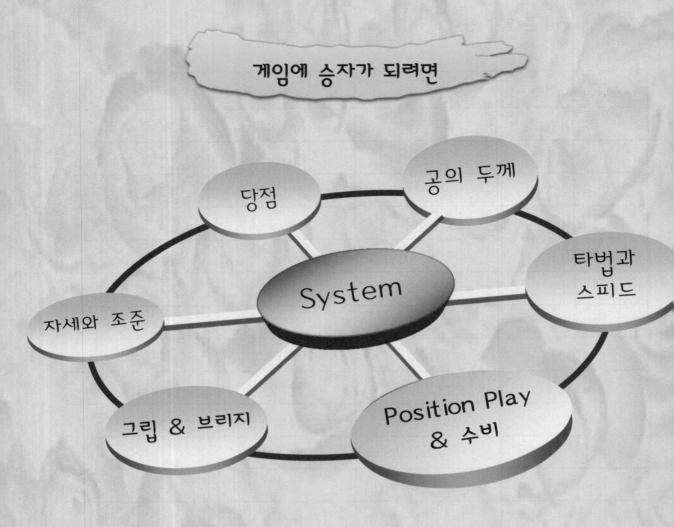

당구는 System을 안다고 해서 다 칠 수 있는 것이 아니다
게임에 승자가 되기 위해서는 위 사항들을 염두에
두며 끊임없이 노력해 나아가야 한다 !

프로선수 또는 고점자가 공을 칠 때는 어떤 반복된
동작과 타법을 구사하는지 유심히 관찰하라
많은 것을 깨닫게 될 것이다 !

3쿠션 System의 기본도

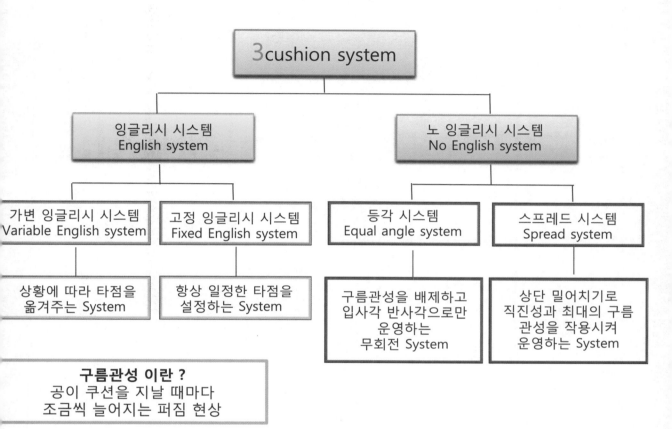

3쿠션 System은
회전 System과 무회전 System으로 크게 분류된다.

잉글리시 System은
항상 일정하게 회전을 고정시키는 고정 회전 System과
상황에 따라 당점을 옮겨주는 가변 회전 System으로 분류된다.

노 잉글리시 System은
공의 구름관성을 배제하고 입사각, 분리각으로만 운영하는 등각 System과
상단 밀어치기를 통해 최대의 구름관성을 작용시켜 운영하는 스프레드 System으로
분류된다.

Five & Half System

가장 오래되고 신뢰도가 높은 System으로
3쿠션의 기본이면서 활용도가 가장 높은 System이다

하지만 계산이 복잡하고 당구대에 따라
수치의 오차가 많이 발생하므로
폭 넓은 이론과 경험이 필요하다

Five & Half System의 고수가 되려면
타법, 당점, 포인트계산법, 스피드, 보정 이론 등에
대하여 확실하게 알아야 한다

Five & Half System
집중 분석

Five & Half System

Five & Half System은 3쿠션 시스템 중에 가장 기본이면서 오래된 시스템으로 그 신뢰성이 아주 높다.

하지만 Five & Half System만큼 복잡하고 계산이 오래 걸리는 시스템도 없다, 실제로 많은 동호인들이 Five & Half System을 사용하고 있지만 제대로 알고 사용하는 사람들은 극히 드문 것 같다.

Five & Half System을 제대로 배우게 되면 엄청난 실력향상과 함께 큰 보상이 주어질 것을 확신한다.

어떤 이는 시스템 무용론을 주장하기도 하지만, 시스템이 체계적으로 정리되지 않았던 70년대 세계 탑 랭커들의 에버리지가 0.7~0.8 이었던 것이 현재는 2점대를 넘어서고 있다는 것을 생각해 본다면 System를 알고 공을 치는 것과 모르고 치는 차이가 얼마나 큰 지를 가늠해 볼 수 있다.

대부분의 아마추어 당구 동호인들이 3쿠션에 처음 입문할 때 Five & Half System을 중심으로 빈 쿠션 돌리기를 시도하지만 안타깝게도 이 시스템에서 꼭 알아야 할 핵심들을 놓치고 있어 안타깝다.

이 책에 소개되는 몇 가지 사항들을 숙지하고 꾸준히 노력한다면 누구나 Five & Half System의 강자가 될 수 있다.

단, Five & Half System을 배우고자 한다면 어설프게 배워서는 안되고 완벽하게 배워야 한다.

그렇게 된다면 나머지 System들은 식은죽 먹기로 다가오게 될 것이다.

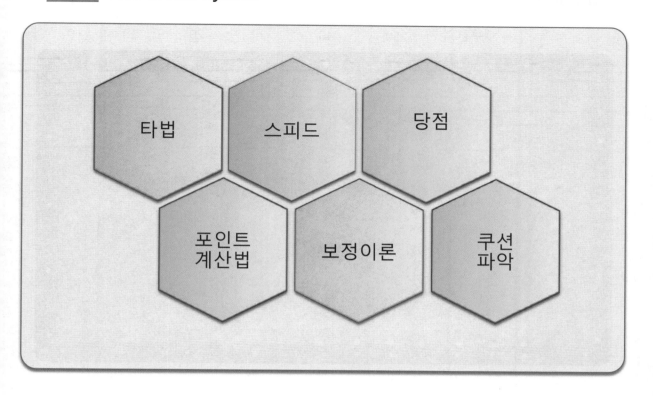

타법 : 비틀기 없는 부드러운 관통샷으로 1쿠션에 부딪쳐 굴려준다.

스피드 : 2.5레일 스피드를 일관되게 지킨다.

당점 : 3쿠션 수치가 15 미만일 때는 3Tip 주고 , 20~30인 경우는 1시30분(10시30분)방향
　　　2Tip 준다. 3쿠션 수치가 30에서 40일 때는 2시(10시)방향 3Tip을 준다.
　　　3쿠션 수치가 50~100으로 긴각일 때는 회전력에 따라 포인트 차이가 크게 나므
　　　로 3Tip ~ 4Tip을 맥시멈으로 주고 회전력을 최대한 살려 비틀어 친다.

포인트 : 수구 수치와 1쿠션 수치는 프레임 포인트로, 3쿠션은 레일 포인트로 계산 한다.
계산법　3쿠션을 프레임 포인트로 계산해도 잘 맞는다면 프레임포인트를 사용해도 된다.

쿠션파악 : 게임 전에 반드시 쿠션 상태를 파악하고 그에 따른 보정을 해야 한다.
　　　　　코너 50에서 1쿠션 30을 쳤을 때 3쿠션 20을 거쳐 맞은편 코너로 떨어지면
　　　　　정상적인 쿠션 상태로 본다.
　　　　　(게임 시작 후 시간이 경과되면 이물질 등으로 인해 쿠션이 짧아지므로 20분에
　　　　　0.1Point씩, 최대 0.4 Point까지 보정이 필요할 수도 있다)

보정 이론 : 당구대는 제조메이커, 중대, 대대, 온도, 습도, 시간 경과 등 수많은 환경에 따라
　　　　　　반사각이 달라짐으로 보정 이론을 반드시 알고 있어야 한다.

Five & Half System

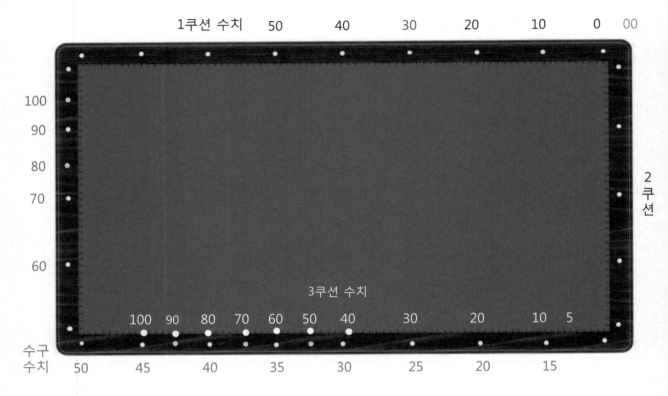

[Five & Half System의 기본 Point]

Five & Half System에서 가장 신뢰도가 높아 권장하고 싶은 기본 포인트 수치이다.

수구 수치와 1쿠션 수치는 프레임 포인트를 사용하며, 3쿠션은 레일 포인트(흰 점)를 사용하는 것이 일반적인데 그 이유는 공의 직경으로 인한 영향 때문이다.

예를 들어 3쿠션 프레임 포인트 40으로 굴러오는 공이 레일포인트 37정도에 미리 맞아 꺾이는 현상을 동호인님들께서는 반드시 이해하고 넘어가야 한다.

레일포인트를 사용하는 또 한가지 이유는 1쿠션 겨냥 시 대부분 스쿼트 현상으로 인해 조준한 포인트보다 1~ 2Point 정도가 짧게 맞기 때문이다. (30을 겨냥하면 28에 맞는다)

그러한 현상들을 감안하여 3쿠션 수치 40부터 100까지는 처음부터 반Point 간격으로 도형처럼 레일 포인트로 외워 사용하는 것이 계산법이 편리하고 정확도도 높다.

[Five & Half System 계산법]

　　수구수치 – 3쿠션 수치 = 1쿠션 수치

1. 3쿠션 지점 수치를 먼저 확인한다 (레일 포인트)
2. 수구의 출발점 수치를 계산한다 (프레임 포인트)
3. 수구 수치에서 3쿠션 수치를 뺀 수치를 치면 된다.

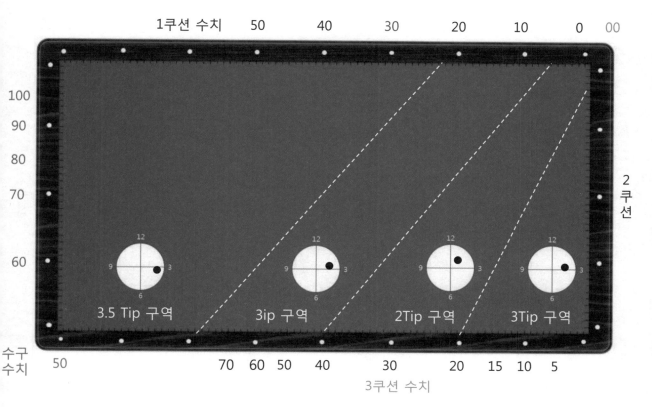

[Five & Half System 당점]

Five & Half System은 수구 수치가 어디에 있든 3쿠션 수치에 따라 당점을 달리해야 한다.

3쿠션 수치가 15 미만인 경우 3.5Tip ~ 3Tip,
3쿠션 수치가 20 ~ 30일 경우 2Tip,
3쿠션 수치가 30~ 40인 경우 3Tip,
3쿠션 수치가 50이상인 경우 3.5Tip을 각각 주는 것이 효과적이다

다시 살펴보면 코너에 가까울수록 3Tip을 주어야 하며,
중간 지점으로 오면서 (20 ~ 30)2Tip으로 쳐야 한다
40을 기점으로 3쿠션 수치가 커질수록 3Tip ~ 3.5Tip으로 늘어 나는 것이 특징이다

Tip : 당구대 궤도가 정사각형에 가까울수록 Tip의 차이가 많이 나지 않는다. 예를 들어
수구 수치 50에서 30을 무Tip, 1Tip, 2Tip, 3Tip을 주고 각각 쳐보면 20에 거의 비슷
하게 간다. 단 4쿠션 수치가 달라진다 (Tip이 많을수록 길어 진다)

Five & Half System

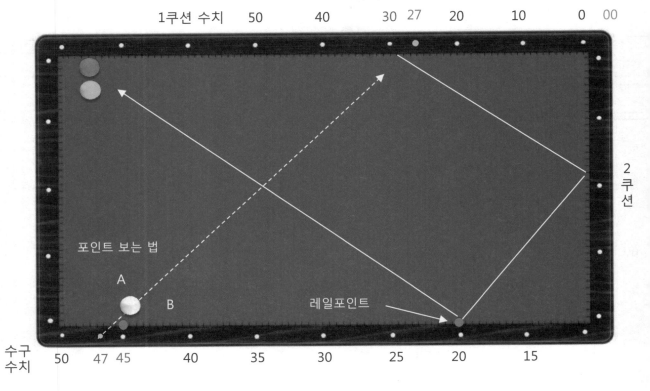

[포인트 보는법]

반대편 코너로 보내기 위해 원 포인트 45부근에서 3쿠션 20을 정해놓고 정확한 1쿠션
지점 찾는 도형이다.

수구의 정확한 위치는●지점 레일 포인트 45로 계산되는 것이 아니라 1쿠션과 흰색 점선
A Line이 연결되는 프레임 포인트 47로 계산되어야 한다.

따라서 1쿠션 수치는 27이 된다 .(47 – 20 = 27)이 정확하게 일치하는지 큐로 재본다.

3쿠션의 경우 레일 포인트를 사용하는 이유는 당구공의 크기로 인해 3쿠션 프레임 포인트
(20)에 맞기 전에 수구가 레일 포인트 (18)에 먼저 닿기 때문이다.

3쿠션 수치는 레일포인트를 사용하기를 권장하고 있는 이유이다.

(공의 반지름 / 약 30.75mm)

[조언]

프레임 포인트를 정확히 겨냥하는 것은 생각보다 쉽지 않다.

그 이유는 프레임 포인트와 레일포인트가 혼합해서 한 눈에 들어오기 때문이다.

집중력을 높이고 정확히 포인트 지점을 찾아 샷을 던져야 한다.

Five & Half System

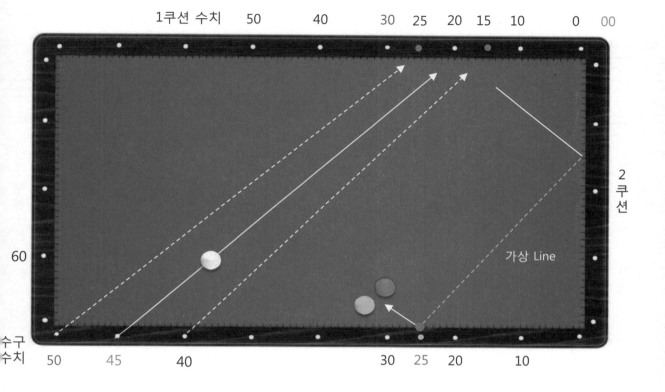

[수구 수치를 정확히 계산하는 법]

1. 3쿠션 수치 25를 먼저 확인한다.

2. 수구 지점에서 가까운 40에서 25를 뺀 15에 큐로 재본다.

3. 수구 지점에서 가까운 50에서 25를 뺀 25에 큐로 재본다.

4. 3쿠션 20과 수구 수치 45 Line에 위치해 있음을 알 수 있다.

5. 수구 수치가 대충 파악되면 큐를 1쿠션 20에 다시 한번 재보고, 수구 수치, 1쿠션 수치, 3쿠션 수치가 일치되는지 확인한다.
   만일 3곳의 수치가 일치하지 않는다면 다시 한번 미세하게 조정한다.

◆ 3쿠션 수치를 계산할 때, 레일 포인트 또는 프레임 포인트로 반드시 계산해야 한다는 원칙은 없지만,
   평소 짧아지는 경우가 많았다면 레일 포인트로 , 길어지는 경우가 많았다면 프레임 포인트를 일관되게 적용해도 상관없다. (당구대 환경이 다르기 때문이다)

◆ 공의 크기로 인해 프레임 포인트를 향하는 공이 레일포인트에 먼저 맞아 오차가 생기는 현상을 이해하고 3뱅크샷을 정리해 볼 필요가 있다.

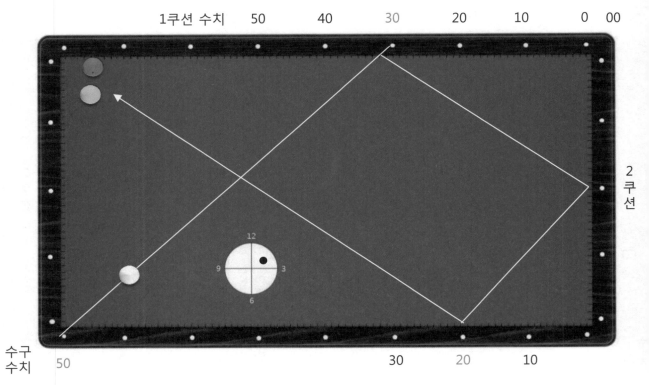

[Five & Half System의 기본 도형]

Five & Half 시스템에서 처음에 배우게 되는 가장 기본적인 System 도형이다.

수구 수치 50에서 30을 쳤을 때 3쿠션 20을 거쳐 코너로 간다.

처음 치는 당구대에서는 반드시 이 각을 확인하고 각이 늘어지는지 짧아지는지 틀리는 수치만큼 보정해서 쳐야 된다.

타법 : 중 상단 2시30분 방향 3Tip 다 주고 큐의 비틀림없이 부드럽게 2.5레일 스피드로 부드럽게 1쿠션을 밀어치듯 굴려주면 된다.

[조언]

빈쿠션 돌리기에서 어떻게 스트록을 구사하냐고 물어올 때 필자는 1쿠션 프레임 포인트 지점을 결정하고, 큐 끝으로 그 지점을 톡 찍는 기분으로 큐를 뻗어 주면 큐의 비틀림을 방지할 수 있다고 말한다.

Five & Half System

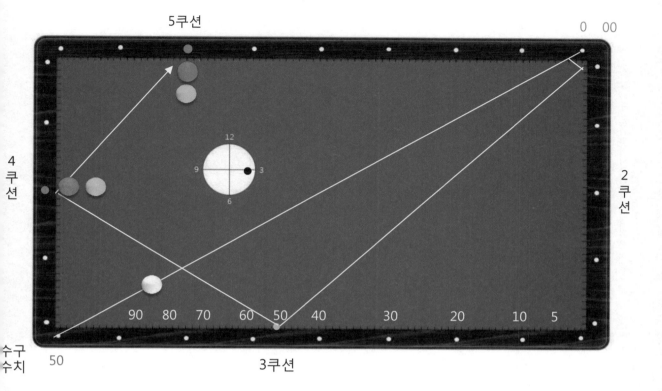

[Five & Half System]

Five & Half System에서 또 하나의 기본이 되는 50각 연장선이다.

수구 수치 50에서 대각선 0을 치면 4쿠션 ●지점을 거쳐 5쿠션 ●지점으로 정확히 가야한다.

처음 치는 당구대에서는 반드시 이 궤도를 확인하기 위해 공을 굴려 확인해 봐야 한다.

공이 늘어지고 짧아지는 수치 만큼 보정해서 쳐야 한다.

타법 : 중단 3시 방향 3Tip 주고 3레일 스피드로 부드러운 롱샷

[조언]

Five & Half System 빈 쿠션 돌리기에서 꼭 잊지 말아야 할 점은 ～

3쿠션 지점별로 Tip을 조절해서 쳐야하는 것이 요령이다.(39페이지 참조)

또한 수구와 쿠션의 거리가 멀 때는 조금 강하게, 가까울 때는 약하게 스트록

하는 것이 요령이다. (90 : 70 : 50)

Five & Half System

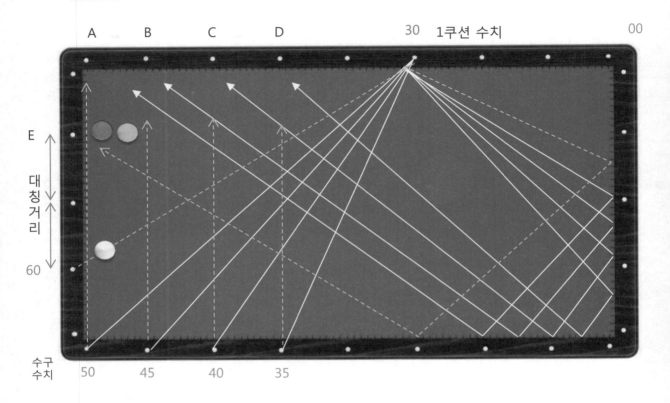

[3Point의 비밀]

수구 위치가 어디에 위치하던 1쿠션 30 (3포인트)을 치면 수구 출발점 포인트의 맞은편
으로 도착한다.

수구 수치 50에서 치면 A지점으로,

수구 수치 45에서 치면 B지점으로,

수구 수치 40에서 치면 C지점으로 ,

수구 수치 35에서 치면 D지점으로,

수구 수치 60에서 치면 E지점으로 각각 간다.

타법 : 중 상단 3Tip 주고 비틀기 없이 1쿠션에 부드럽게 밀어치며 부딪쳐 굴려준다.
스피드 : 2.5레일

[조언]
뱅크샷에서 아주 중요한 부분은 3Tip을 준 상태에서 스쿼트 현상을 고려하지 않는
것이다. 강하게 치는 만큼 스쿼트 현상으로 겨냥점보다 짧게 맞는다.

Five & Half System ¾의 법칙

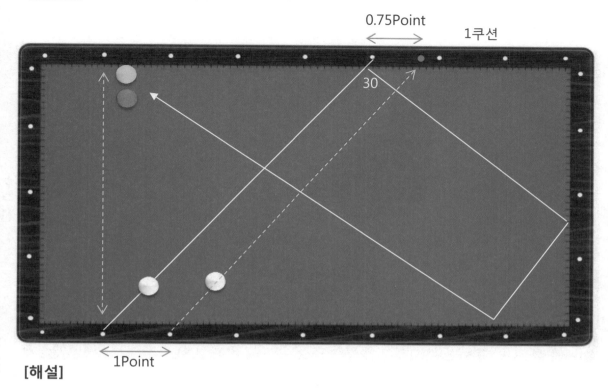

0.75Point

1쿠션

30

1Point

[해설]

수구 수치가 1Point 이동했다면 1쿠션 수치는 0.75 Point 이동하면 된다.

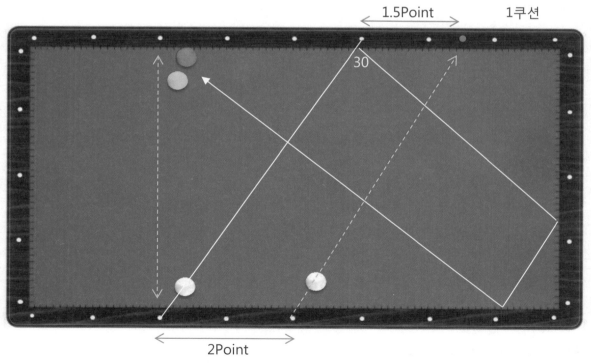

1.5Point

1쿠션

30

2Point

수구 수치가 2Point 이동했다면 1쿠션 수치는 (0.75 X 2 = 1.5) 1.5Point 이동하면 된다.

Five & Half System

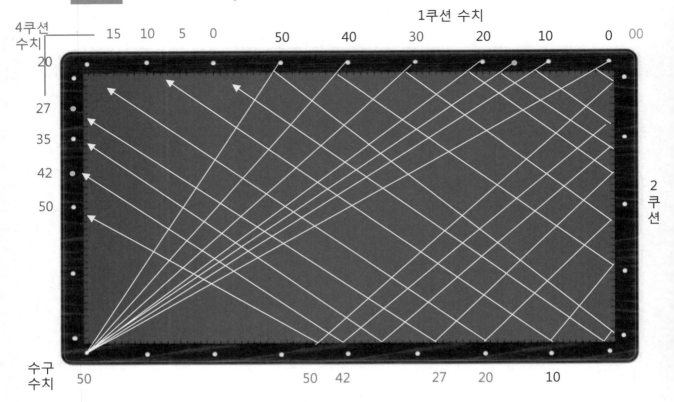

4쿠션 수치

15 10 5 0   **1쿠션 수치**   50 40 30 20 10 0 00

20 27 35 42 50   **2쿠션**

수구 수치   50   50 42 27 20 10

[해설]

수구 수치 50에서 출발했을 때 Point별 궤도와 수치이다.

4쿠션은 좌측 상단 장쿠션 15 ~ 0까지 연장 된다.

수구 수치 50에서 1쿠션 50을 쳤을 때 0으로 되돌아 오며 수구 수치 50에서 쿠션 40을 쳤을 때 10으로 온다.

이수치는 수구 수치 50Line에서 출발할 때 적용되는 수치이며 수구 수치가 변하면 4쿠션 도착 지점은 달라진다.

좌측에 반 포인트 간격으로 표시된 20, 27, 35, 42, 50 수치를 외워두면 빈 쿠션 돌리기 계산법이 아주 빨라지고 쉬워진다.

타법 : 빗겨치기 없이 부드러운 관통샷 으로 1쿠션에 부딪쳐 굴려주면 된다.

스피드 : 2.5레일

당점 : 중 상단 2시 30분 방향.

Five & Half System

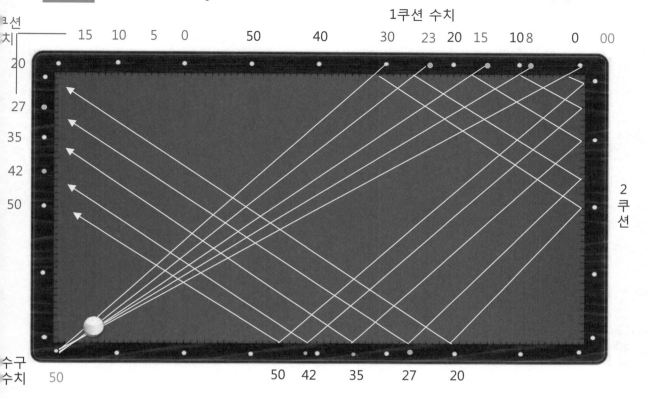

[해설]

Five & Half System에서 4쿠션 수치를 알고 있어야 하는 것은 중요하다.

위 도형은 수구가 50에서 출발했을 때 3쿠션과 4쿠션을 연결하는 Line이다.

평소 가장 많이 활용되는 각이므로 4쿠션 포인트만 외워두면 별도로 3쿠션 수치를 따져 보지 않아도 쉽게 1쿠션 수치를 계산할 수 있다.

당구대의 쿠션 상태에 따라 레일 포인트와 프레임 포인트 사용을 결정하면 된다.

3쿠션 레일포인트가 27이라면 프레임 포인트는 29정도가 된다.

하단 수치는 4쿠션 수치 20~50까지 2포인트를 다시 4등분한 수치이다.
(20, 27, 35, 42, 50) 7. 8. 7. 8. 간격으로 등분되어 있다.

타법 : 2시 30분 방향 3Tip 주고 비틀기 없는 부드러운 관통샷

스피드 : 2.5레일 ~ 3레일

Five & Half System

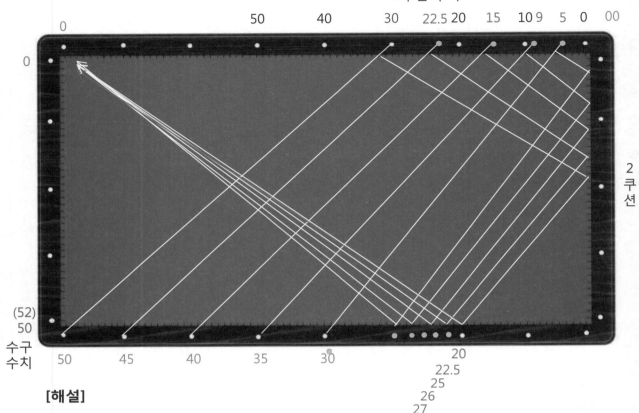

[해설]

각 수구 수치에서 좌측 상단 코너로 보내는 도형이다.

50에서 30을 치면 3쿠션 20

45에서 22.5를 치면 3쿠션 22.5

40에서 15를 치면 3쿠션 25

35에서 9를 치면 3쿠션 26

30에서 5를 치면 3쿠션 27을 거쳐 각각 좌측 상단 코너로 가게 된다.

단, 비틀림 없는 부드러운 관통샷으로 계산된 것이며 당점은 3쿠션 수치에 따라 3Tip에서 2Tip을 적용 한다.

스피드 : 2.5레일

[조언]

코너에서 공을 칠 때 장쿠션 50지점을 50으로 계산하는가, 단쿠션 50지점을 50으로 계산하는가에 대해 설명한다면 대부분 System을 운영하는 사람들은 장쿠션 50을 50 지점으로 사용하며 단쿠션 50지점은 52로 계산하는 경우가 많은 편이다 .

단쿠션 코너를 50으로 사용한다면 맞은편 단쿠션 0지점을 0으로 같이 사용해야 한다.

Five & Half System

Five & Half System 핵심 Point 점검

| 보정 | 긴각과 짧은각 일수록 보정이 반드시 필요하다. |

- 수구 수치가 30에서 60 까지는 System 수치를 그대로 적용해도 변화가 별로 없다.
- 수구 수치 30 이하 짧은 각에서는 – 0.5Point 만큼 1쿠션 수치를 보정하고,
- 수구 수치 70 이상 긴각에서는 + 5만큼 1쿠션 수치를 보정한다.

| 스트록 | 바틀림 없는 부드러운 관통샷으로 1쿠션에 부딪쳐 굴려준다 |

- 공이 1쿠션에서 멀리 떨어져 있을 때 10이 기준이라면,
- 중이 중간 정도에 있을 때는 7정도 크기로
- 공이 1쿠션에 가까이 있을 때는 5정도 크기로 스트록 한다.

| 포인트 | 프레임 포인트와 레일이 혼합해서 보이기 때문에 집중해서 겨냥. |

- 수구 수치와 1쿠션 수치는 프레임 포인트를 사용하고,
- 3쿠션 수치는 레일 포인트를 사용한다.
- 일관된 포인트 적용으로 계산법의 정확도를 높여 나가야 한다.

| 스쿼트 현상 | 뱅크샷을 강하게 하면 스쿼트로 인해 공이 더 짧아진다. |

- 3Tip을 준 상태에서 스트록이 강하면 스쿼트 현상으로 겨냥한 수치보다 짧게 맞는다.
- 예를 들어 1쿠션 30을 3Tip 주고 강하게 친다면 32~33정도에 맞을 확률이 높다.
- 따라서 천천히 부드럽고 곧게 큐를 뻗어주어야 수구의 변화가 최소화 될 수 있다.

| 3Point 대칭이론 | 수구가 어디에 있든 3Point (30)를 치면 수구 정 맞은편으로 간다.. |

- Five & Half System은 3Point 대칭 이론을 잘 활용할 줄 알아야 한다
- 대칭이론이란 3Point를 치면 단쿠션 중간 지점을 기준으로 대칭지점으로 가는 이론이다.
- 특히 ¾ Point법칙과 함께 잘 활용하면 뱅크샷을 해결하는데 많은 도움이 될 수 있다..

| ¾ Point법칙 | ¾법칙을 이용하면 수구 수치를 쉽게 찾아낼 수 있다. |

- 수구 수치와 1쿠션수치를 평행 이동할 때는 ¾ 법칙을 적용하면 된다.
- 예를 들어 수구 수치가 1Point 이동해 있다면 1쿠션 수치는 0.75 Point 이동해서 치면 된다.
- 예 : 수구 수치 50에서 30을 쳐서 코너로 간다면 45에서는 22.5를 치면 코너로 간다.

Five & Half System

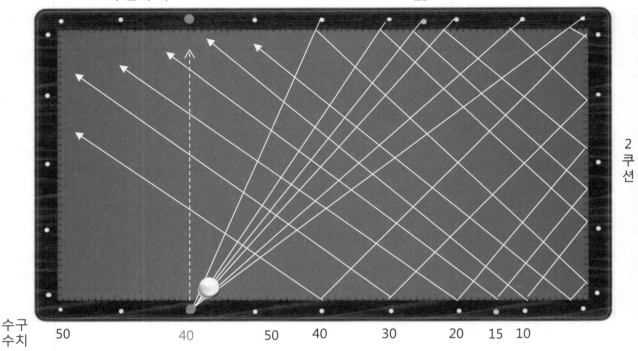

1쿠션 수치

| 4쿠션 수치 | 10 | 50 | 40 | 30 | 25 | 20 | 10 | 0 | 00 |

2쿠션

수구 수치

| 50 | 40 | 50 | 40 | 30 | 20 | 15 | 10 |

[해설]

수구 수치 40에서 출발한 도형이다.

40에서 20을 쳤을 때 3쿠션 20 지점에 오는 것까지는 같지만 50에서 출발했을 때보다 10의 절반인 약 5정도가 짧아지는 것은 수구 위치가 짧은각으로 시작하기 때문이다.

수구 수치 40에서 1쿠션 30을 치면 수구 출발점 40의 정 반대편에 도착한다.

40에서 1쿠션을 향하는 각 첫 번째 백색선 Line에 수구가 위치해 있다면 수구 수치는 모두 40이다.

> **[쪼언]**
> 수구 수치 40에서 1쿠션 30을 쳤을 때 4쿠션 ●지점의 수치는 10이 된다.
> 수구 수치가 어디에 있던 1쿠션 30을 치면 수구 수치 맞은편으로 오는 것을 안다면,
> 4쿠션 수치가 10이 되는 것을 알 수 있게 된다. (40 - 30 = 10)

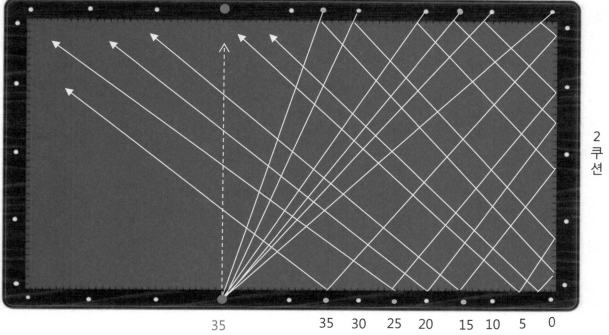

[해설]

수구 수치 35에서 출발한 도형이다.

35에서 15를 쳤을 때 3쿠션 20 지점에 오는 것까지는 같지만 50에서 출발했을 때보다 15만큼 짧은 각이므로 15의 절반인 약 7.5정도가 짧아지는 원리를 이해하면 된다.

수구 수치 35에서 1쿠션 30을 치면 수구 출발점 35의 정 반대편에 도착한다.

35에서 1쿠션을 향하는 각 첫 번째 백색선 Line에 수구가 위치해 있다면 수구 수치는 모두 35이다.

[조언]

수구 수치 35에서 1쿠션 30을 쳤을 때 4쿠션 ●지점의 수치는 5가 된다.
수구 수치가 어디에 있던 1쿠션 30을 치면 수구 수치 맞은편으로 오는 것을 안다면
4쿠션 수치는 5가 되는 것을 알 수 있게 된다. (35 - 30 = 5)

Five & Half System

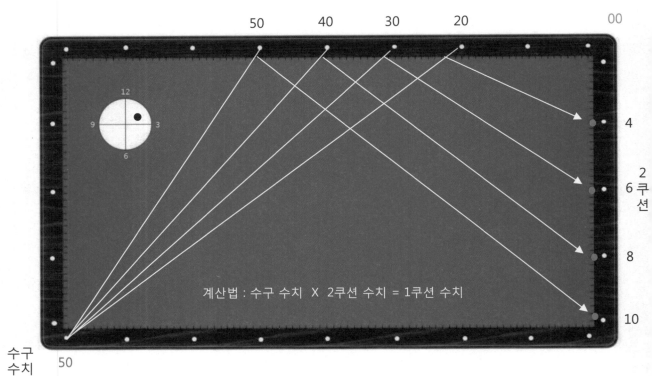

[Five & Half System]

수구 수치 50에서 2쿠션 수치를 곱하면 1쿠션 수치가 산출되는 도형이다.

50에서 4로 보내려면 20, 6으로 보내려면 30, 8로 보내려면 40, 10으로 보내려면 50을 각각 치면 된다.

우측 포인트는 프레임 포인트가 아닌 레일 포인트를 사용한다.

우측 수치를 외워두면 걸어치기, 뒤로 걸어치기 등에 활용할 수 있다.

❖ 우측 수치는 수구가 장쿠션에서 출발 시 사용하며 수구 수치가 60 ~ 70일 때는 수치가 조금씩 변동된다.

계산법 : 수구 수치 X 우측 고유 수치 = 1쿠션 수치

타법 : 2Tip주고 빈쿠션을 돌릴 때처럼 1쿠션을 향해 굴리면 된다.

Five & Half System

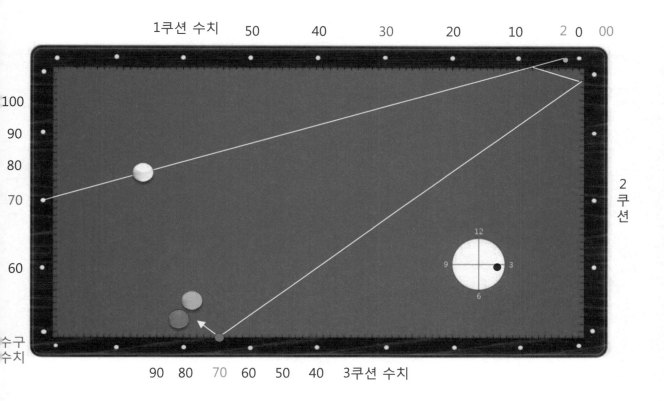

[Five & Half System]

수구 수치가 70이고 목적구도 70에 있는 도형이다.

3시 당점에 3Tip 다 주고 코너를 향해 천천히 굴리면 맞은편 장쿠션 70 지점으로 간다.

계산법 : 수구 수치 − 3쿠션 수치 = 1쿠션 수치 (70 − 70 = 0)

타법 : 긴 각에서는 4Tip을 최대한 다 주고 1쿠션을 스치고 2쿠션에서 최대한 회전이
　　　　먹도록 부드럽게 비틀어 친다.

스피드 : 2레일

Point : 빈쿠션 돌리기 긴 각에서 코너 0을 칠 때는 0이 아닌 2지점을 겨냥하는
　　　　것이 바람직하다.

Five & Half System

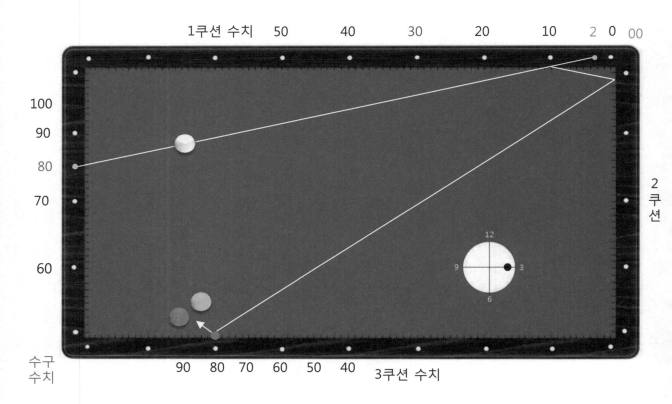

[Five & Half System]

수구 수치가 80이고 2목적구도 80 지점에 있는 도형이다.

3시 당점에 3Tip 다 주고 코너를 향해 천천히 굴리면 맞은편 장쿠션 80지점으로 간다.

계산법 : 수구 수치 − 3쿠션 수치 = 1쿠션 수치 (80 − 80 = 0)

타법 : 긴 각에서는 4Tip을 최대한 다 주고 1쿠션을 스치고 2쿠션에서 최대한 회전이
    먹도록 부드럽게 비틀어 친다

스피드 : 2레일

Point : 빈쿠션 돌리기 긴 각에서 코너 0을 칠 때는 0이 아닌 2의 지점을 겨냥하는
    것이 바람직하다.

Five & Half System

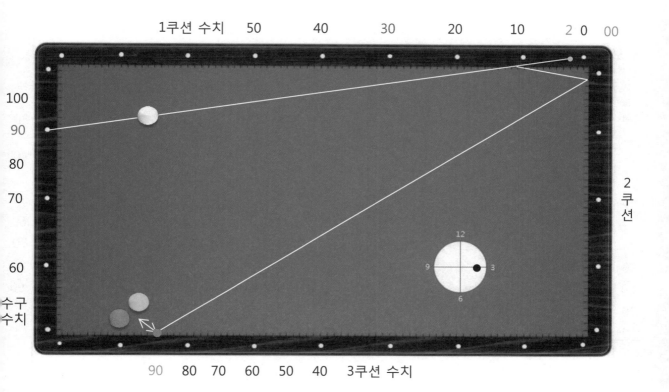

1쿠션 수치   50   40   30   20   10   2 0   00

100   90   80   70   60

2쿠션

수구 수치

90   80   70   60   50   40   **3쿠션 수치**

[Five & Half System]

수구 수치가 90이고 목적구도 90에 있는 도형이다.

3시 당점에 3Tip 다 주고 코너를 향해 굴리면 정확히 맞은편 장쿠션 90지점으로 간다.

계산법 : 수구 수치 − 3쿠션 수치 = 1쿠션 수치 (90 − 90 = 0)

타법 : 긴 각에서는 4Tip을 최대한 다 주고 1쿠션을 스치고 2쿠션에서 최대한 회전이
먹도록 부드럽게 비틀어 친다

스피드 : 2.5레일

Point : 빈쿠션 돌리기 긴 각에서 코너 0을 칠 때는 0이 아닌 2의 지점을 겨냥하는
것이 바람직하다.

Five & Half System

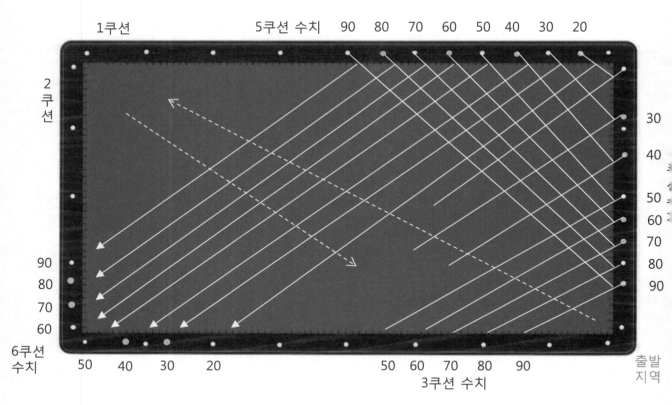

[연장된 Five & Half System]

Five & Half System에서 연장시스템은 4번째 쿠션 입사점 이후의 진로이다.

회전력의 효과가 극대화되기 시작하는

4쿠션 레일 수치,

5쿠션 레일 수치,

6쿠션 레일 수치를 외워두면 활용 가치가 아주 높은 시스템이다.

(동일 Line 선상에 있는 공은 계산하기가 아주 쉬워진다)

❖ 4쿠션은 50을 중심으로 $\frac{1}{3}$포인트씩, 5쿠션은 반 포인트씩, 6쿠션 90~ 60까지는
   1/3 포인트씩, 6쿠션 장쿠션에 떨어지는 수치 50 ~ 20 까지는 별도 황색 점으로
   표시된 것처럼 $\frac{2}{3}$포인트씩 차이가 난다..

Five & Half System

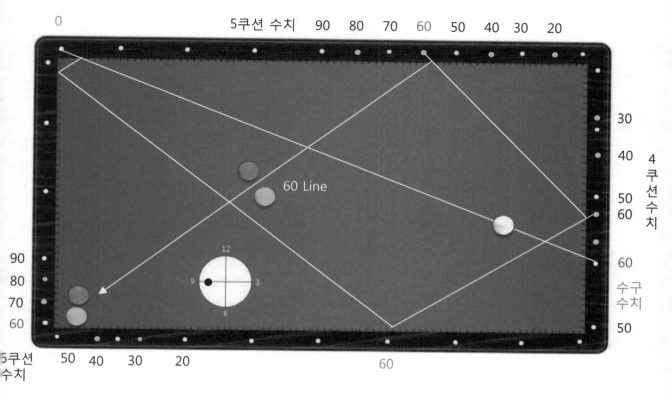

[연장된 Five & Half System]

앞에서 배운 빈쿠션 대회전 돌리기 도형이다.

수구 수치 60에서 코너를 향해 대회전 시키면 전 페이지에 표시된 것처럼 60 Line을 타고 돌게 된다.

평소 60에서 0을 쳐 60에 떨어지는 회전 감각만 익힌다면 대회전 뱅크샷도 아주 쉽게 해결할 수 있다.

예를 들어 위 도형 중앙에 공이 위치해 있어도 60Line 선상임을 쉽게 알 수 있게 된다.

타법 : 9시 방향 3Tip 다 주고 부드러운 롱 샷을 구사해야 한다.

Five & Half System

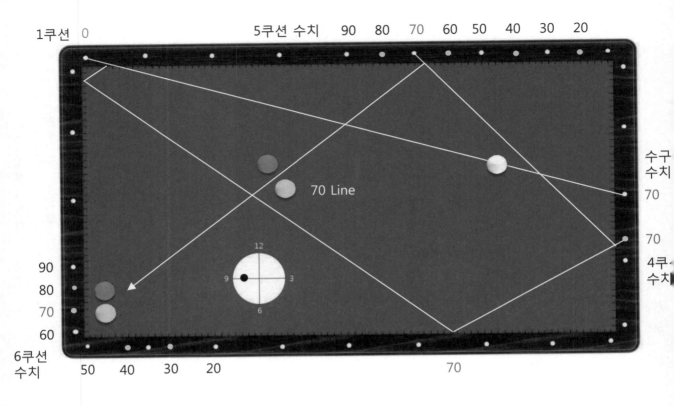

[연장된 Five & Half System]

빈쿠션 대회전 돌리기 도형이다.

수구 수치 70에서 코너를 향해 대회전 시키면 전 페이지에 표시된 것처럼 70Line을 타고 돌게 된다.

평소 70에서 0을 쳐 70에 떨어지는 스트록만 익힌다면 대회전 뱅크도 아주 쉽게 해결할 수 있다.

예를 들어 위 도형 중앙에 공이 위치해 있어도 70 Line 선상임을 쉽게 알 수 있게 된다.

타법 : 9시 방향 3Tip 다 주고 부드러운 롱 샷을 구사해야 한다.

Five & Half System

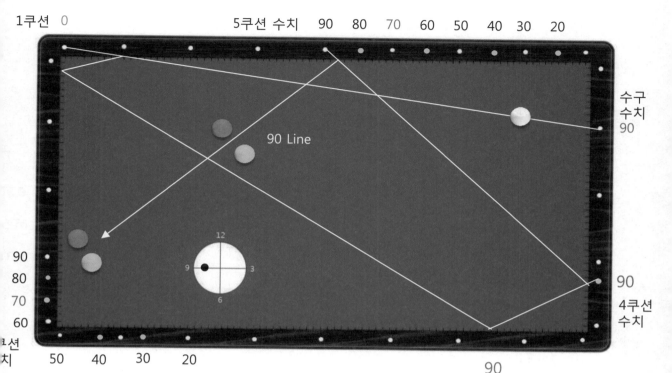

[연장된 Five & Half System]

빈쿠션 대회전 돌리기 도형이다.

수구 수치 90에서 코너 0을 치면 전 페이지에 표시된 것처럼 90Line을 타고 돌게 된다.
평소 90에서 0을 쳐 90에 떨어지는 회전 감각만 익힌다면 대회전 뱅크 샷도 아주 쉽게
해결할 수 있다.

예를 들어 위 도형 중앙에 공이 위치해 있어도 90 Line 선상임을 쉽게 알 수 있게 된다.

타법 : 9시 방향 3Tip 다 주고 부드러운 롱샷을 구사해야 한다.
　　　1쿠션 0지점을 향해 부드러운 롱샷을 구사하면 된다.

❖ 5쿠션 20~90Line (반포인트 간격)만 외워두면 빈쿠션 대회전은 아주 쉽게 해결할 수
　있다.

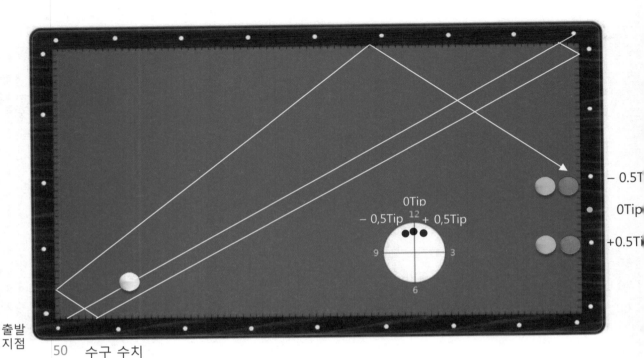

출발
지점

50   수구 수치

[해설]

수구 수치 50에서 빈쿠션 대회전으로 돌릴 때 일반적인 회전으로는 나올 수 없다.

무회전으로 중 상단 Tip주고 장쿠션 코너를 치면 우측 단쿠션 1Point에 도착하는 것을
기준으로, 11시 30분 방향 (– 반Tip) 과 12시 30분 방향 (+반Tip)을 주면 각각 표시 지점
으로 간다.

[타법]

+ – 반 Tip을 각각 준 상태에서 비틀어치지 말고 일반 대회전 돌릴 때와 똑같이 롱샷을
구사하면 된다.

각자 연습으로 자신에 맞는 스트록을 고정시켜야 한다.

[조언]
System을 안다고 해서 공을 다 칠 수 있는 것은 아니다,
하지만 System을 알면 성공확률은 그만큼 높아진다.

Five & Half System

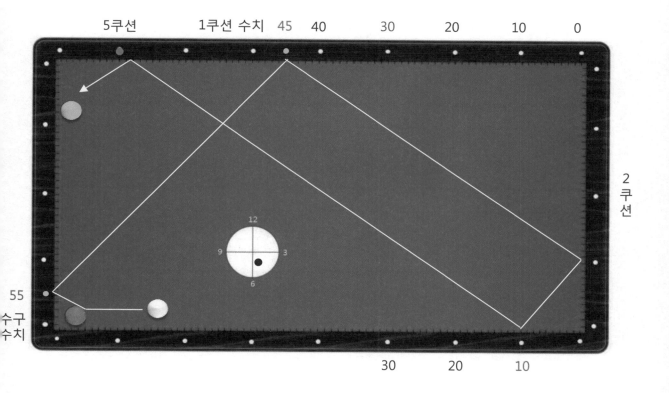

[해설]

Five & Half 시스템을 이용한 앞으로 돌리기 대회전 도형이다.

이 경우도 마찬가지로 Five & Half시스템을 적용하면 아주 쉽게 해결할 수 있다.

먼저 마지막 5쿠션 지점 ●을 설정한 다음 그 지점으로 보내기 위한 제 4쿠션 지점을 설정한다.

(5쿠션 원 포인트로 가기 위한 4쿠션 경로는 원 포인트(10))이다.

수구 수치 55에서 4쿠션 10을 빼면 2쿠션 수치는 45가 된다.

앞으로 돌리기 대회전인 경우 스트록이 짤리거나 비틀어 치기를 하면 공이 짧아질 수 있으므로 타격감 없는 부드러운 샷을 구사해야 된다.

타법 : 중 하단 5시 방향에 1Tip 주고 비틀기 없이 부드럽게 1적구를 부딪쳐 45 지점 까지 보내준다.

스피드 : 3레일 ~ 3.5레일

Five & Half System

Five & Half System 계산법이 잘 안 맞는다면 ?

당구대의 쿠션 상태를 확인한다.
수구 수치 50에서 30을 쳤을 때 반대편 코너로 정확히 가는지를 확인한다.

스피드를 확인한다.
2.5레일 ~ 3레일 스피드로 항상 일정하게 공을 치는지 점검한다.

큐의 비틀림이 없는지 확인한다.
큐를 비틀면 길어진다. 프레임 포인트를 향해 부드러운 관통샷으로 밀어친다.

스쿼트를 확인한다.
3Tip을 주고 1쿠션을 강하게 치면 스쿼트로 인해 겨냥한 지점보다 짧게 맞는다.

당점을 확인한다.
F & H 시스템은 수구 수치와 3쿠션 수치에 따라 당점을 달리해야 된다.

보정 수치가 정확한지 확인한다.
특히 30이하 짧은 각과 70이상 긴각에서는 철저하게 보정 수치를 적용해야 된다.

수구 출발 수치에 따라 3쿠션 이후의 진로는 달라진다.
수구 출발수치에 따라 4쿠션 진로가 달라진다. 4,5,6쿠션 연장 궤도를 알아야 한다.

3쿠션 수치가 50 ~ 100일 경우 타법을 확인한다.
3쿠션 수치가 50 이상 긴각에서는 멕시멈 Tip으로 최대한 회전을 살려 비틀어 친다.

System을 최대한 동원해서 응용하고 있는지 확인한다.
3Point 대칭 원칙과 0.75법칙을 적극 활용하면 계산법이 아주 간단해진다.

35 & 1/2 System

당구대의 절반에서 운영되는 System으로
Five & Half System의
보조 System이라 할 수 있다.

35 &1/2 System을 완성하면 Five & Half
System과 연결하여 빈 쿠션 돌리기를
완성해 나갈 수 있다.

35 &1/2 System에는 비밀이 있다
수구 수치에서 코너를 치면 7.5를 더한 수치가
3쿠션 수치가 된다.

00 0   3.5Point

수구수치 원 포인트 지점에서
코너를 향해 자연스럽게 빗겨
치면 약 1.25Point 올라간다

[계산법]
(수구 수치 + 35)÷ 2 = 3쿠션 수치
(10 + 35) ÷2 = 22.5

1.25 Point   1.25 Point   35

[외워두는 System]

원 포인트 지점에서 자연스럽게 코너를 비틀어 치면 약 1.25Point 올라가고,

더 횡비틀기를 하면 최대 1.4Point~1.5Point 까지 올라간다.

타법 : 3Tip 다 준 상태에서 비틀기 없이 1쿠션 코너에 굴려준다.

스피드 : 1.5레일

당점 : 9시 3Tip

[쪼언]
위 도형처럼 짧은 각에서만 운영하는 System은 System에 맞게 항상 일관된 스트록을
해야 된다. 이 System의 스트록은 평범한 팔로우 스트록이다.
연습을 통해 공의 궤도가 일정하도록 항상 똑같은 스트록을 해야 된다.

35 & 1/2 System

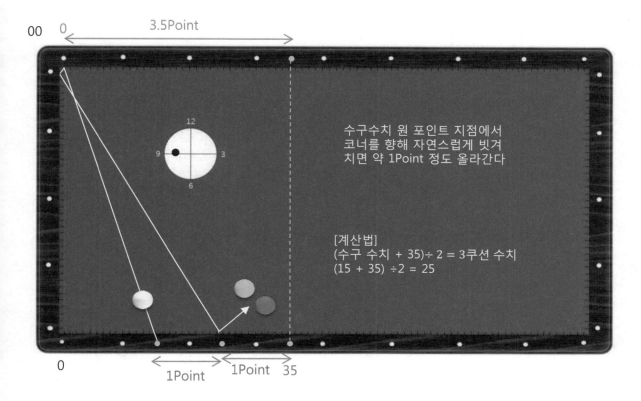

수구수치 원 포인트 지점에서
코너를 향해 자연스럽게 빗겨
치면 약 1Point 정도 올라간다

[계산법]
(수구 수치 + 35)÷ 2 = 3쿠션 수치
(15 + 35) ÷2 = 25

[외워두는 System]

1.5Point지점(Line)에서 코너를 향해 자연스럽게 빗겨치면 1.0Point 가 올라간다.

타법 : 3Tip 다 준 상태에서 비틀기 없이 1쿠션 코너에 굴려준다.

스피드 : 1.5레일

당점 : 9시 3Tip

[조언]
35 & 1/2 System의 원리는 수구 수치에서 코너를 쳤을 때 떨어지는 3쿠션 지점이
수구 수치와 35지점의 중간 지점이 된다는 뜻이다.

35 & 1/2 System

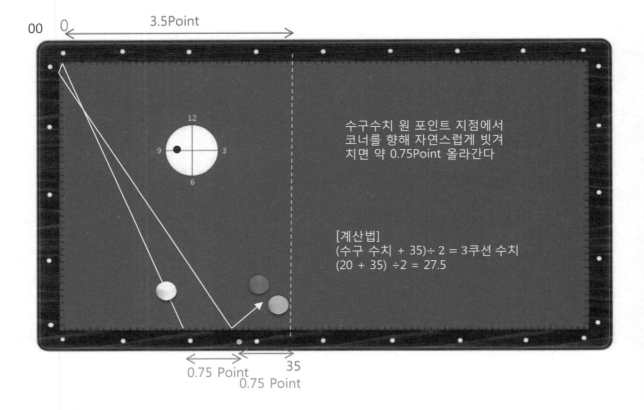

수구수치 원 포인트 지점에서
코너를 향해 자연스럽게 빗겨
치면 약 0.75Point 올라간다

[계산법]
(수구 수치 + 35)÷ 2 = 3쿠션 수치
(20 + 35) ÷2 = 27.5

[외워두는 System]

투 포인트 20 지점(Line)에서 자연스럽게 코너를 향해 빗겨치면 약 0.75Point 정도가 올라간다.

타법 : 3Tip 다 준 상태에서 비틀기 없이 1쿠션 코너에 굴려준다.

스피드 : 1.5레일

당점 : 9시 3Tip

[조언]
35 & 1/2 System에서의 스트록은 일반 Five & Half System 과는 약간의 차이가 있다
Five & Hslf System 보다는 회전력을 조금 더 살려준다.

35 & ½ System

00   0

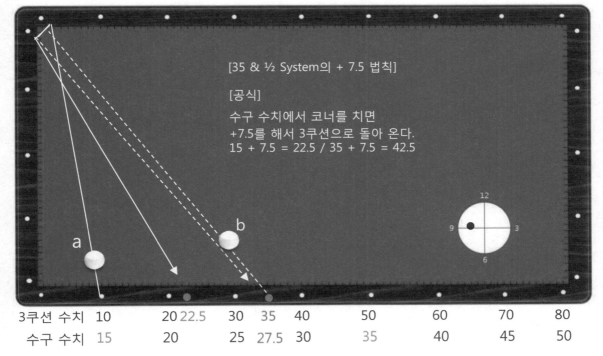

[35 & ½ System의 + 7.5 법칙]

[공식]
수구 수치에서 코너를 치면
+7.5를 해서 3쿠션으로 돌아 온다.
15 + 7.5 = 22.5 / 35 + 7.5 = 42.5

3쿠션 수치	10		20	22.5	30	35	40	50	60	70	80
수구 수치	15		20		25	27.5	30	35	40	45	50

a : 수구 수치 15에서 코너를 치면 7.5를 더하면 3쿠션 수치 22.5로 진행된다.

b : 수구 수치 35에서 코너를 치면 7.5를 더하면 3쿠션 수치 42.5로 진행된다.

❖ 수구 수치 30이상은 이 공식을 적용하지 않는 것이 좋다.

[+ 7.5 공식 도표] Five & Half System 수치로 계산

수구 수치	15	17.5	20	22.5	25	27.5
1쿠션	코너를 치면 + 7.5되어 3쿠션으로 진행된다					
3쿠션	22.5	25	27.5	30	32.5	35

❖ 수구 수치에서 코너를 치면 무조건 7.5를 더한 3쿠션 수치로 진행된다.

❖ 수구 수치에서 코너를 치면 제자리로 돌아오는 기준이 수구 수치 27.5이다.

❖ 타법은 9시 방향 3Tip 다 주고 비틀기 없이 회전은 다 살려준다.

Plus System

Plus System은 Five & Half System과 함께
반드시 배워야 하는 System이다.

3뱅크 샷의 활용은 물론 앞으로 돌리기와 연결해
다양하게 응용되는 System으로
짧은 빗겨치기에서도 Plus System을
응용하면 보다 쉽게 계산할 수 있다.

하지만 Plus System은 어떠한 System 보다
일정한 회전력과 스트록이 요구되며
포인트는 프레임 포인트를 사용 한다.

Plus System

소실점
− 0.5Point

겨냥점

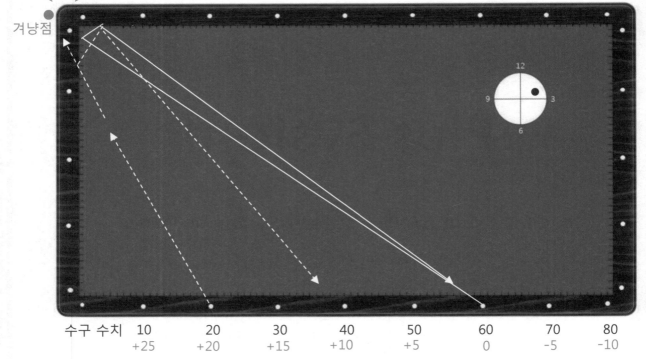

수구 수치 10 20 30 40 50 60 70 80
            +25 +20 +15 +10 +5 0 −5 −10

[해설]

위 도형은 각각의 수구 수치에서 겨냥점 ●(− 0.5 Point지점)을 쳤을 때 + 되는 수치이다.

20에서 코너를 치면 +17을 더해 37에 가고,

20에서 소실점인 − 0.5Point를 치면 20을 더해 40으로 간다.

30에서 코너를 치면 +15를 더해 45로,

40에서 코너를 치면 +10을 더해 50으로,

50에서 코너를 치면 +5를 더해 55로, / 60에서 코너를 치면 제자리인 60으로

70에서 코너를 치면 −5를 빼 65로, / 80에서 코너를 치면 −10을 빼 70으로 간다.

타법 : 비틀기없이 회전은 다 살려준다.

당점 : 중 중 상단 2시30분 방향 3Tip

스피드 : 2레일

Point : Plus System 스트록을 완성하려면 위 도형 수구 수치 60에서 코너 0을 쳐서 다시
60으로 되돌아 오도록 회전력을 고정시켜야 한다.
모든 Plus System 스트록은 그 회전력과 스트록으로 치면된다.

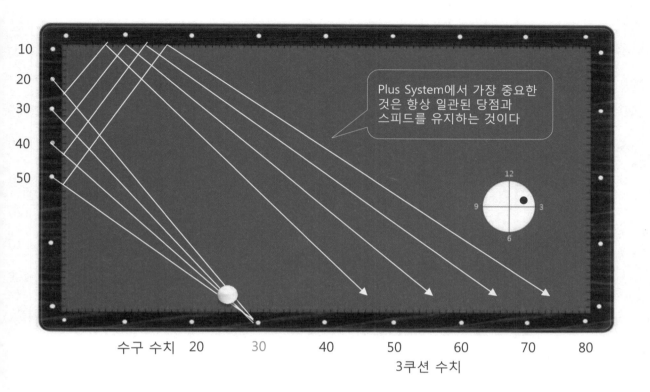

[해설]

수구 수치 30에서 출발한 기본 도형이다.

30에서 각각 1쿠션 수치를 치면 각각 화살표 지점으로 간다.

(자세히 보면 좌측 수치 반 포인트 마다 한 칸씩 더 내려감을 알 수 있다)

타법 : 비틀기없이 회전은 다 살려준다.

당점 : 중 중 상단 2시30분 방향 3Tip

스피드 : 2레일

계산 방법 : 3쿠션 지점 수치 - 수구 수치 = 1쿠션 수치.

Point : 위 도형은 수구 수치가 20 ~ 50일 경우 활용되는 수치이며,
　　　　　수구 수치 60 ~ 80처럼 긴 각일 때는 다음 페이지 System을 활용해야 된다.

Plus System

[해설]

위 도형은 수구 수치 60 이상에서 사용되는 긴각 Plus System이다 .

①의 백색Line 경우 3쿠션 수치는 110이고 수구 수치는 60이다.

(110 – 60 = 50) 1쿠션 50을 치면 된다.

②의 흰색 점선Line처럼 3쿠션 수치는 90이고 수구 수치는 70이라면

(90 –70 = 20) 1쿠션 20을 치면 된다.

계산법 : 3쿠션 수치 – 수구 수치 = 1쿠션 수치.

당점 : 중 상단 2시30분 방향 3Tip

타법 : 비틀기없이 회전은 다 살려준다.

스피드 : 2레일

Point : Plus System을 완성하려면 항상 일관된 자신만의 스트록을 완성해야 된다.

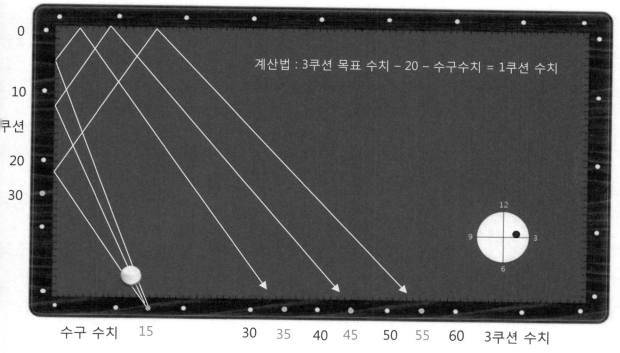

계산법 : 3쿠션 목표 수치 – 20 – 수구수치 = 1쿠션 수치

2쿠션

수구 수치 15   30 35 40 45 50 55 60   3쿠션 수치

[Plus 2 System]

Plus2는 +20이 적용되는 System이다, 수구 수치 15 미만에서 출발 시 적용된다.
좌측 1쿠션 수치는 수구 수치 15에서 출발하는 경우에 적용하는 수치이므로 필히
암기해야 된다.

타법 : 비틀기없이 회전은 다 살려준다.

당점 : 중 상단 2시 30분 방향 3Tip

스피드 : 2레일

계산법 : 3쿠션 수치가 55라면 Plus2 (System상의 수치 20)을 뺀 35에서 내 수구

　　　　수치 15를 다시 뺀 수치가 1쿠션 수치이다.

　　　　(55-20-15=20)

Plus System

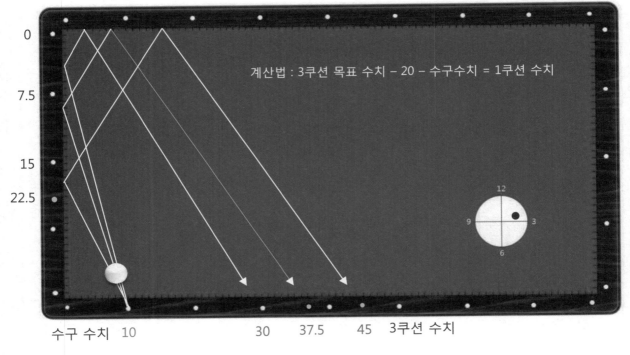

2쿠션

계산법 : 3쿠션 목표 수치 − 20 − 수구수치 = 1쿠션 수치

수구 수치 10   30   37.5   45   3쿠션 수치

[Plus 2 System]

수구 수치 10에서 출발하는 도형이다.

최종 목적지점 수치에서 20을 뺀 다음 다시 수구 수치를 뺀 수치가 1쿠션 수다.

❖ 좌측 1쿠션 수치는 수구 수치 10에서 출발하는 경우에 적용하는 수치이므로 필히
   암기해야 된다.

타법 : 비틀기없이 회전은 다 살려준다.

당점 : 2시30분 방향에 3Tip

스피드 : 2레일

계산법 : 3쿠션 수치가 45라면 Plus2 (System상의 수치 20)을 뺀 25에서 내 수구 수치
          10를 다시 뺀 수치가 1쿠션 수치이다.
          (45-20-10=15)

멕시멈 Plus System

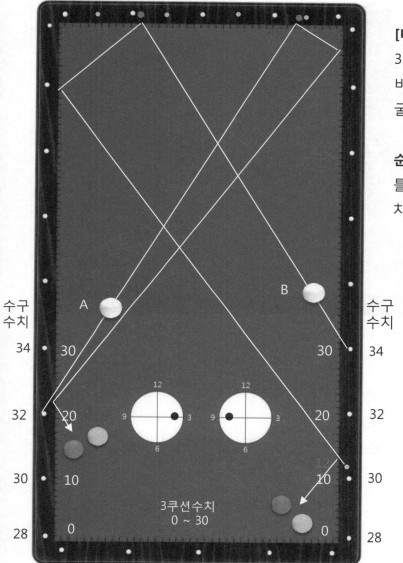

[타법]

3시(9시) 방향 3Tip 다 주고 순 비틀기로 1쿠션을 향해 부딪쳐 굴려주면 된다.

순 비틀기 : 회전을 다 주되 비틀어 치지 않고 회전을 다 살려 치는 것.

멕시멈 Plus System 도형이다.

위 도형과 같이 수구의 출발선과 목적구가 3포인트 아래 하단에 치우쳐 있을 경우에는 부드러운 중 상단 3Tip을 주는 것보다는 3시(9시) 방향 3Tip 을 확실하게 주는 것이 득점 확률이 높다.

계산법 : 수구수치 − 3쿠션 수치 = 1쿠션 수치

A : 수구수치(32) − 3쿠션 수치(20) = 1쿠션 수치(12)

B : 수구수치(34) − 3쿠션 수치(12) = 1쿠션 수치(22)

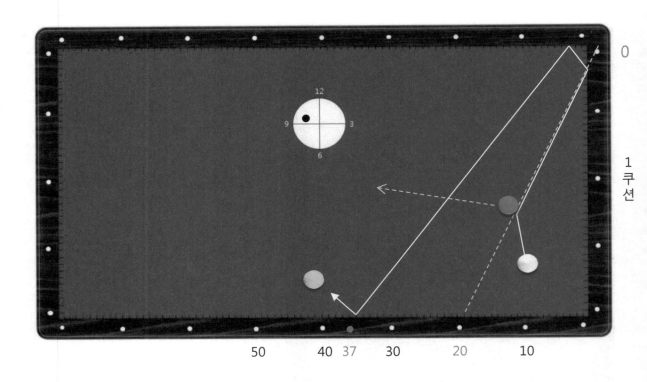

[해설]

Plus System을 이용해 득점하는 도형이다.

수구 수치 20에서 0을 치면 17이 더해져 37로 내려가는 것을 활용하면 된다.

타법 : 비틀기없이 회전은 다 살려주고 빈 쿠션 돌리는 기분으로 부드럽게 굴려준다.

당점 : 중 중 상단 9시30분 방향 3Tip

스피드 : 2레일

[조언]

위 도형은 Plus System을 응용한 장면으로 수구 수치 20에서 코너를 치면 코너의

특성상 코너웍이 되므로 10이 아닌 17이 더해져 37로 진행된다.

Plus System

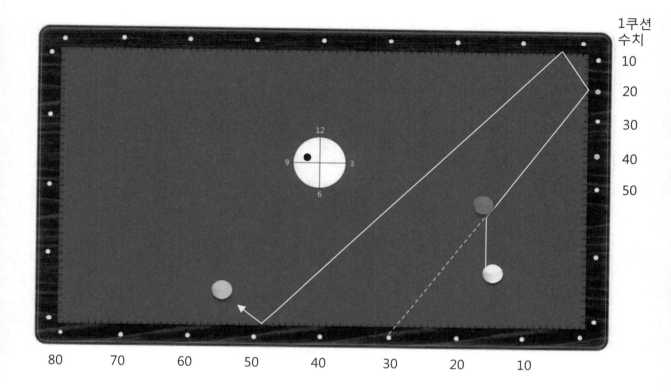

1쿠션
수치

10
20
30
40
50

12
9   3
6

80   70   60   50   40   30   20   10

[해설]

Plus System을 응용해 득점하는 도형이다.

1적구의 수구 수치는 30이고 2목적구는 3쿠션 50수치에 있다.

3쿠션 수치 50에서 수구 수치 30을 빼면 1쿠션 수치 20을 치면 된다.

타법 : Plus System 빈 쿠션 돌리기 감각으로 10시 30분 방향 3Tip 다 주고 가볍게
1적구를 부딪쳐 굴려준다.

❖ Plus System에서 수구 수치와 3쿠션 수치는 공용으로 사용된다.

[조언]

위 도형과 같은 공이 배치되면 가장 먼저 수구의 수치를 계산하고 Plus System을
이용해 1쿠션 지점에 공을 정확히 보내는 습관을 들여야 한다.

Plus System

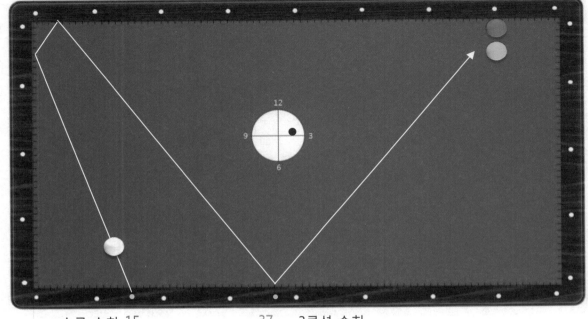

수구 수치 15   37   3쿠션 수치

[외워두는 System]

수구 수치 15에서 2를 치면 20이 증가한 3쿠션 37로 내려와 반사각으로 맞은편 원포인트
10지점으로 간다.
(Plus2 System 분리각을 이용한 계산법)

타법 : 부드러운 롱 샷으로 1쿠션을 부드럽고 길게 부딪쳐 회전력을 살리면서 반사
각을 만들어야 한다.

스피드 : 3레일

당점 : 3시 방향 3Tip 다 주고 큐의 비틀림없이 코너에 부딪치며 부드럽게 2.5레일
롱샷을 한다.

[Tip]

위 도형은 대대보다는 중대에서 정확도가 높으며,
대대에서는 아주 부드러운 롱 스트록을 구사해야 득점할 수 있다.

Plus System

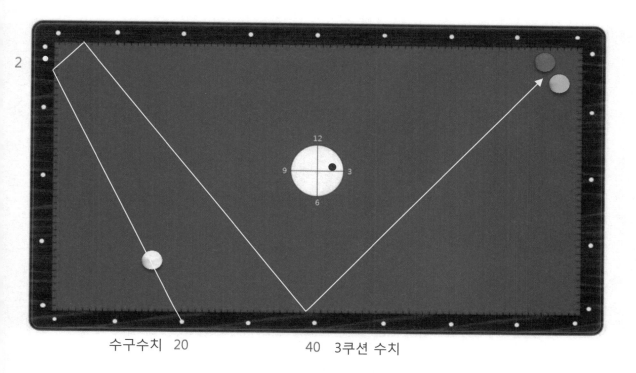

수구수치　20　　　　　　　　40　3쿠션 수치

[외워두는 System]

수구 수치 20에서 2를 치면 20이 증가한 40으로 내려와 반사각으로 맞은편 코너로 간다.

타법 : 부드러운 롱 샷으로 1쿠션을 부드럽고 길게 부딪쳐 회전력을 살리면서 반사각을
만들어야 한다.

당점 : 중 중상단 2시30분 방향 3Tip 다 주고 큐의 비틀림없이 코너에 부딪치며 부드럽고
경쾌하게 2.5레일 롱 샷을 한다.

스피드 : 4레일

[Tip]

위 도형은 대대보다는 중대에서 정확도가 높으며,
대대에서는 아주 부드러운 롱 스트록을 구사해야 득점할 수 있다.

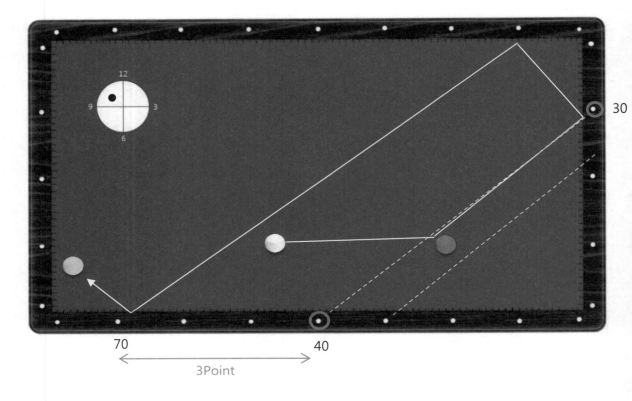

[해설]

Plus System을 응용한 짧게 앞으로 돌리기 도형이다.

앞으로 돌리기는 Plus System과 깊은 연관이 있다 예를들어 ○지점에서 빈 쿠션으로
좌측 상단 원 포인트 지점(30)을 치면 3포인트가 내려간다.

계산 요령 : 1적구를 장쿠션 단쿠션 비율을 대략 3 : 2, 또는 4 : 3정도로 보고 Line을
상상해 1쿠션 지점 수치를 설정한 다음, 황색 Line 수치와 3쿠션과의 포인트
차이를 계산한다.

타법 : 10시 30분 방향 중 상단 2Tip주고 빗겨치기 없이 부드럽게 밀어친다.
(공이 쿠션을 맞으면 회전력이 증가하므로 3Tip이 아닌 2Tip을 준다)

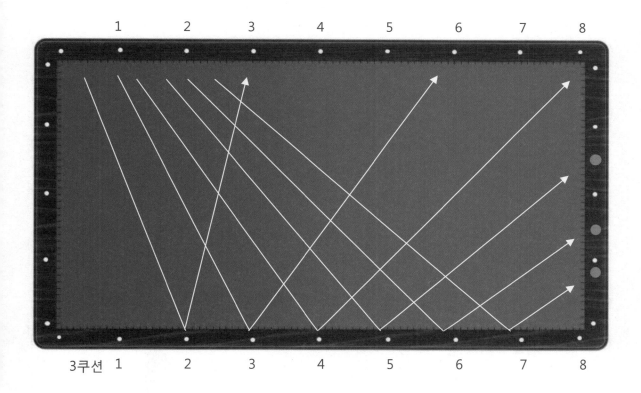

[Plus System 반사각]

Plus System에서 3쿠션으로 부터 반사되는 각으로 외워두면 앞으로 돌리기와 Plus System 짧은각을 계산할 때 반사각으로 유용하게 활용할 수 있다.

예 : 3쿠션 3지점에 왔을 때 공은 장쿠션 6으로 가고, 4지점에 왔을 때 공은 맞은 편 코너로 향한다.
5지점에 왔을 때 공은 단쿠션 투 포인트 반으로 내려가고, 6지점에 왔을 때 공은 한 포인트 반 지점으로 가고 7지점에 왔을 때 0,8Point 지점으로 간다.

[조언]
당구 연습을 할 때는 System을 토대로 실전과 같이 연습하라.

스피드 : 가장 많이 사용하는 Five & Half System이나 Plus System 등 빈 쿠션 돌리기
는 대부분 2.5레일 스피드에 맞춰 계산법이 산출된 것임을 참작하고 최대 3레
일을 넘지 않도록 스트록 한다.
2.5레일 ~ 3레일 스피드를 벗어나 강하게 치면 짧아지고 약하게 치면 늘어져
길어진다, 큐 볼이 1쿠션에 가까이 있을 때는 부드럽게, 멀리 있을 때는 약간
힘을 실어 스트록을 해야한다. 꾸준한 연습으로 2.5레일 스피드를 완성하면
빈쿠션 돌리기에 대한 자신감이 더 생길 것이다.

타법 : 중급자 수준의 빈 쿠션 돌리기를 보면 무의식적으로 큐 볼을 빗겨치는 모습을
흔히 보게 된다, 공이란 스트록에 따라 길게 늘어뜨릴 수도 있고 짧게
떨어뜨릴 수도 있는 것인데, 회전을 준 상태에서 비틀어 치거나 강하게 친다면
그 공의 진로는 예상할 수 없어 계산법을 적용할 수 없게 된다, 따라서 빈 쿠션
돌리기의 타법은 항상 부드러운 관통 샷으로 일관되게 1쿠션에 부딪쳐야 한다.

포인트 : 포인트 수치를 계산할 때 1쿠션은 프레임 포인트로 계산하고, 3쿠션은 레일
포인트로 계산하는 것이 안전하다.
그 이유는 공이 3쿠션을 향할 때 공의 반지름 만큼 레일에 먼저 닿기 때문에
수치의 오차가 생기기 때문이다
반복적인 연습을 통해 짧은 각과 긴 각에서의 3쿠션 포인트 지점을 명확히
계산할 줄 알아야 한다.

당점 : Five & Half System 에서는 수구와 3쿠션의 위치에 따라 당점의 위치를 변화
시켜야 한다,
예를 들어 3쿠션 수치가 15미만인 경우에는 3Tip, 20 ~ 30사이는 2Tip,
40 부근에서는 2.5Tip, 50 이상은 3Tip을 멕시멈으로을 각각 주는 것이 좋다.

수구 수치가 50~ 90의 긴각에서 치고 3쿠션이 50 이상 일 때는 3Tip 멕시멈을
주는 것이 안전하다. (약간의 비틀어 치기가 허용된다)

Plus System은 대부분 2시30분(9시30분)방향에 3Tip 다 주고 비틀어치기 없이
2레일 스피드로 항상 일관된 샷을 해야 정확도를 높여 나갈 수 있다
포인트는 대부분 프레임포인트를 사용 한다.

보정 : 3쿠션 당구대는 제조 메이커나 온도 습도 등 환경에 따라 조금씩 입사각에
대한 반사각이 달라진다, 예를 들어 시간이 경과하면 이물질이 공과 당구대
표면에 묻어 짧아지는데 대략 20분마다 0.1 포인트씩 보정해 주어야 한다.
(최대 보정 수치는 0.4 Point 정도이다)

체크 : 게임시작 전에 반드시 쿠션 상태를 점검하는 습관을 들여야 한다.
(각이 짧은지 늘어지는지 확인하는 습관을 들여야 한다)

앞으로 돌리기 System

경기 중에 수시로 전개되는 앞으로 돌리기는
Five & Half System 또는
Plus System을 응용하면 쉽게 계산할 수 있다.

하점자일 때 가장 먼저 배우고 가장 쉬운 궁이지만
고점자가 되면서 다시 어려워지기도
하는 것이 앞으로 돌리기이다.

앞으로 돌리기를 잘하려면 4구를 치듯이 궁을
천천히 굴리는 습관부터 들여야 하며
1적구를 뚫고 나가듯 큐의 비틀림없이 일직선으로
부드럽게 밀어치는 연습을 많이 해야한다.

앞으로 돌리기 System

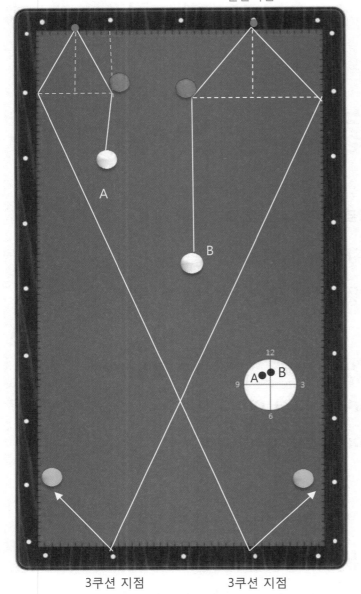

절반지점   절반지점

3쿠션 지점   3쿠션 지점

[타법]

A도형은 중 상단 11시 방향1Tip 주고 ¼두께로 부드럽게 부딪쳐 굴려준다.

(1적구가 쿠션에 가까울 수록 더 부드럽게 쳐야 한다)

B도형은 중 상단 ½두께 무회전으로 치면 좌측 하단 1Point 지점으로 간다.

[Point]

A도형 ¼두께 22.5° 분리각과,

B도형 ½두께 45° 분리각을 기억하면 게임에 응용할 기회가 많다.

[앞으로 돌리기 기본 도형]

위 도형은 앞으로 돌리기에서 가장 기본이 되는 패턴이다.

A의 경우처럼 1적구가 장쿠션 과 단쿠션 각각 1포인트 지점 (정사각형)에 있을 때 절반
지점을 향해 1Tip 반 주고 부드럽게 1적구를 맞춰 돌리면 하단 3쿠션 지점으로 가고,
B처럼 1적구가 단쿠션 2Point와 장쿠션 1포인트 지점에 걸쳐 있을 경우에도 절반 지점
을 향해 1적구를 ½ 두께 무회전으로 부드럽게 맞춰 돌리면 하단 3쿠션 지점으로 간다.

앞으로 돌리기 Ball System

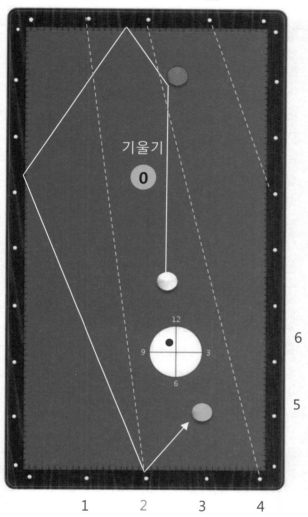

Line수   0.5   1   1.5

기울기

0

12
9 · 3
6

6

5

1   2   3   4

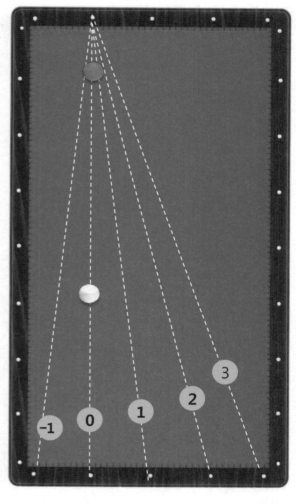

기울기 수치

-1   0   1   2   3

[앞으로 돌리기 Ball System]

위 도형의 계산방법은 1적구 Line 수 1과
3쿠션 수치 2, 기울기 수치 0을 더하면
총 수치는 3이다.
3/8두께에 무회전 또는 2/8두께에 1Tip주
고 치면 된다.
총 수치 3만 되면 된다.

[앞으로 돌리기 Ball System 계산법]

1적구 Line수 + 3쿠션 수치 + 기울기 수치
= 두께(1/8을 1로 계산) + Tip수
(1Tip을 1로 계산)

[기울기 란 ?]

1적구와 수구가 일직선으로 배열되어
있으면 기울기 수치는 0이 된다.

단쿠션에서는 1적구의 위치와 비교하여
1Point가 기울 때마다 기울기수치는 0.5
씩 계산하고,
장쿠션에서는 1Point에 1씩 계산해
두께 또는 Tip수에 적용한다.

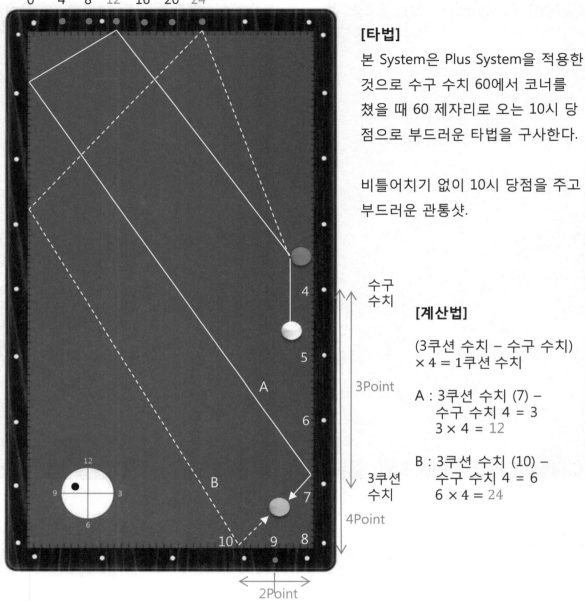

[타법]

본 System은 Plus System을 적용한 것으로 수구 수치 60에서 코너를 쳤을 때 60 제자리로 오는 10시 당점으로 부드러운 타법을 구사한다.

비틀어치기 없이 10시 당점을 주고 부드러운 관통샷.

[계산법]

(3쿠션 수치 – 수구 수치)
× 4 = 1쿠션 수치

A : 3쿠션 수치 (7) –
    수구 수치 4 = 3
    3 × 4 = 12

B : 3쿠션 수치 (10) –
    수구 수치 4 = 6
    6 × 4 = 24

[Plus System을 활용한 앞으로 돌리기]

위 도형은 Plus System을 활용하여 앞으로 돌리기 하는 기본 도형이다.

수구 위치에서 좌측 상단에 표기된 1쿠션 0.4Point를 치면 수구위치에서 1Point 내려가는 것을 기준으로 0.4Point 증가 시킬 때마다 3쿠션은 1Point 씩 더 내려간다.

하단 단쿠션은 반 포인트를 1Point로 계산하여 적용한다.

예를 들어 수구 수치 4에서 3쿠션 수치 7이면 3Point 차이므로 4× 3=12를 치면 된다.

2적구를 길게 치려면 장축 4Point와 단축 2Point를 더해 4× 6 = 24 , 1쿠션 24를 치면 된다.

앞으로 돌리기 System

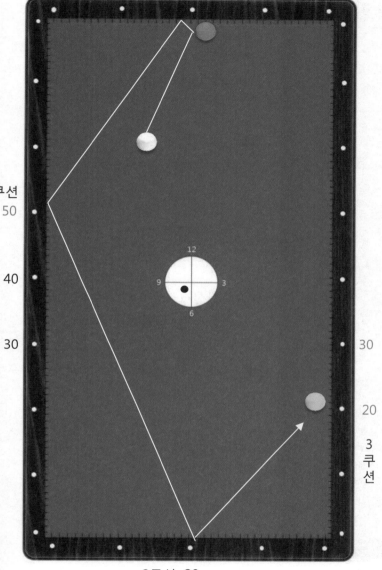

수구 수치 70 60

쿠션 50

40

30

12

9   3

6

30

20

3쿠션

2쿠션 20

[타법]

7시 30분 방향 2Tip 주고 부드
럽게 1적구를 부딪쳐 굴려준다.

Tip을 줄이고 더 부드럽게 치면
4쿠션 30으로 간다.

만일 수구 수치가 60이라면 1쿠
션 수치는 40으로 보내면 된다.

기억할 것은 수구 지점과 1쿠션
30 지점을 기억하고 활용하는
것이다.

[길게 앞으로 돌리기 System]

Five & Half System을 이용한 길게 앞으로 돌리기 기본 도형이다.
Five & Half System으로 환산해 수구 수치 70에서 2쿠션 50으로 보내면 3쿠션 2포인트를
거쳐 4쿠션 20으로 가는 도형이다.
이 도형에서 기억해야 할 점은 수구 출발점 70에서 2쿠션 3포인트와 3쿠션 하단 중앙
지점으로 연결된다는 것이다 이것을 기준 삼아 유사한 공을 쉽게 풀어나갈 수 있다.

앞으로 돌리기 System

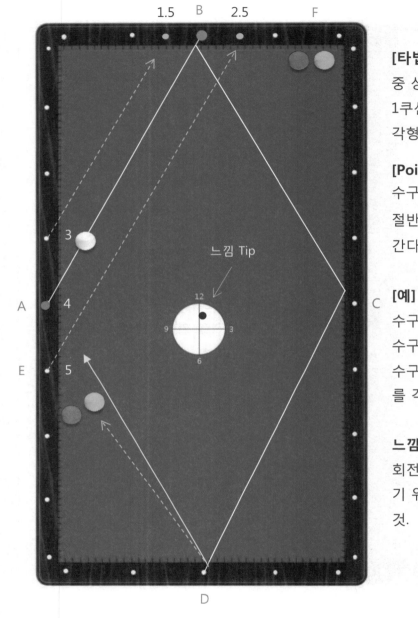

[타법]
중 상단 무회전 또는 느낌 Tip주고 1쿠션을 부딪쳐 주면 도형처럼 사각형을 그리게 된다.

[Point]
수구가 어디에 있든 수구 수치의 절반(½)을 치면 수구는 코너 F로 간다.

[예]
수구 위치가 5포인트면 2.5
수구 위치가 4포인트면 2
수구 위치가 3포인트면 1.5
를 각각 치면 된다.

느낌 Tip : 무회전으로 겨냥시 역회전으로 잘못 치는 것을 방지하기 위해 미세하게 정회전을 주는 것.

[무회전 다이아몬드 기본 궤도]

위 도형은 무회전으로 우측 상단 코너로 보내는 기본 궤도이다.

A의 지점 ●(4포인트)에서 무회전으로 ½인 B의 지점 ●(2포인트)을 치면 수구는 C와 D 를 거쳐 다시 A로 갈 것이다,(반사각 원리) 하지만 공의 구름관성(공이 쿠션을 타면서 늘어지는 현상) 으로 인해 E지점으로 가게 된다, 연장선은 우측 상단 코너 F 지점이 된다. 이 궤도와 원리를 이해하면 활용할 수 있는 범위가 넓다.

앞으로 돌리기 System

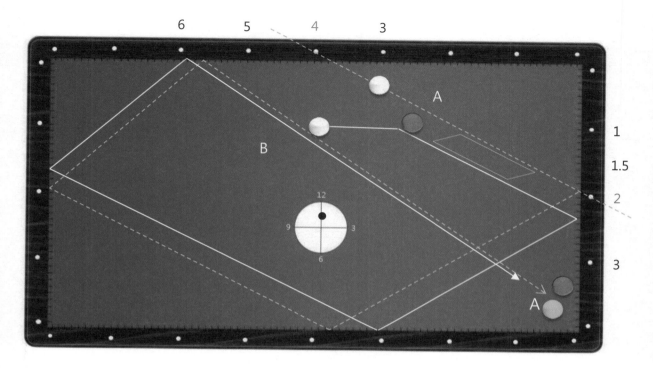

[외워두는 System]

앞으로 길게 돌리기 대회전 도형이다.

A : 장쿠션 4지점에서 절반인 단쿠션 2지점을 무회전으로 빈쿠션 돌리기를 하면 대략
　　우측 하단 코너로 간다.

B : A의 궤도를 응용 평행이동해 상단에 있는 공을 득점한 장면이다.

타법 : 무회전 중 상단 Tip주고 큐의 비틀림없이 1적구를 부드럽게 부딪쳐야 한다.

스피드 : 3 ~ 3.5레일

Point : 장쿠션 대비 단쿠션 비례는 약 2 : 1이다, 수구 수치가 6이라면 단쿠션 3지점으로,
　　　　수구 수치가 3Line 이라면　단쿠션 1.5 지점으로 보내면 된다.

[조언]
스트록을 할 때는 그립을 잡은 손 외에는 어느 것도 움직이지 말아야 한다
타구 이후에도 브리지를 풀지 말고 공의 궤적을 주시하는 습관을 들여야 한다.

[해설]

앞으로 돌리기 대회전 기본 도형이다.

Five & Half System을 응용하여 수구를 각각 1쿠션 지점으로 보내면 쉽게 득점할 수 있다.

수구 수치 60에서 2목적구 A를 맞추려면 ¼두께에 2Tip을 주고 치면 되고, 2목적구 B를

맞추려면 ⅛두께에 무회전으로 쳐야 한다.

[계산법]

A : (수구 수치 60) − (3쿠션 수치 20) = (1쿠션 수치 40)

B : (수수 수치 60) − (3쿠션 수치 50) = (1쿠션 수치 10)

[타법]

1적구가 쿠션에 붙어 있을 때 공을 길게 치려면 6시 하단 Tip 주고 잽샷을 하면 공이 짧게

말리는 것을 방지할 수 있다.

[Tip] : 잽샷의 성격은 얇게 치면 더 길게 가고, 두껍게 치면 더 짧아 진다.

앞으로 돌리기 System

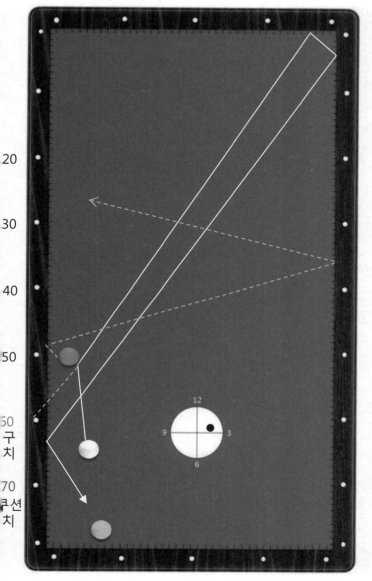

1쿠션 수치   50   40   30   20   15

[타법]
3시 방향 3Tip 주고 빗겨치기
없이 회전만 살려 코너 부근에
서 돌아오게 한다.
(Plus System 타법으로 계산)

힘 조절을 잘하면 1적구를 뒤
로 돌리기 좋은 위치로 보내
놓을 수 있다.

[해설]

Plus System을 응용해 득점하는 도형이다 수구의 출발 수치는 60으로 계산된다.

Plus System에서 배운 것처럼 수구 수치 60에서 3Tip 주고 코너를 치면 60 제자리로
돌아 온다.

수구를 1쿠션 코너 가까이 보내면 수구는 70지점으로 내려와 무난하게 득점할 수 있다.

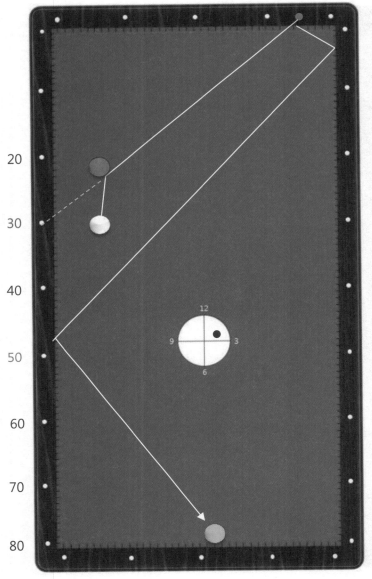

[타법]

3시 방향 3Tip 주고 빗겨치기 없이
부드럽게 굴려치는 타법으로 회전
만 살려 3쿠션 50에 오게 치면 된다.
(부드럽게 굴려주는 샷으로)

[해설]

Plus System 분리각을 응용해 득점하는 앞으로 돌리기 도형이다.

수구의 출발 수치는 30으로 계산된다.

먼저 2적구를 맞추기 위한 3쿠션 지점을 확인한다 (Plus System에서의 분리각을 활용).

수구 수치 30에서 3쿠션 50에 오려면 수구를 1쿠션 20지점으로 보내면 2Point 아래인
3쿠션 50 지점으로 내려온다.

앞으로 돌리기 System

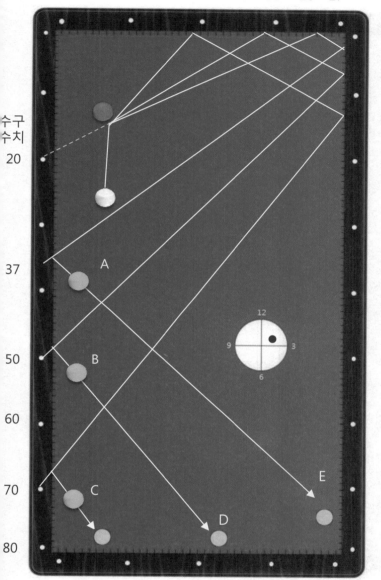

[계산 방법]

3쿠션 수치에서 수구 수치 20을 뺀 수치가 수구를 보내야 할 1쿠션 지점이다.

A : 3쿠션 수치 37
B : 3쿠션 수치 50
C : 3쿠션 수치 70

[응용]

3쿠션 이후의 연장선에 있는 공은 같은 계산법을 응용하면 된다.
만일 2적구가 D와 E 지점에 있을 경우에는 약간의 잽 샷으로 공을 3쿠션에서 반사 시켜야 한다.

[해설]

Plus System을 응용한 안으로 돌리기 도형이다.

수구의 출발 수치는 20이며 수구 수치와 3쿠션 수치는 공동으로 사용된다.

Plus System을 철저하게 응용하고 빈 쿠션을 돌리는 느낌으로 부드럽게 잽을 넣는 타법을 구사한다 (너무 부드럽게 천천히 치면 공이 늘어져 길어질 수 있다.

타법 : 2시 방향 3Tip 주고 빗겨치기 없이 약간의 잽샷으로 1쿠션 위치로 경쾌하게 굴려 보낸다.

앞으로 돌리기 System

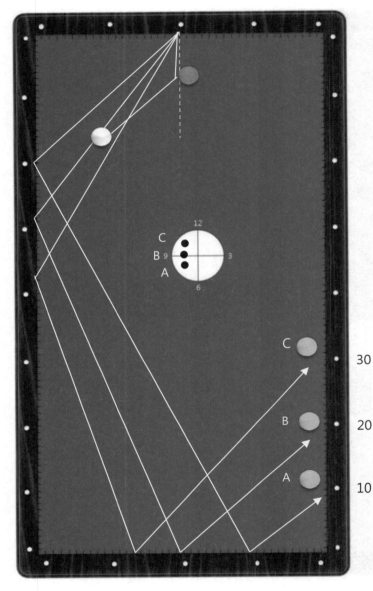

[타법]

부드럽게 치거나 끌어치지 말고 경쾌하게 약간 밀어 치듯 부딪쳐 반사각을 이용해 공을 굴린다.

수구의 위치에 따라 1적구를 일직선으로 부딪치며 탄력만 조절하면 생각보다 어렵지 않게 해결할 수 있는 공이다.

[해설]

수구가 어디에 위치해 있던 1적구를 일자로 부딪쳐 3쿠션 지점 10, 20, 30 으로 보낼 수 있다.

위의 당점 표시처럼,

3쿠션 10에 보내려면 8시 방향 하단 당점,

3쿠션 20에 보내려면 9시 방향 중단 당점,

3쿠션 30에 보내려면 10시 방향 상단 당점에 각각 주고, 1적구를 부딪쳐 분리각을 만든다.

앞으로 돌리기 System

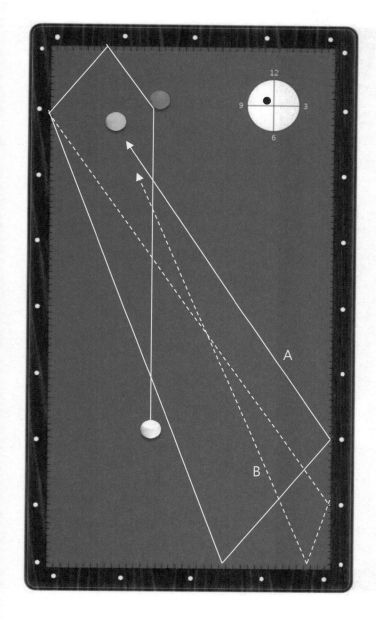

[타법]

11시 방향 1Tip 주고 경쾌하게 1적구를 부딪쳐 돌린다.

스피드 : 3 ~ 4레일

[Point]

리버스로 찬스를 보려면 조금 더 얇은 두께로 겨냥하고 약간 강하게 쳤을 때 잘못 맞아 두껍게 맞는다면 리버스로 득점할 확률이 더 높아 진다.

[해설]

앞으로 돌리기 대회전 도형이다.

이 도형은 Two way shot으로 두 개의 궤도를 통해 득점하게 되는 경우가 흔히 있다.

1적구가 얇게 맞을 경우에는 A line을 통해 득점하게 되고,

1적구가 두껍게 맞을 경우에는 B line을 통해 리버스로 올라가 득점 하기도 한다.

평소 연습을 통해 리버스의 궤도 감각을 익혀두어야 한다.

앞으로 돌리기 System

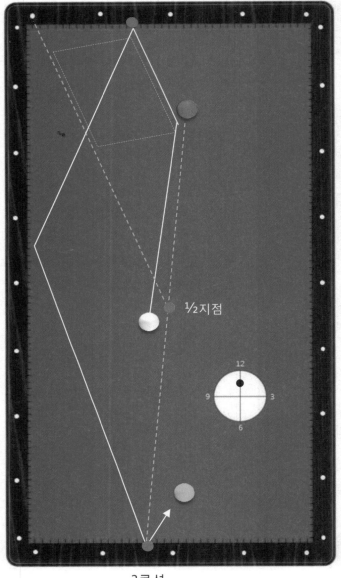

1쿠션

½지점

12
9   3
6

3쿠션

[타법]

중 상단 무회전으로 1적구를
부드럽게 부딪쳐 굴려준다.

실제로 이러한 상황에서 평행 이동
법을 적용하는 것이 쉽지는 않지만
이러한 법칙을 이해 하려는 노력을
꾸준히 한다면 시간이 흐르면서 공
의 진행 동선을 그리는 전체적인
감각이 좋아 진다.

[해설]

평행 이동 계산법으로 앞으로 돌리기를 득점하는 도형이다.

1. 예상 3쿠션 지점과 1적구를 일직선으로 그린다음 그 중간 지점과 코너를 연결
   한다.
2. 코너로 연결된 선과 평행이 되도록 1적구와 1쿠션을 연결한 지점이 수구를 보내
   야 할 1쿠션 지점이다.

앞으로 돌리기 System

50 60 70 수구 수치

12
9 3
6

30
3쿠션수치

40
1쿠션수치

[타법]
중 하단 4시 방향 3Tip 주고 스피드
하게 부딪쳐 1적구를 돌려야 한다.

약간의 비틀어치기가 허용된다.

❖ 유의할 점은 스피드가 약하거나
 1적구를 너무 얇게 쳐서 일직선
 보다 각이 처지면 공은 회전력이
 급격히 떨어진다.

[해설]

대회전 안으로 돌리기 기본 도형이다.

Five & Half System을 응용하면 쉽게 득점할 수 있다.

이 도형에서의 핵심은 일직선 타법과 Five & Half System을 접목시킨 것이다.

(수구 수치 70) – (3쿠션 수치 30) = (1쿠션 수치 40)

앞으로 돌리기 System

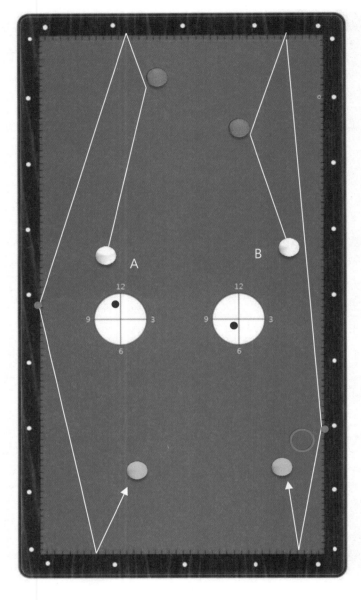

[타법]

A : 0.5Tip 주고 부드럽게 1쿠션에 부딪쳐 입사각 반사각으로 친다.

B : 하단 – 1Tip주고 큐의 비틀림 없이 1쿠션에 부딪쳐 주면 수구는 일직선으로 완만하게 내려와 득점하게 된다.

❖ 입사각 반사각을 머리 속에 그리며 2쿠션 지점 ●을 겨냥한다.

[해설]

앞으로 길게치기 도형이다.

A의 경우 상단 무 Tip으로 치는 경우 아스트로 쿠션에서는 회전력이 – 0.5 Tip 정도로 반감될 수 있다 오히려 +반 Tip을 주고 입사각 반사각을 이용해 치는 방법이 득점 확률이 더 높다.

B의 경우에는 하단 -1Tip 정도 주고 1쿠션에 부딪쳐 ○지점으로만 보내면 생각보다 득점 확률이 높다.

앞으로 돌리기 System

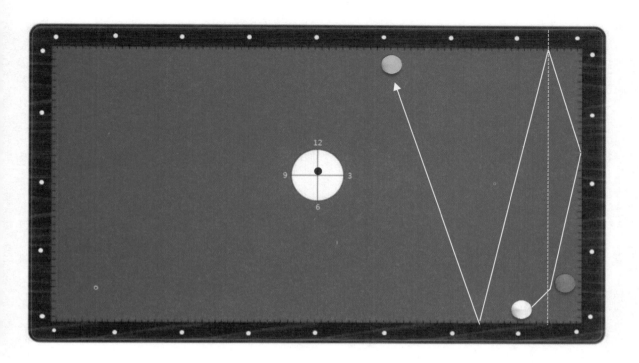

[해설]

앞으로 돌리기 짧은각 도형이다.

해결 방법은 잽 샷으로 회전력을 억제시켜야 한다.

먼저 가상의 지그재그 각도를 그린 후 상단 무회전으로 스트록과 동시에 잽을 넣어주면

공은 늘어지지 않고 지그재그 각으로 짧게 진행된다. (일명 잡아주는 타법)

타법 : 너무 강하게 치면 방향성이 나빠진다.

약간 스피드하게 굴리면서 그립을 살짝 잡아주는 잽샷을 구사한다.

[쪼언]

당구를 잘 치려면 공의 $\frac{1}{2}$ 두께를 정확히 맞추는 연습을 많이 해야 한다.

대부분의 System 기준은 $\frac{1}{2}$두께에 많이 맞추어져 있다.

제각돌리기 System

경기 중에 4분의1 이상을 차지하는 아주 중요한
System으로 가장 쉬우면서 어려운 System이다.

특히 제각돌리기는 다양한 각도로 전개 됨에
따라 일정한 System을 도입하여 해결 방법을
공식화해 나가는 것이 바람직하다.

특히 궁의 배치에 따라 계산법과 궁을 부딪치는 스피드를
그때 그 때 달리해야 함으로 많은 연습이 필요하다.

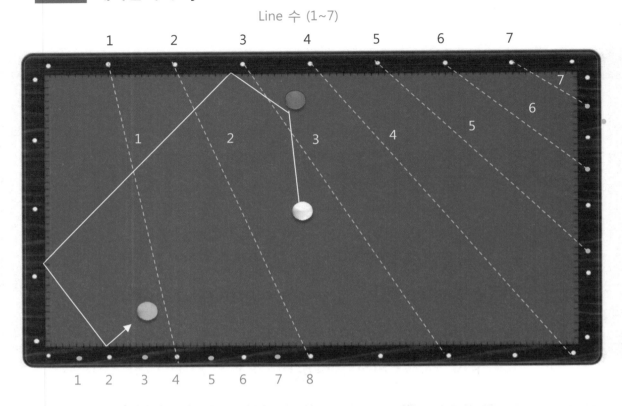

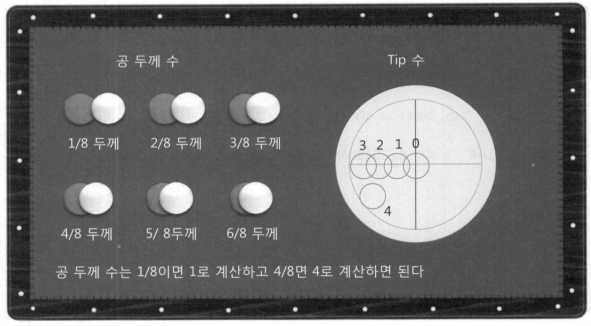

[Ball System 공식]

Line 수 + 3쿠션 수(1~8) = 공 두께 수 + Tip 수
예를 들어 위 도형처럼 1적구의 Line 수가 3이고 3쿠션 수가 2라면 총 수치는 5다,
따라서 4/8 두께에 1Tip을 주던지 3/8두께에 2Tip을 주면 된다.

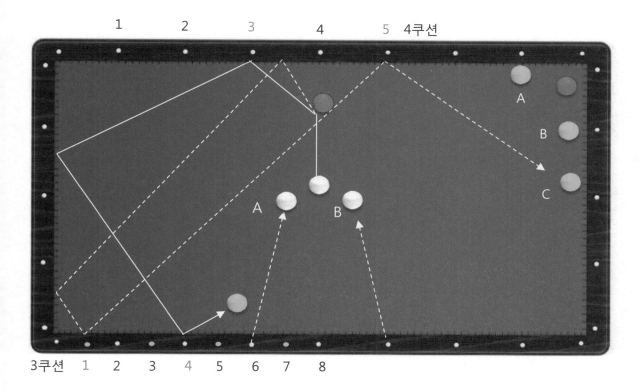

[Ball System 계산법]

위 도형의 1적구 Line수는 3이 되며 3쿠션 수치는 4이므로 총 수치 7에 해당된다.

따라서 ½ 두께에 3Tip을 주던지 5/8 두께에 2Tip을 주면 된다.

Ball System의 운영은 1적구가 1쿠션에서 20cm~30cm 정도 떨어져 있을 때 편리하다.

또한 A처럼 공의 위치가 일직선보다 1포인트 처져있을 경우에는 +1을 더해주고
B처럼 각이 되어있을 경우에는 -1을 계산 해주면 된다.

우측 상단 코너에 ●2적구가 있을 경우 제각돌리기의 총 수치는 (7~8) 정도 된다.

도형처럼 우측 A B C에 각각 2적구가 있을 경우 평소 총 수치를 적용하면서 익혀두면
제각돌리기를 완성하는데 큰 도움이 될 수 있다.

2적구가 C의 경우에는 당점을 최대한 줄이고 두께 위주로 계산하는 것이 안전하다.

예를 들어 C에 공을 보내기 위해서는 위쪽 장쿠션 5지점이 4쿠션이 되어야 하는데
그러기 위해서는 3쿠션 1을 거쳐야 한다.

따라서 위 도형에서 C를 맞추기 위한 총 수치는 약 3.5 정도가 된다.

또한 Ball System 에서 무엇보다 중요한 것은 공을 치는 강약이다, 예를 들어 총 수치가
적은 상황에서는 공을 부드럽게 치고 총 수치가 높을 경우에는 약간 타격을 가해주는
것이 득점 확률이 높다.

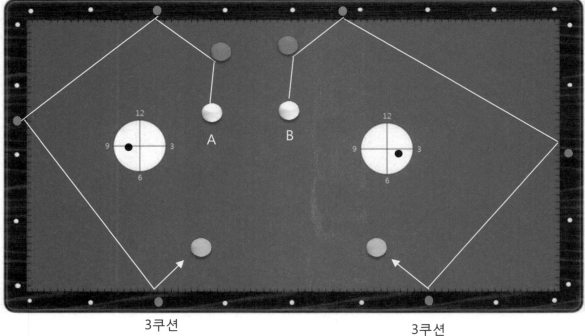

[해설]

위 도형은 제각돌리기에서 3쿠션 2포인트에 가기 위한 1쿠션 출발점과 2쿠션 지점의 관계를 나타내는 도형이다.

A의 경우처럼 1쿠션 출발점 ●이 2포인트에서 출발할 경우 2쿠션 포인트는 좌측 ● 지점이 되어야 하며,

B의 경우처럼 1쿠션 출발점 ●이 3포인트 위에서 출발할 경우 2쿠션 포인트는 우측 ●지점이 되어야 한다.

[조언]

공의 두께는 ½두께를 중심으로 조금 더 두껍게, 아주 두껍게,얇게, 아주 얇게 정도로 구분하여 치면 된다.

제각돌리기 System

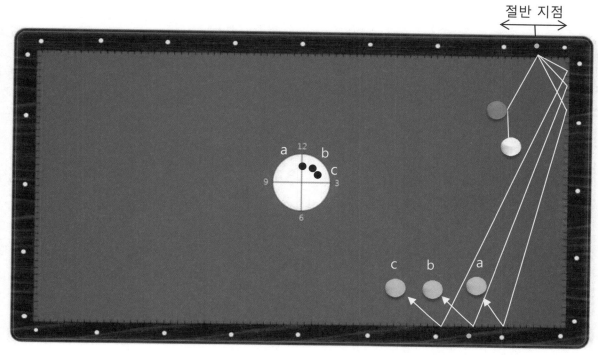

2Tip 1Tip 0Tip

[해설]

위 그림은 쇼트 앵글 제각돌리기 도형이다.

수구가 장쿠션 원포인트 지점과 단쿠션 원포인트 지점에 걸쳐 있을 경우,
무회전으로 1쿠션 절반 지점으로 보내면 3쿠션은 원포인트 지점이 된다.
1Tip주고 절반 지점으로 보내면 원포인트 반 지점으로 가고,
2Tip주고 절반 지점으로 보내면 2포인트 지점으로 간다.
기본 앵글이므로 분리 각도를 익혀두면 제각돌리기를 완성하는데 많은 도움이 될 수
있다.

타법 : 큐 무게만 수구에 얹어 1적구를 부드럽게 부딪쳐 준다.

Point : 1적구를 강하게 부딪치거나 너무 약하게 부딪치지 말고 1적구를 자연스럽게
부딪쳐 빈 쿠션 돌리기 느낌처럼 자연각으로 꺾이도록 한다.

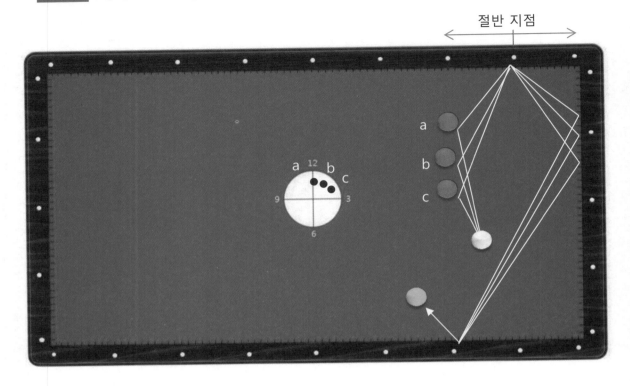

[해설]

위 도형은 1적구가 2포인트 선상에 있을 때 1쿠션을 1포인트 지점으로 고정하고 각각
1적구의 위치에 따라 회전을 달리해 3쿠션 2포인트 지점으로 보내는 제각돌리기 쇼트
앵글 도형이다.

1적구가 a처럼 장쿠션 2포인트 단쿠션 1포인트 지점에 걸쳐 있을 경우 무회전으로 중간
지점인 1포인트 지점으로 보내 돌리면 3쿠션은 2포인트 지점이 된다.
1적구가 b 처럼 장쿠션 2포인트와 단쿠션 1포인트 반 지점에 걸쳐 있을 때는 1Tip,
1적구가 c처럼 장쿠션 2포인트 단쿠션 2포인트 지점에 걸쳐 있을 때는 2Tip을 주고
각각 원 포인트 지점으로 보내면 3쿠션 2포인트 지점으로 간다.

타법 : 큐 무게만 수구에 얹어 1적구를 부드럽게 부딪쳐 준다.

Point : 1적구를 강하게 부딪치거나 너무 약하게 부딪치지 말고 1적구를 자연스럽게
부딪쳐 빈쿠션돌리기 느낌처럼 자연각으로 꺾이도록 한다.

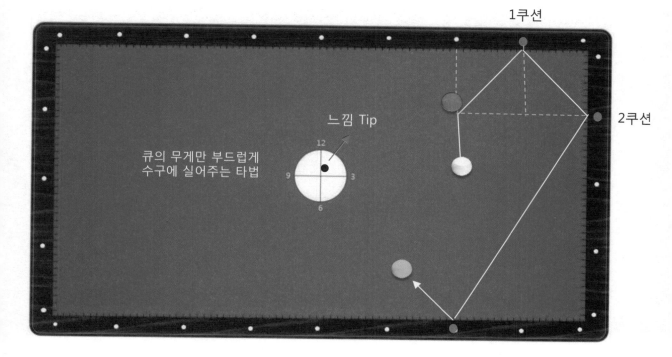

[해설]

위 그림은 쇼트 앵글 제각돌리기에서 가장 기본이 되는 도형이다.

1목적구가 장쿠션 2포인트 단쿠션 원포인트 선상에 걸쳐 있을 때, 수구를 절반 지점인 ●원 포인트 지점까지 무회전으로 보내면 2쿠션 ●원포인트 지점을 통과해 3쿠션 ●2 포인트 지점으로 가게 된다.

타법 : 1쿠션 지점에 집중하고 1적구를 그 지점까지 적당히 부딪쳐 굴려주면 된다.
　　　주의할 점은 무회전 시 역회전이 들어갈 수 있으므로 1적구와 브리지 거리를
　　　가까이 하고 아주 미세하게 정회전 느낌Tip을 주는 듯 하는 것이 안전할 수 있다.

Tip : 1적구를 너무 강하게 부딪치거나 너무 약하게 치는 것도 분리각에 변화가 생길 수
　　　있으므로 항상 일정한 강도로 습관들이는 것이 중요하다.

제각돌리기 System

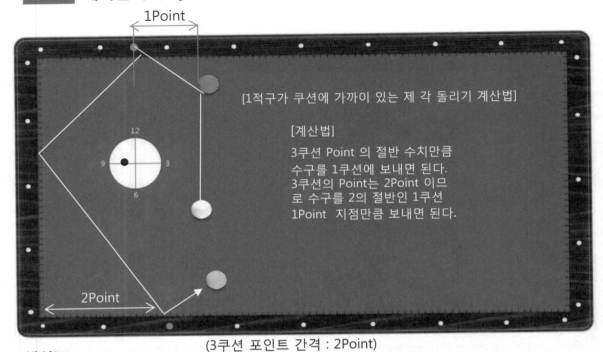

1Point

2Point

[1적구가 쿠션에 가까이 있는 제 각 돌리기 계산법]

[계산법]
3쿠션 Point 의 절반 수치만큼
수구를 1쿠션에 보내면 된다.
3쿠션의 Point는 2Point 이므
로 수구를 2의 절반인 1쿠션
1Point 지점만큼 보내면 된다.

(3쿠션 포인트 간격 : 2Point)

[해설]

위 도형은 1적구가 쿠션 가까이 있을 때 쉽게 계산하는 제각돌리기 도형이다.

핵심은 3쿠션 간격의 절반만큼 수구를 1쿠션에 보내면 된다.

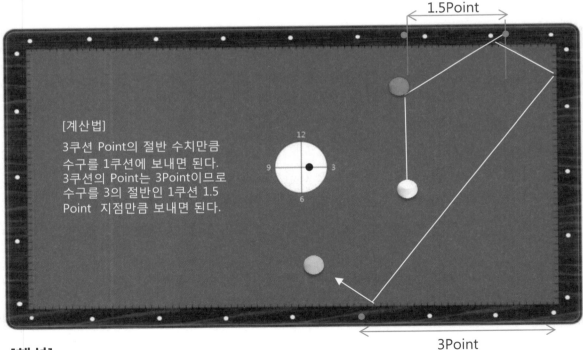

1.5Point

3Point

[계산법]
3쿠션 Point의 절반 수치만큼
수구를 1쿠션에 보내면 된다.
3쿠션의 Point는 3Point이므로
수구를 3의 절반인 1쿠션 1.5
Point 지점만큼 보내면 된다.

[해설]

위 도형은 3쿠션 지점이 3Point 지점이어야 하므로 수구를 1쿠션 1.5Point 아래 지점으로
보내면 된다.

제각돌리기 System

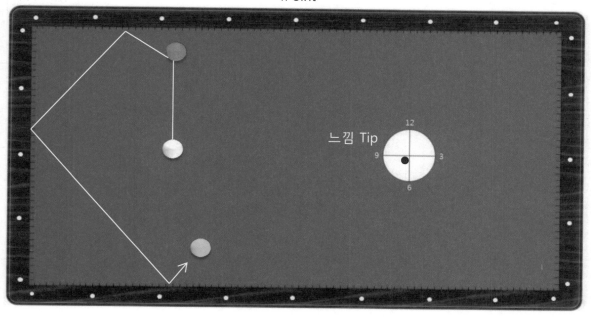

4Point

느낌 Tip

위 도형은 1적구, 수구, 2적구가 모두 2Point 선상에 위치해 있다 . 이 경우에는 가장 편한 ½ 두께로
중단에서 약간 하단에 반Tip 또는 느낌 Tip 주고 치면 된다. 하단 Tip주는 이유는 끌어치기 위함이 아니라
곡구 현상을 방지하기 위함이다. 큐를 머뭇거리지 말고 경쾌하게 한번에 부딪쳐 자연 분리각으로 친다.

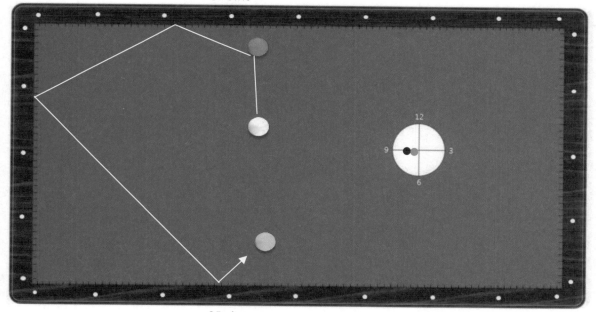

3Point

3Point

위 도형처럼 1적구와 2적구가 각각 3Point 지점에 위치해 있을 경우 두께와 당점의 총량은 ⅔두께에
9시 방향 2Tip , 또는 ¾두께에 9시 방향 1Tip 주고 치면 된다.
제각돌리기는 1적구를 경쾌하게 한번에 부딪쳐 자연 분리각으로 치는 것이 요령이다.

제각돌리기 System

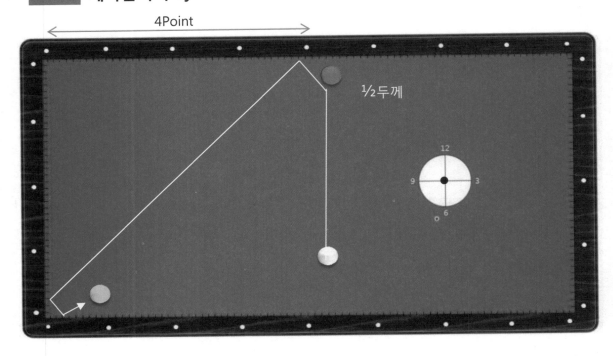

❖ 무회전 중앙Tip으로 ½두께를 치면 약 4Point 내려간다.

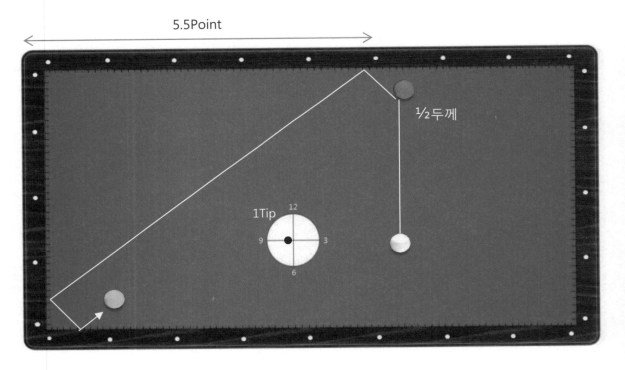

❖ 중앙 1Tip주고 ½두께로 치면 약 5.5Point 내려간다.
❖ 기본 공식을 외워두면 비슷한 유형의 공은 쉽게 해결할 수 있다.

제각돌리기 System

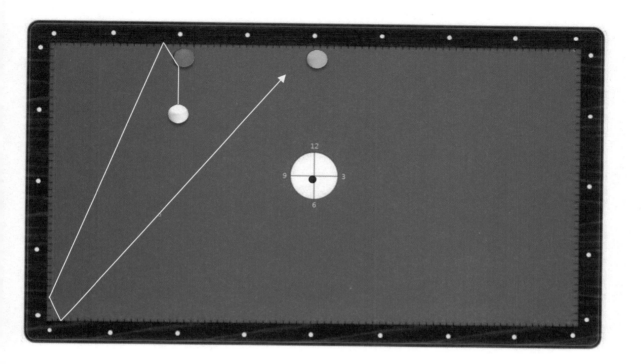

[해설]

위 도형은 짧은각 제각돌리기 도형이다.

보기에는 간단해 보이지만 막상 이러한 공 배치를 만나면 어떻게 타법을 구사할지 망설여진다. 길어지는 것을 조심하다 보면 단쿠션을 못 맞추는 경우도 발생한다.

이러한 경우에는 잽샷을 구사할 것을 권장한다.

잽샷의 특성은 얇게 맞추면 더 얇게 두껍게 맞으면 더 길게 가는 특성이 있다.

타법 : 중앙 느낌Tip 주고 1적구를 얇게 맞추면서 잽을 넣어 샷을 멈추면 수구는
늘어지지 않고 짧게 각을 형성한다. (일명 툭 샷)

[조언]
1적구가 쿠션에 붙어 있을 때는 큐를 짧게 끊어주는 잽 샷을 구사하면 수구의 각을
짧게 만들 수 있다

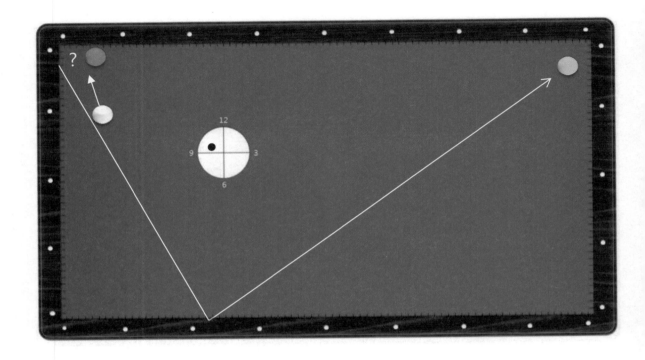

[해설]

그림으로 봐도 공 한 개가 쉽게 빠지지 못할 만큼 좁은 공간이다.

아무리 목적구를 얇게 맞춘다 해도 좌측 단쿠션부터 맞을 확률이 아주 높다.

이 경우 해결 방법은 수구에 큐의 무게만 살짝 얹어 부드러운 샷으로 얇게 맞추며 곧게
찔러주는 부드러운 관통샷을 구사해 보면 신기하고도 놀라운 광경을 목격하게 될 것이다.

타법 : 타격이 조금이라도 들어가면 절대 안되며, 큐의 무게로만 부드럽고 길게 찔러 큐
가 수구를 관통시키는 듯한 스트록을 구사한다.

당점 : 9시 방향 2Tip.

Point : 아무리 얇게 1적구를 맞춘다 해도 타격이 조금이라도 들어가면 장쿠션을 먼저
맞출 수 없다.
큐의 무게로만 수구에 얹어 부드럽게 수구를 관통하는 스트록을 구사하며 큐를
끝까지 잡지 말아야 한다.

제각돌리기 System

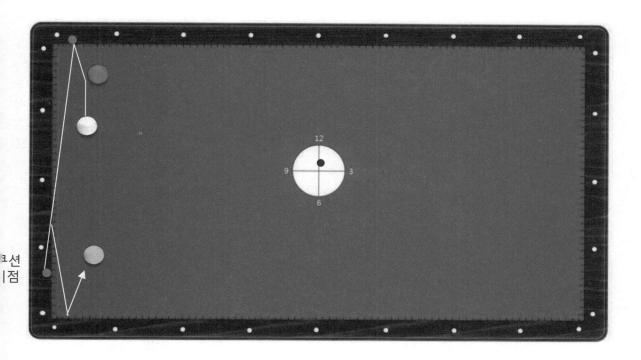

[해설]
아주 얇은 형태의 제각돌리기 도형이다.

이와 같은 도형의 해결 방법은,
1. 좌측 하단 ●2쿠션 지점 이미지를 먼저 설정하는 것이 중요하다.
2. 수구와 2쿠션 ●지점을 입사각 분리각으로 그려 본다.
3. 1목적구를 얇게 맞추는 것도 중요하지만 더 중요한 것은 큐를 비틀지 않는 것이다.
4. 얇게치기가 정말 자신이 없다면 −느낌Tip을 주는 것도 요령이다.

타법 : 타격이 조금이라도 들어가면 절대 안되며, 큐의 무게로 수구를 관통하듯이 천천히 부드럽게 친다.

당점 : 상단 무회전

Point : 아무리 얇게 1적구를 맞춘다 해도 타격이 조금이라도 들어가면 공은 짧아진다 큐의 무게만 수구에 얹어 부드럽게 수구를 관통하는 스트록을 구사해야 한다.

제각돌리기 System

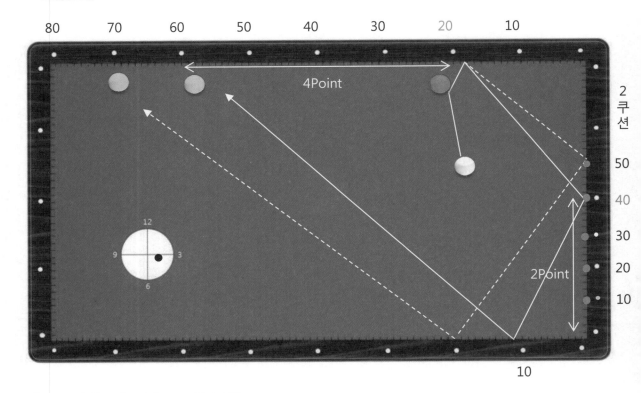

[로드리게즈 Rodriguez시스템]

Plus System을 응용해 1쿠션 지점을 산정하는 제각돌리기 도형이다.

20에서 출발한 수구를 60에 보내기 위해 빈 쿠션으로 계산한다면 우측 30의 지점을 거쳐야 된다.

하지만 공을 끌어칠 경우에는 공의 말림 현상을 감안해 반포인트 정도 길게 보내는 것이 로드리게즈 System이다, 따라서 30이 아닌 40까지 수구를 보내야 한다.

계산법 : 3쿠션 수치(60) – 수구 수치 (20) = 1쿠션 수치(40)

Point : 우측 2쿠션 부여 수치만 외워두면 된다.
　　　　(Plus System보다 1쿠션 수치가 10이 차이 난다)

❖ 이 System을 쉽게 기억하는 방법은 1쿠션 지점에서 4쿠션 지점 까지 거리 (Point 수)의 절반 Point 수가 수구를 보내야 할 단쿠션 지점이 된다. (4Point ÷ 2 = 2Point) 40지점

예 : 위도형처럼 수구가 1적구를 맞는 지점에서 4쿠션 까지는 4Point 이다.

　　 따라서 4Point의 ½인 우측 단쿠션 2Point 지점으로 수구를 보내면 된다.

제각돌리기 System

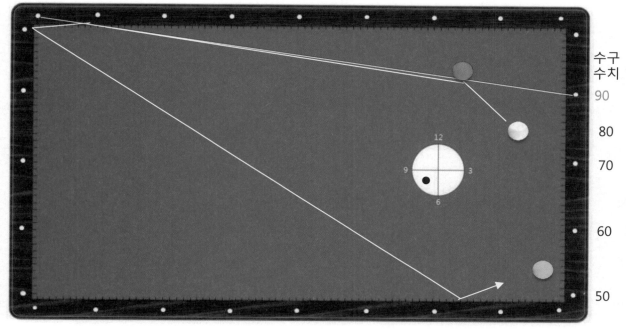

수구
수치

90

80

70

60

50

0   5

3쿠션 수치   90

[해설]

Five & Half System을 응용해 쉽게 득점하는 제각돌리기 도형이다.

이러한 공의 배치에서는 먼저 내 공의 수구 수치와 3쿠션 수치를 정확하게 따져보는 것이 중요하다.

수구 수치는 정확하게 90이고 3쿠션 90에 오면 정확하게 득점할 수 있다.

다만 중요한 것은 수구를 0~5사이로 정확히 보내는데 집중해야 되고 Maximum 회전 이라는 것을 잊어서는 안 된다.

타법 : 8시 방향 3Tip 다 주고 부드럽게 회전을 다 살려준다.

계산법 : 90 – 90 = 0

[조언]

위 도형의 득점포인트는 스트록을 길게 넣어주는 것이다

큐를 중간에 놓치게 되면 3쿠션에서 짧아지기 쉽다

제각돌리기 System

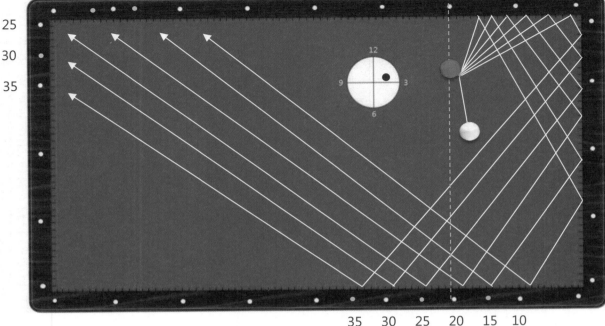

[해설]

쇼트 앵글에서 제각돌리기 할 때 4쿠션 진행 수치를 나타낸 도형이다.

Five & Half System에서 빈 쿠션으로 돌릴 때보다 짧아지는 것을 알 수 있다.

쇼트 앵글인 경우 정확도를 위해 공을 약하게 치게 되는데 공을 약하게 치는 경우에

생기는 말림 현상과 비틀림 현상으로 공이 계속 회전하면서 조금씩 짧아지기 때문이다.

타법 : 2Tip 주고 자연스럽게 1적구를 관통하듯이 부딪쳐 반사되는 각으로 돌린다,

큐를 끌고 나가거나 큐를 놓으면 길어지거나 짧아질 수 있다.

[조언]

1적구가 쿠션에 붙어 있을 때는 큐의 비틀림이 있으면 안된다.

큐를 일직선으로 뻗어 수구를 뚫고 나가듯이 관통 샷을 구사해야 한다.

제각돌리기 System

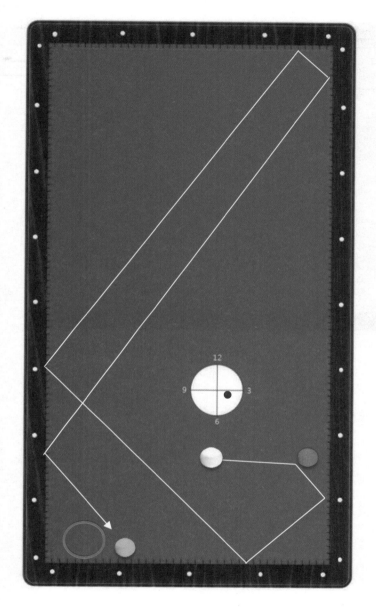

[타법]

중 하단 4시 Tip주고 두껍고 힘 있게 큐를 관통시킨다,
큐를 관통시키면 수구는 늘어지지 않고 예리하게 각을 만들면서 짧은 각을 형성하게 된다.

[관통 샷]

큐를 비틀지 말고 그대로 당점을 뚫고 나가듯이 깊게 찌르라는 의미이다.
중 하급자의 경우 대부분 큐를 끌고 들어가 수구가 길게 늘어지면서 약간의 차이로 득점을 못하는 경우를 흔히 볼 수 있다.

[해설]

쉬우면서도 어려운 제각돌리기 대회전 장면이다.
조금만 스트록이 나쁘면 ○지점으로 가기 쉬운 공이다.

해결 방법은 타법에 있다,
스트록할 때 1적구를 두껍게 맞추면서 큐를 관통하는 샷을 하면 된다.

다시 말해 큐를 비틀지 말고 그대로 관통시키란 뜻이다.
수구는 길게 늘어지지 않고 힘있게 각을 이루면서 2목적구까지 가게 된다.

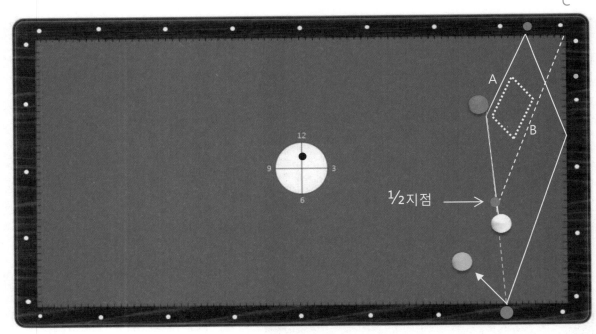

3쿠션

[해설]

평행 이동법을 이용한 무회전 제각돌리기 장면이다.

[해결 방법]

1. 예상 3쿠션 ●지점을 정한다.
2. 그 지점과 1목적구를 연결한다.
3. 그 중간 ●지점에서 우측 상단 코너로 가상의 선을 그린다.
4. 코너로 연결한 선과 1적구를 평행 이동시킨 지점이 수구를 보낼 지점이다.
5. 무회전으로 부드럽게 치면 된다.

　(A Line과 B Line이 평행)

타법 : 중 상단 무회전으로 큐만 얹어 놓는 타법을 사용한다.

[조언]

1적구가 1Point 부근에 있을 때는 무회전으로 공략하는 것이 가장 안전한 방법이다.

제각돌리기 System

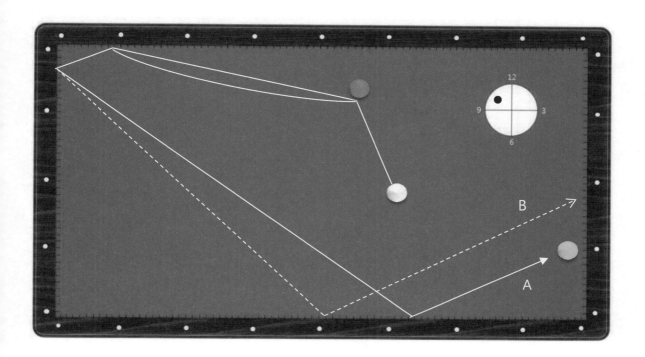

[해설]

제각돌리기에서 자주 나오는 도형이다.

이 경우 일반적인 샷으로는 B처럼 점선 Line으로 빠지기 쉽다.

해결 방법은 1적구를 부딪치면서 큐를 살짝 잡아 공을 길게 만드는 방법과 종 비틀기로
강하게 밀어쳐서 곡구(공이 휘는 것)로 치는 방법이 있는데 후자의 방법을 권장한다.

공이 어떻게 길게 늘어지는지 직접 느껴봐야 당구의 매력을 실감하게 된다.

[종 비틀기]

스트록할 때 큐를 위로 치솟으며 비틀어 치는 타법으로, 공이 앞으로 전진하는 힘이
더 해지면서 공의 진로가 길게 변화한다.

이 타법을 활용하면 대회전을 길게 쳐야 할 때 유용하게 사용할 수 있다.

제각돌리기 System

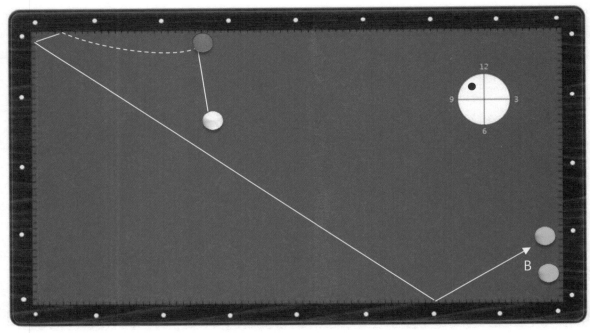

0

[해설]

위 그림은 끌어치기로 수구를 2목적구까지 보내기 힘든 형태이다.

이 경우에는 곡구(공이 휘는 것)를 활용해야 한다.

10시 방향 3Tip 주고 3/4두께를 부드러우면서 깊게 밀어치면 공은 포물선을 그리며 흰색 점선으로 표시한 것과 같은 각도를 만들면서 2목적구 쪽으로 향하게 된다.

(2적구가 B의 지점이라면 같은 방법으로 회전만 적게 주면 된다)

타법 : 10시 방향 3Tip에 3/4두께로 종 비틀기 타법 (큐를 위로 치솟게 하는 타법)

[쪼언]
경기 중에 수시로 오른팔을 한 번씩 죽 늘여 뜨려 어깨와 상박의 힘을 빼라.

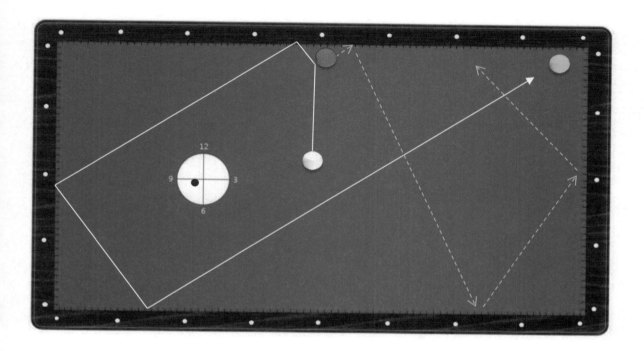

[해설]

무의식중에 1적구를 두껍게 맞춰 돌리면 우측 상단 부근에서 Kiss 우려가 있는 제각돌리기 도형이다.

1적구를 최대한 얇은 두께로 끌어쳐서 1적구를 황색 점선 방향으로 보내야 한다.
1적구를 두껍게 치면 1적구가 장쿠션을 횡단하다 되돌아 오는 수구와 Kiss날 확률이 아주 높다.

타법 : 8시 방향 3Tip 다 주고 얇게 끌어 치면서 큐를 길게 끌고 나간다.

[쪼언]
경기 중에 수시로 어깨에 힘을 빼고 하박(팔뚝)을 축 늘어뜨리는 동작을 반복하면 스트록에 많은 도움이 된다.

제각돌리기 System

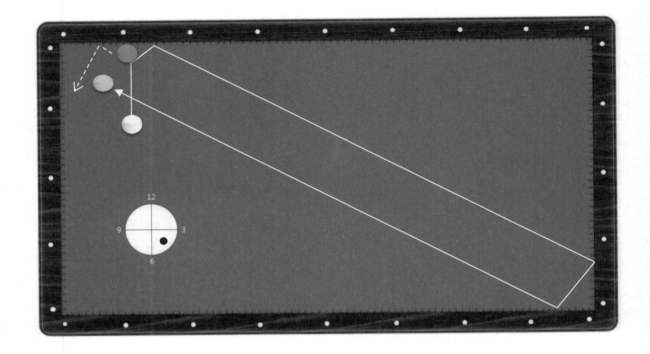

[해설]

1적구를 두껍게 치면 Kiss 우려가 있는 제각돌리기 공 배치이다.

이러한 공의 배치에서는 1적구를 두껍게 쳐서 Kiss를 빼는 것보다는 최대한 얇은 두께로
끌어서 Kiss를 빼야 한다.
적당한 힘 조절을 하게 되면 다음 공은 뒤로 돌리기가 나올 수 있다.

타법 : 4시 방향 극 하단 3Tip 다 주고 얇게 끌면서 큐를 길게 끌고 나가야 우측 하단
코너에서 길게 내려와 득점할 수 있다. (큐를 놓으면 짧아진다)

[쪼언]
오랜 세월 당구가 잘 늘지 않는 사람들은 System에 대한 관심이 적고 감각에만
의존하기 때문이다.

뒤로 돌리기 System

뒤로 돌리기는 경기 중에 30% 이상을 차지하는
가장 중요한 System으로 그 날의 경기 승패를 좌우한다
가장 쉽고도 어려운 공이며 Kiss 또한 많은 공이다.

Kiss를 피하기 위해서는 분리각 이론과
타법을 잘 활용해야 한다.

또한 뒤로 돌리기는 당점과 타법에 따라
공의 궤도가 큰 차이가 나므로 평소 연습을
통해 공의 궤도를 익혀 두어야 한다

뒤로 돌리기 System

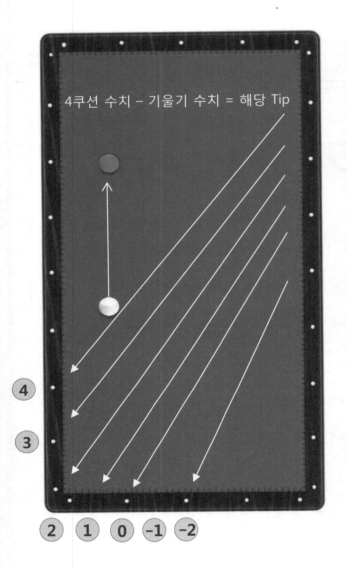

4쿠션 수치 − 기울기 수치 = 해당 Tip

½두께
해당Tip 수치

[뒤로 돌리기 Ball System]

뒤로 돌리기 Ball System은 1적구와 수구가 일직선으로 배치되어 있을 경우 1적구를 ½두께로 맞추는 것을 기준으로, 위 도형 좌측 하단에 표기한 ●수치에서 위 우측 도형에 표기된 수구의 기울기를 계산해 우측 도형 상단에 표시된 해당 당점을 치는 이론이다.

위 도형의 경우 ⓪ 지점에 오게 하려면 기울기가 0이므로 ½두께로 우측 도형 상단에 있는 해당 당점 0의 지점에 당점을 주면 된다.

[기울기 계산 방법]

1적구와 수구가 일직선으로 배치되어 있을 때 기울기를 0으로 계산하고, 일직선에서 1Point 간격으로 기울어 있을 때마다 1씩 계산하면 된다.
예를 들어 수구가 −1 지점에 위치해 있다면 기울기 수치 1만큼 당점 위치를 한 단계 내려 0이 아닌 1지점에 주고, 수구 수치가 1지점에 있다면 ½두께가 아닌 ⅜두께로 치면 된다.

[뒤로 돌리기 Ball System 계산법]

4쿠션 수치 − 기울기 수치 = 해당 당점

뒤로 돌리기 System

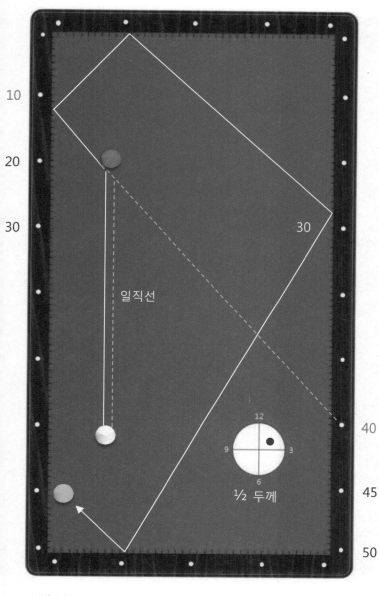

10
20
30

일직선

30

12
9   3
6

½ 두께

40
45
50

[타법]

수구와 1적구의 거리가 약간 멀기 때문에 큐가 길게 나가면 밀림 현상이 생길 수 있으므로 브리지를 1적구에 가까이 하고 약간의 부드러운 잽을 사용하는 것이 안전하다.

[Point]

Five & Half System 을 적용하면 좌측 도형의 수구 출발선은 40이다.

(40-10=30)

따라서 3쿠션 30에 오기 위해서는 1쿠션 10지점으로 보내면 된다.

[해설]

뒤로 돌리기에서 가장 기본이 되는 도형이다.

1적구와 수구가 일직선으로 있고 2적구가 좌측 하단 원포인트 Line에 있을 때 중 상단 3Tip 주고 1/2두께로 맞추면 되는 공식이다.

공은 ½두께로 맞추었을 때 다루기가 가장 편하며, 많은 패턴에서 적용하면 된다.

(½두께에 중 상단 3Tip 주고 정확하게 하단 원포인트 지점에 오는 연습을 반복하고

이것을 기준으로 ⅛씩 두께를 조절하면 4쿠션 감각을 익혀 나간다)

뒤로 돌리기 System

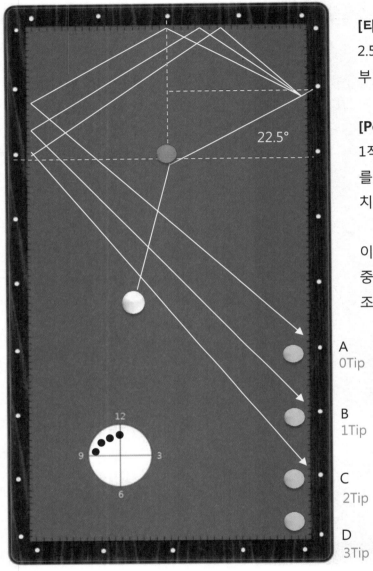

[타법]

2.5레일 스피드로 부드럽게 밀면서 부딪쳐 굴리면 된다.

[Point]

1적구와 1쿠션의 분리각도 (22.5°)를 기억하고 유사한 형태의 공 배치에서는 같은 방법으로 치면 된다.

이 도형만 익혀두면 2목적구가 중간에 있을 때 Line만 보고 Tip을 조정해 쉽게 득점할 수 있다.

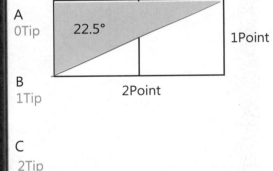

[해설]

뒤로 돌리기에서 당점의 중요성을 나타내는 가장 중요한 기본 도형이다

1적구가 장쿠션과 단쿠션 2Point 점선 선상에 있을 경우 수구를 원포인트 지점으로 보낸다.

2적구의 위치에 따라 당점만 달리하면 된다. (⅓두께로 부드럽게 밀어쳐 굴리는 타법)

1. A지점으로 보내려면 무회전으로 원포인트 지점으로 보내면 된다.

2. B 지점으로 보내려면 1Tip 주고 원포인트 지점으로 보내면 된다.

3. C 지점으로 보내려면 2Tip 주고 원포인트 지점으로 보내면 된다.

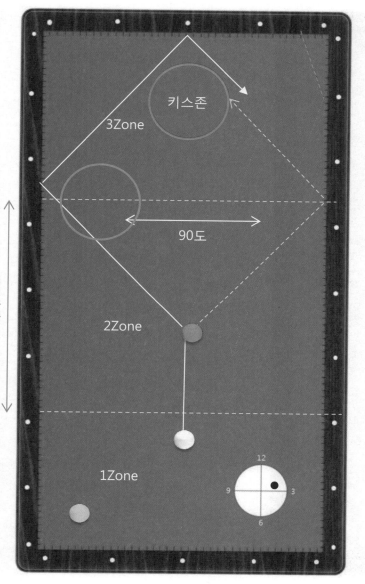

[Point]

Kiss를 피하기 위해서는 1적구를 적색 Line처럼 아주 두껍게 밀어서 먼저 보내고 수구가 천천히 레일을 돌도록 치는 방법이 가장 안전하다.

(1적구가 ○지점으로 갈 수 있도록 힘 조절을 하면 뒤로 돌리기를 다시 한번 할 수 있는 좋은 공이다)

[해설]

1적구가 2Zone에 있고 수구가 일직선으로 있는 뒤로 돌리기 도형이다.

1적구가 2의 Zone에 있을 경우에 평범한 두께로 공을 치면 Kiss를 피하기 어렵다.

공은 부딪치면 90도의 각도로 벌어지는데 서로 좌우로 돌다가 3Zone 중앙 부근 ○에서 충돌하게 된다.

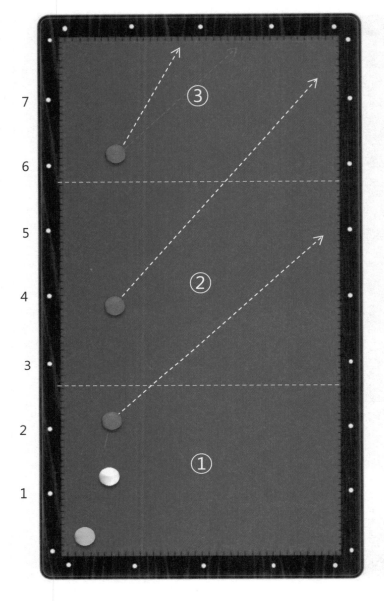

[타법]

수구와 1적구의 Kiss를 피하려면 1적구를 우측 장쿠션 2포인트 근방으로 보내면 안 된다.

분리각을 활용하면서 타법으로 공의 궤도을 조절한다.

① Line에 있는 공을 우측 3포인트로 보내려면 하단 Tip주고 공을 얇게 맞추면서 부드러운 관통샷을 하면 된다.

② Line에 있는 공을 칠 때는 1적구를 우측 상단 1포인트와 코너 사이로 분리시켜야 Kiss를 면할 수 있다.

③ Line의 공은 2/3 두께로 두껍게 눌러치고 수구는 회전력으로 뒤따라오게 쳐야 한다.

1. 공을 얇게 치면서 각을 짧게 만들기 위해서는 잽샷 (끊어 치는 샷)을 사용하면 되고,

2. 공을 길게 쳐야 할 때는 뉴트럴 그립으로 부드럽게 관통샷을 하면 된다.

[해설]

위 도형은 뒤로 돌리기에서 수구와 1적구가 일직선으로 있을 때 Kiss를 빼기 위해 1적구를 보내야 할 진로를 나타낸 도형이다.

1적구가 ①지역에 있을 때는 얇게 맞춰 우측 3포인트로 보내야 하며,

1적구가 ②지역에 있을 때는 우측 원 포인트~코너 사이로 두께를 맞춰야 된다.

1적구가 ③지역에 있을 때는 두껍게 눌러쳐서 1적구를 먼저 내보내면 된다.

❖ 핵심은 1적구와 수구가 우측 장쿠션 2포인트 부근으로 만나지 않는 것이다.

뒤로 돌리기 System

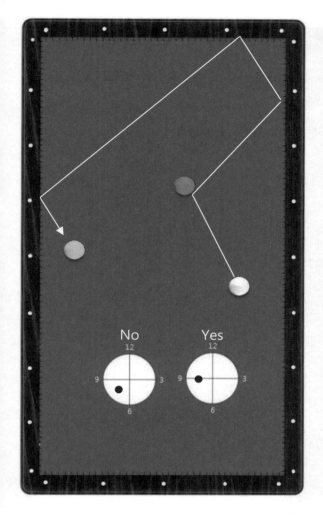

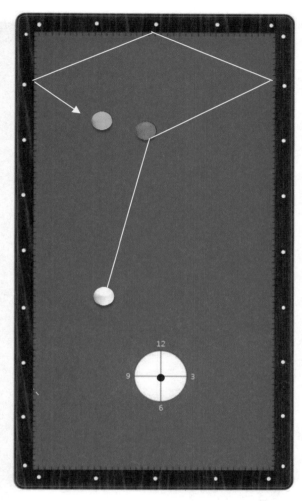

[해설]

실전에 자주 등장하는 공의 배치이다.

이러한 배치에서 득점에 실패하는 이유는

1적구를 하단 당점으로 끌어 돌리려 하기

때문이다.

하단 당점으로 끌게 되면 수구는 1쿠션에

맞는 순간 회전력이 사라지면서 어디로

튈지 모른다.

해결방법은 1적구를 스피드한 밀어치기로

분리각을 만들고 중단 3Tip 당점에 의한

회전력으로 2적구를 맞추어야 한다.

[해설]

수구와 1적구의 거리가 멀면서 아주 짧은

각 형태의 뒤로 돌리기 공 배치이다.

이 공을 쉽게 해결하는 가장 좋은 방법은

빠른 스피드샷이다.

많은 동호인들이 이 형태에서 역회전을

줘보기도 하고 끌어 보기도 하지만 모두

정확도가 떨어지는 방법이다.

브리지를 짧게 하면 공의 전진력을 줄이게

되므로 득점 확률을 더 높일 수 있다.

뒤로 돌리기 System

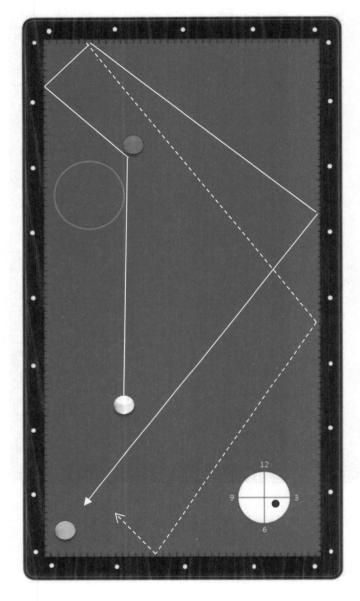

[타법]
4시 방향 2Tip 주고 공 한개 통과하는 눌러치는 타법으로 스피드와 타격이 필요하다.

힘 조절이 잘되면 1적구가 ○지점으로 되돌아와 다시 한번 뒤로 돌리기를 할 수 있다.

[Point]
뒤로 돌리기에서 득점 확률을 높이는 비결은 Tip 조절이다.

힘들게 끌어치기나 두껍게 치지 않아도 Tip수를 줄이면 공을 짧게 칠 수 있다.

[해설]
평범한 뒤로 돌리기 장면 같지만 자칫하면 점선 방향으로 길어질 수 있으므로 큐를 놓치지 않도록 주의가 필요한 공이다.
해결 방법은 엄지와 검지로 큐를 가볍게 말아 쥐고 임팩트와 동시에 큐 뒤를 잡아 준다.
큐를 놓치면 수구와 1적구의 간격이 멀리 있기 때문에 수구가 길게 밀리기 쉽다.

뒤로 돌리기 System

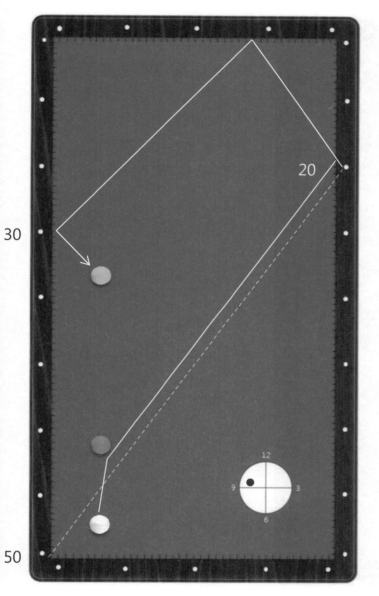

[타법]

Five & Half System을 적용할 때
는 수구의 구질에 변화가 생기면
안 된다.

9시 방향 3Tip주고 1적구를 부드
럽게 부딪쳐 20까지 굴려 보낸다.

스피드 : 2레일

[해설]

뒤로 돌리기 기본 도형이다.

Five & Half System을 응용해 계산하면 아주 간단하다.

수구 수치 50 – 3쿠션 수치 30 = 1쿠션 수치 20이 된다.

모든 뒤로 돌리기는 Five & Half System 을 적용하는 습관을 들이다 보면 서서히 감각
까지도 좋아진다.

뒤로 돌리기 System

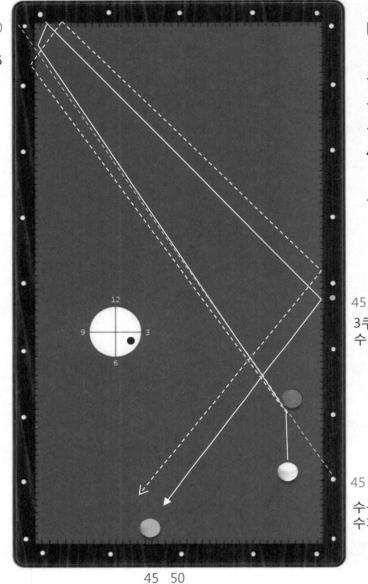

[타법]

4시 방향 4Tip주고 큐를 약간 관통하듯이 샷을 깊게 넣어주는 쪽이 안전하며 부드러운 관통샷으로 샷을 깊이 찔러주면 4쿠션 50 까지도 가능하다.

" 해답은 부드러운 관통샷 "

[해설]

뒤로 돌리기의 한계를 나타내는 도형이다.

이 도형의 경우 수구 수치는 45이고 2적구의 3쿠션 수치도 45이다.
System 상으로는 코너 0지점까지 보내면 득점할 수 있는 그림이다.
하지만 이 경우 스트록에 아주 신중을 기해야 한다.
1적구에 타격을 가하면 공이 짧아질 수 있으며, 수구를 1쿠션 5지점까지 보내도 득점하지 못한다.

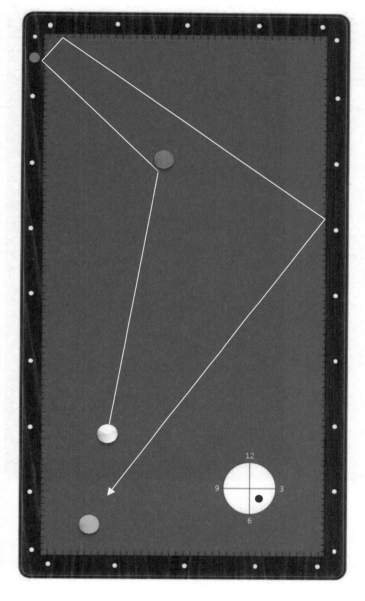

[타법]

4시 방향 2Tip 주고 공 한 개 통과
하는 타법으로 강하게 부딪침과
동시에 큐 뒤를 잡아 준다.

(강한 잽 샷의 대표적인 활용 장면
이다)

❖ 이 공의 특성은 잽샷의 영향으로
3쿠션에서 짧아지는 것이 특징이다.

[해설]

끌어치기로 뒤로 돌리기에는 만만치 않은 도형이다.
대부분 중급자의 경우 공을 끌어치는데 힘이 너무 들어가 대부분 공이 밀리는 경우
를 흔히 볼 수 있다.
해결 방법은 타법이다.
공을 끌려고 하지 말고 강하게 ●지점까지만 부딪쳐 보내 놓으면 그 다음은 회전 힘
으로 알아서 짧아지며 굴러 간다.

뒤로 돌리기 System

0.75 Point 의 법칙

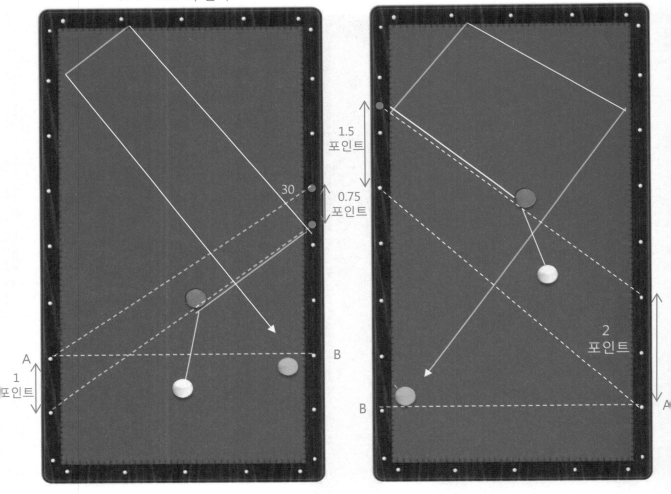

[해설]

위 도형은 45페이지 Five & Half System
에서 1쿠션 이동 수치를 나타낸 뒤로 돌
리기 득점 방법이다.
A지점에서 3포인트 (30)를 치면 A의
정 반대편 B지점으로 가는 것을 배웠다.

위 도형처럼 수구가 A 보다 1포인트
아래 있다면 0.75포인트를 아래로 이동
해서 1쿠션 지점으로 삼으면 된다.

[해설]

이론은 좌측 도형과 마찬가지이다.
수구는 3포인트 (30)기준 Line 보다 2포인
트 위로 올라가 있다.

마찬가지로 1포인트 당 0.75 Point, $\frac{3}{4}$
법칙을 적용해 1.5 Point 이동한 지점을
1쿠션 지점으로 삼으면 된다.
3Point 법칙을 아는 것이 이 System의
핵심이므로 꼭 기억해 두어야 한다.
이것이 바로 System의 적용이다.

뒤로 돌리기 System

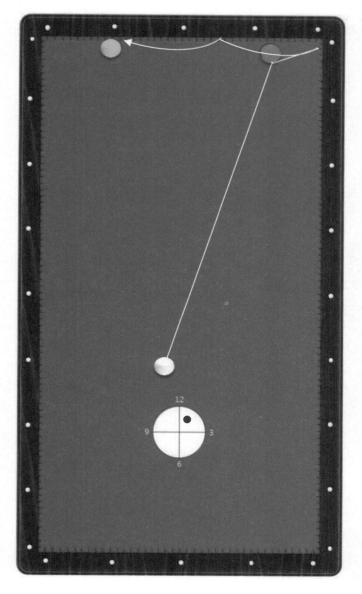

[타법]

1시 30분 방향 2Tip 주고 1적구를 Kiss가 나지 않을 정도에서 두껍고 길게 큐를 뻗어 밀어친다.

[Tip]

이 도형에서 가끔 실수하는 경우는 수구의 강약에 따른 커브를 계산 안 하기 때문이다.

쉬운 공일 수록 연습을 통해 두께에 대한 감각을 유지해야 한다.

[해설]

위 도형은 노란공을 앞으로 돌려 대회전도 가능한 공이지만 두께와 커브에 대한 부담감이 많은 공 배치이다.

이러한 경우 도형처럼 역회전 밀어치기로 바운딩 시켜 쉽게 득점할 수 있다

득점 포인트는 역시 스트록이다. 1시30분 방향 2Tip 주고 큐를 길게 밀어쳐야 한다.

밀어친 공의 전진력과 역회전의 영향으로 수구는 계속 단쿠션을 타고가 득점하게 된다.

뒤로 돌리기 System

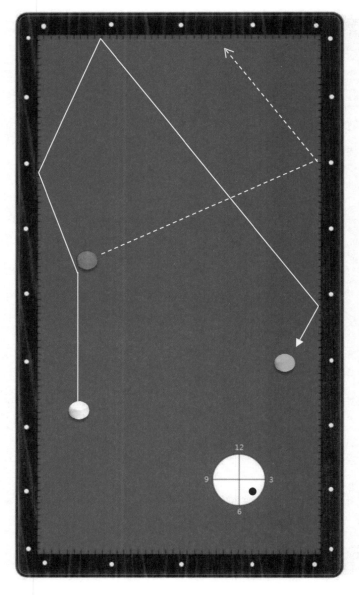

[타법]

하단 4시 방향 3Tip 주고 상체를 최대한 뒤로 빼고 천천히 큐를 깊게 넣으면서 관통 시킨다.

[Point]

공의 두께 조준법을 응용하면 아주 쉽게 득점할 수 있다.

공을 얇게 치는 생각이 아니라 두께 조준법으로 공의 좌측 허공을 친다는 생각으로 부드러운 관통샷으로 해결한다.

[해설]

뒤로 돌리기 긴 각 도형이다.

수구를 길게 보내기 위해서는 스트록을 부드럽고 길게 넣어주어야 한다.
요령은 상체를 최대한 뒤로 빼고 천천히 부드럽게 스트록을 하면 수구는 길게 늘어져 득점할 수 있다.

뒤로 돌리기 System

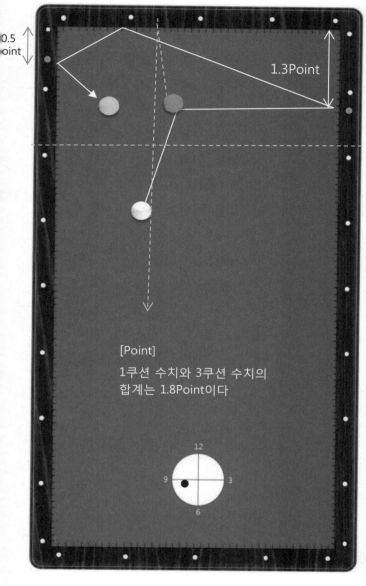

0.5
oint

1.3Point

[Point]
1쿠션 수치와 3쿠션 수치의
합계는 1.8Point이다

12
9   3
6

[타법]
브리지를 10cm정도로 짧게 잡고
수구를 일직선으로 느리게 부딪치면
서 그립으로 큐를 잡아 준다.

[Point]
이러한 공의 배치는 브리지를 짧게
잡는 것이 가장 중요하며,

느린 샷으로 회전에 의해 각을 형성
하는 스핀샷 (꼬미)을 구사해야 한다.

❖ 공 배치가 조금씩 다를 경우
   1.8 System을 기준으로 조금씩
   보정해서 해결하면 된다

[해설]

위 도형은 짧은 뒤로 돌리기다.

공식만 알아두면 아주 쉽게 득점할 수 있는 1.8스핀샷 System이다.

좌측 상단 0.5Point와 우측 상단 1.3Point의 합계는 1.8Point이다.
요약하면 멕시멈 3Tip 회전을 주고 수구를 1쿠션 일직선으로 느리게 내려 보냈을 때
1쿠션과 3쿠션 수치를 합하면 1.8Point가 되도록 기준을 정하고 연습하면 된다.

만일 1쿠션 수치가 0.9Point라면 수구는 3쿠션 수치 0.9Point로 진행되고,
1쿠션 수치가 0.5Point라면 3쿠션 수치 1.3Point로 진행되는 것을 이해하면 된다.

뒤로 돌리기 System

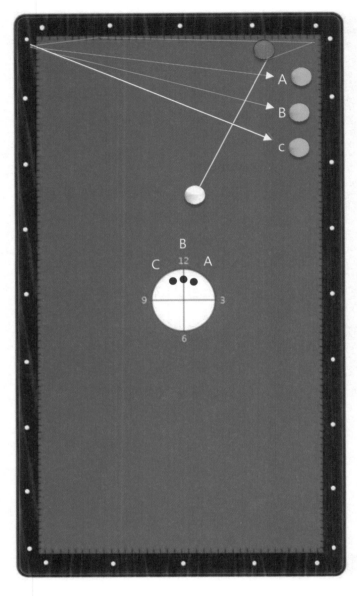

[타법]

A : 12시 30분 방향 역회전 반 Tip
주고 가볍게 던져 치는 타법으로
가볍게 밀어치면 쉽게 득점할 수
있으며, 약간의 잽 스트록을 사용
해도 무방하다.

B : 무회전

C : 11시 30분 방향 반Tip

[Point]

평소 연습되어 있지 않으면 이러한
공 배치가 와도 선뜻 초이스가 안
된다.

공의 구름 현상을 믿을 수 있도록
평소 시간을 투자해야 한다.

[해설]

역회전 반Tip 주고 1적구를 부드럽게 밀어치면서 가볍게 던져 치면 공의 전진력 영향으로
밀려나오지 않고 단쿠션을 완만하게 타고 와 득점하게 된다.

A만 맞출 수 있는 타법을 고정하면 나머지는 Tip으로 조절해서 치면 되는 간단한 공이다.

❖ 위 도형의 득점 포인트는 역회전을 많이 주거나 강하게 치는 타법이 아니라,
지정된 Tip을 주고 천천히 부드럽고 짧게 툭 던져치는 타법이 핵심이다.

뒤로 돌리기 System

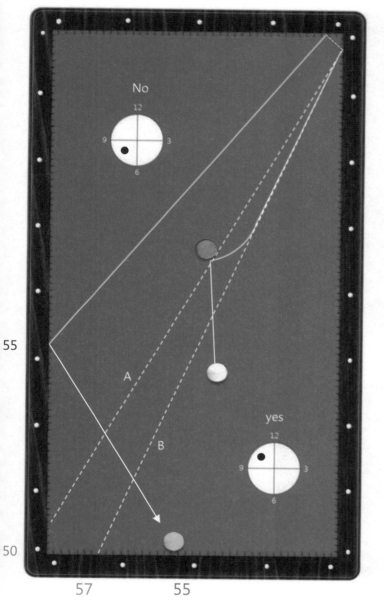

[타법]
밀어치면서 부드럽게 던져치는
샷으로 곡구를 만들어야 득점
가능하다.

[Point]
밀어치는 드라이브샷 (확장 샷]으로
곡구를 만들어 각도를 길게 만들어
득점하는 것.

[해설]
System 수치로 볼 때 일반적인 샷을 구사하면 자칫 짧아질 수 있는 공 배치이다.
상단 3Tip 주고 1적구를 밀어치는 타법으로 곡구(휘는 공)를 만들어 각을 형성해야 한다.

A Line은 수구의 원래 수치이고 (50)
B Line은 곡구로 만든 수치이다 (57)

뒤로 돌리기 System

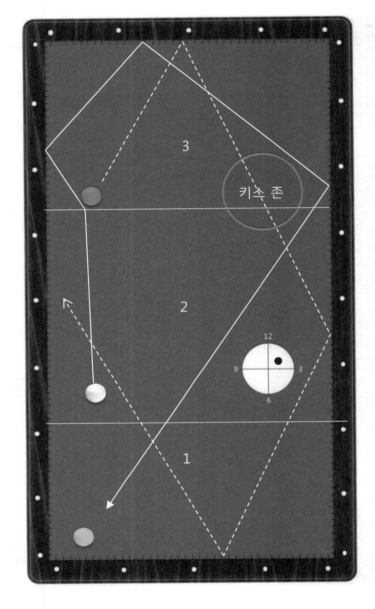

[타법]

공 한 개 통과하는 타법으로 2/3 두께로 1적구를 부딪치며 적절하게 큐를 잡아준다.

두껍게 공을 치는만큼 너무 밀어 치면 공이 밀려 더 길어질 수도 있으며 너무 짧라 쳐도 두께로 말미암아 공이 짧아 질 수도 있다.

[Point]

평범한 두께로 치면 Kiss 존에서 만날 위험이 많다.

[해설]

1적구가 2 Zone 아래 있는 뒤로 돌리기 도형이다.

고수들이 가장 좋아하는 장면으로 잘만 치면 다음 공을 계속 만들 수 있는 아주 이상적인 공의 배치이다.

1적구를 ⅔두께로 밀어치면 1적구는 점선을 따라 다시 제자리 부근으로 가는 공이다, 따라서 1적구를 부딪치는 두께와 강도가 매우 중요하다.

뒤로 돌리기 System

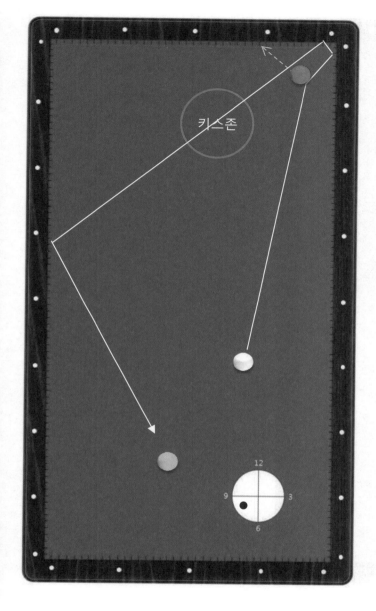

[타법]

8시 방향 하단 Tip 주고 스피드 하게 공을 얇게 맞추면서 코너 웍을 시켜야 하므로 부드러운 관 통샷을 구사해야 한다.

[Point]

1. 두께 조준법으로 얇게 겨냥한다.
2. 상체를 최대한 뒤로 뺀다.
3. 부드러운 관통샷을 하면 공은 생각보다 많이 길어진다.

[해설]

보통 두께로 치면 Kiss 날 확률이 높은 도형이다.

1적구를 최대한 얇게 맞춰 좌측으로 보내고 수구가 빠져 나와야 한다.
가볍고 경쾌하게 던지는 샷을 구사하되, 하단 Tip인 만큼 수구가 끌리지 않도록 신경 써야 한다.

뒤로 돌리기 System

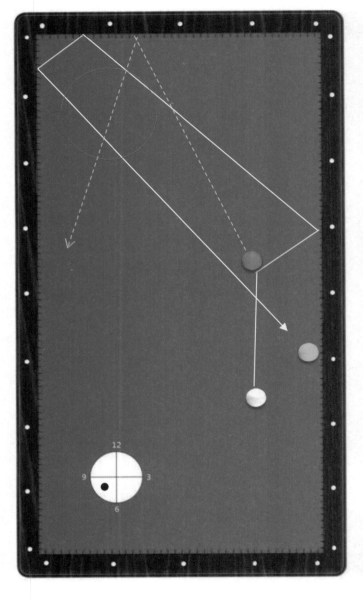

[타법]
브리지를 1적구에 가까이 하고 1
적구를 살짝 눌러치는 타법으로
스피드를 더해주면 공은 짧게 각
이 형성된다.

[해설]

7시 방향 2Tip 주고 1적구를 약간 눌러 치면서 부딪치면 1적구는 황색 Line으로 빠지
고 수구는 눌러 친 영향으로 짧게 각을 만들며 득점하게 된다.

뒤로 돌리기 System

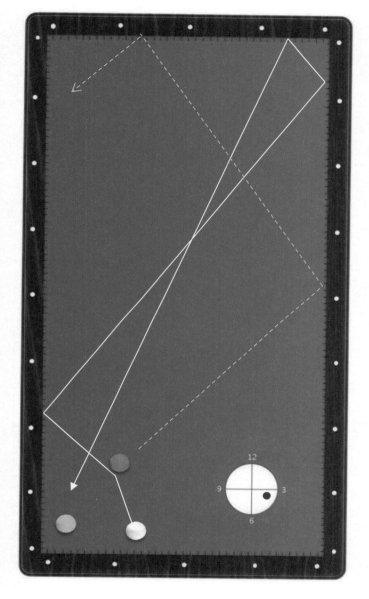

[타법]

4시 방향 3Tip주고 약간의 횡 비틀기로 회전력을 최대한 살리며 타격감없이 부드럽게 샷을 해야 역회전 영향으로 코너까지 올라올 수 있다.

[해설]

정상적인 뒤로 돌리기는 없는 각이다.

해결 방법은 1적구를 최대한 얇게 맞춰 장쿠션을 먼저 맞고 단쿠션을 맞은 뒤 역회전 영향으로 바로 올라와 득점할 수 있다.

뒷공이 뒤로 돌리기 형태가 나오므로 고수들은 의도적으로 이 방법을 선호하기도 한다.

No English System

노잉글리시 System은 당구대 안의 어떠한 상황에서도
응용되며 노 잉글리시 System을 터득했을 때
비로소 당구의 고수가 될 수 있다

무회전으로 궁을 정확히 치는 것은 생각보다
쉽지 않으므로 일정한 System에 따라 시간이
있을 때마다 무회전으로 궁을 굴리는 연습을
많이 해야 한다

No English System은
고수로 가는 지름길

No English System

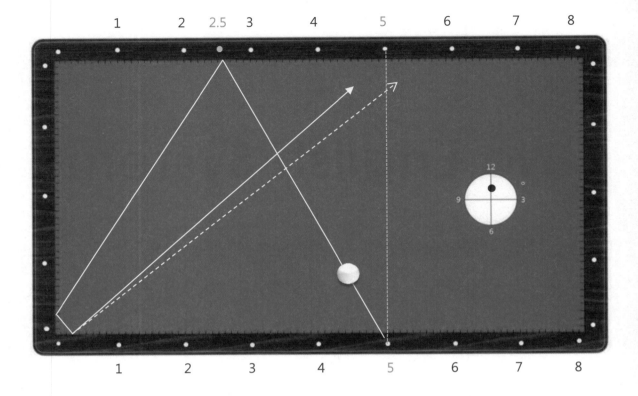

[해설]

수구 위치 5포인트의 위치에서 절반인 2.5를 무회전으로 치면 반사각의 원리로 맞은편 5로 돌아오는 입사각 반사각 원리이다, 하지만 아주 천천히 굴리게 되면 구름 관성의 원리로 흰색 점선처럼 조금 늘어지게 된다.

[조언]

노잉글리시로 공을 정확하게 친다는 것은 그리 쉬운 일이 아니다.
System 수치대로 공이 진행될 수 있도록 브리지를 짧게하고 당점을 정확히 주는
연습을 통해 스트록을 꾸준히 발전시켜 나가야 한다.

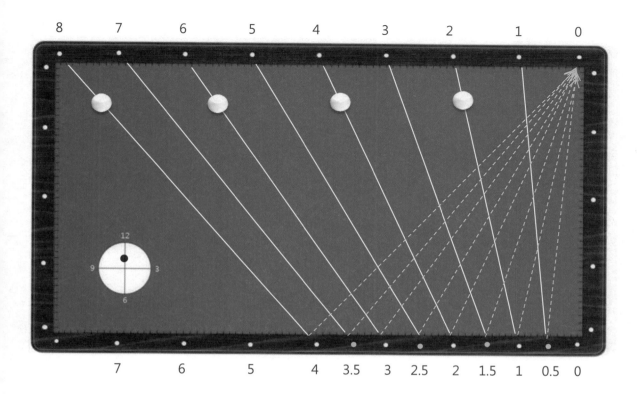

[해설]

각 수구의 위치에서 노잉글리시로 절반을 쳤을 때 우측 단쿠션 코너쪽으로 향하는 System 도형이다.

수구 수치 8은 절반인 4, 7은 3.5, 6은 3, 5는 2.5, 4는 2, 3은 1.5, 2는 1, 1은 반포인트를 치면 된다.

코너 가까이 공이 있을 때는 Five & Half System보다 훨씬 쉽게 응용할 수가 있다.

[Point]

8,7,6처럼 분리각이 넓을 때는 스트록을 약간 강하게 치는 것이 퍼짐 현상을 방지할 수 있고 1, 2, 3처럼 분리각이 좁을 때는 약하게 쳐서 급격한 반사를 막아주는 것이 요령이다.

스피드 : 1.5레일

No English System

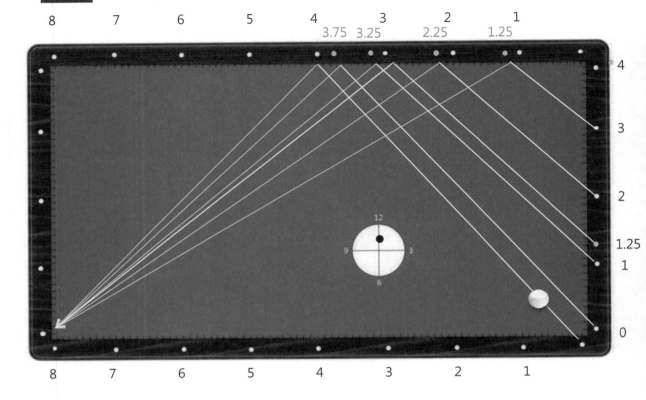

[해설]

각 수구 위치에서 코너쪽으로 보내기 위한 수치이다.

우측 단쿠션 0지점에서는 3.75

1지점에서는 3.25

1.25지점에서는 3

2지점에서는 2.25

2.5지점에서는 2

3지점에서는 1.25

3.5지점에서는 1을 치면 각각 코너 가까이 단쿠션 쪽으로 간다.

만일 목적구가 좌측 하단 코너 부근 가까이 있다면 Five & Half System 보다는 더 쉽게 계산 방법이 떠오를 것이다.

타법 : 무회전으로 부드럽게 1쿠션에 부딪친다.

스피드 : 1.5레일

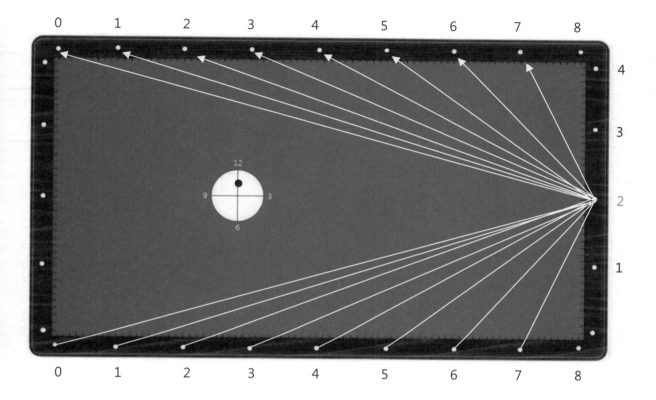

[해설]

입사각 반사각 노잉글리시로, 우측 단쿠션 중앙 2를 치면 수구 수치 맞은편으로 간다.

예 : 1에서 우측 단쿠션 중앙을 치면 맞은편 1로 가고, 7에서 중앙을 치면 맞은편 7로
간다.
입사각 반사각을 응용해서 빈 쿠션 치기, 긴 각 치기 등 난구를 푸는 창의력에 많이
활용될 수 있다.

[Point]

입사각이 작은 1,2,3 지점에서는 부드러운 스트록을 해야 공이 길어지는 현상을 방지
할 수 있고
입사각이 큰 7, 6, 5 지점일수록 스트록을 어느 정도 강하게 해야 퍼짐 현상을 방지할 수
있다.

No English System

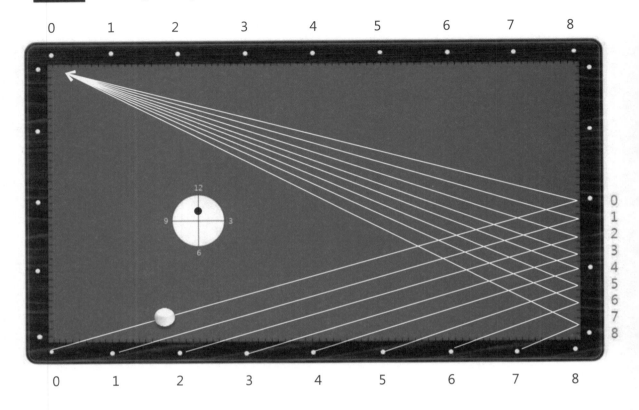

[해설]

각 수구 위치에서 맞은편 코너쪽으로 보내기 위한 도형이다.

수구 수치 0에서 정 중앙을 치면 맞은편 코너 0으로 가는 것을 기본으로 1Point 올라갈 때마다 ¼포인트씩 계산해서 치면 된다.

타법 : 무회전으로 부드럽게 1쿠션에 부딪쳐 굴려준다.

스피드 : 2레일

당점 : 중 상단

[Point]

장쿠션 1Point에 단쿠션 1/4 포인트씩 옮겨주면 된다.

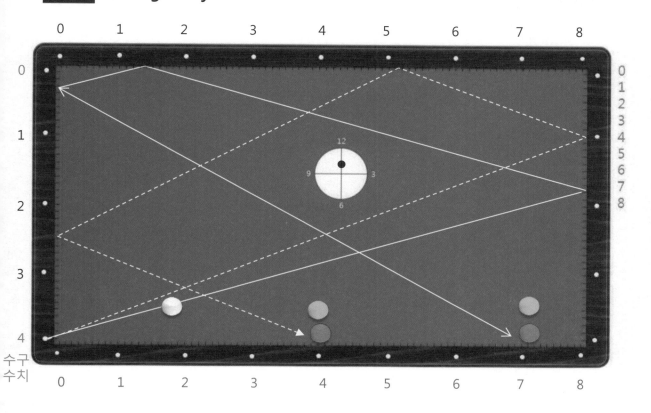

[해설]

앞 페이지 도형을 응용한 노잉글리시 도형이다.

수구수치 4에서 맞은편 단쿠션 중앙 지점인 8을 치면 수구 수치 맞은편 0으로 간다.

수구 위치 4에서 ¼포인트 짧은 단쿠션 7을 치면 4쿠션 원포인트 지점인 7로 간다.

이러한 원리로 ~

수구 수치 4에서 6을 치면 4쿠션 6으로,

수구 수치 4에서 5를 치면 4쿠션 5로,

수구 수치 4에서 4를 치면 4쿠션 4로 간다.

❖ 만일 수구 위치가 3에 있다면 1쿠션을 원포인트 만큼 수평 이동해 주면 된다

이 원리를 이해하면 노잉글리시로 빈 쿠션 돌리기 또는 긴 각 앞으로 돌리기에 감각이

좋아지게 된다.

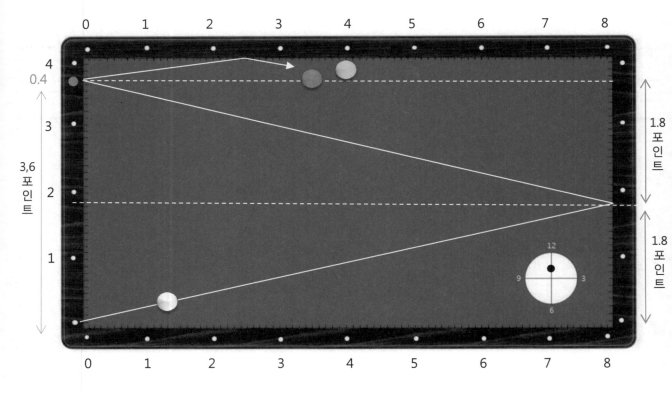

No English System

[해설]

노잉글리시를 활용해 또 다른 방법으로 계산하는 도형이다.

먼저 2쿠션 지점 (0.4) ●을 설정한 후 수구 수치에서 2쿠션 수치를 뺀 다음 절반이 되는 맞은편 지점을 무회전으로 부드럽게 부딪쳐 굴려주면 된다.

(수구수치 (4) – 2쿠션 수치(0.4) = 3.6 나누기 2 = 1.8

[Point]

입사각이 많지 않으므로 너무 강하게 치면 수구가 ● 0.4지점이 아닌 3지점으로 갈 수도 있다.

2.5레일 타법으로 부드럽게 1쿠션에 부딪치며 굴려주면 된다.

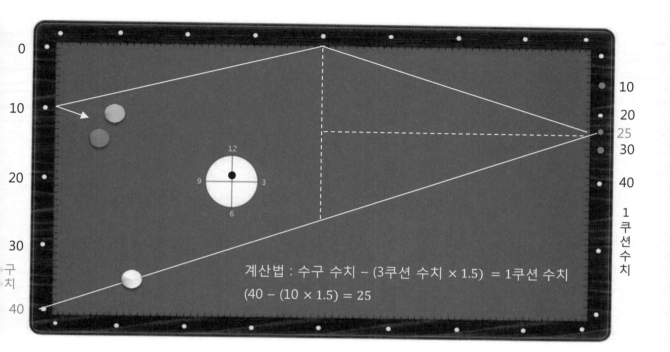

계산법 : 수구 수치 – (3쿠션 수치 × 1.5) = 1쿠션 수치
(40 – (10 × 1.5)) = 25

[해설]

노잉글리시 $\frac{2}{3}$ 계산법을 이용해 득점하는 장면이다.

수구 수치는 좌측 단쿠션 처럼 1Point 간격으로 10~40으로 계산된다.

1쿠션 수치는 우측 단쿠션 처럼 반Point 간격으로 10씩 계산된다.

계산 방식은 3쿠션 수치를 1.5로 곱하고, 수구 수치에서 1.5를 곱한 3쿠션 수치를 빼면
1쿠션 수치가 된다.

계산법 : 수구 수치 – (3쿠션 수치 × 1.5) = 1쿠션 수치 (40 – (10 × 1.5) = 25

타법 : 중 상단 무회전으로 2레일 스피드로 1쿠션을 부딪쳐 준다.

[조언]
멋진 스트록을 원한다면 큐를 당구대와 수평으로 유지시키고 스트록 시 큐를 비틀지
않고 큐 무게로 스트록 하려는 노력이 필요하다.

No English System

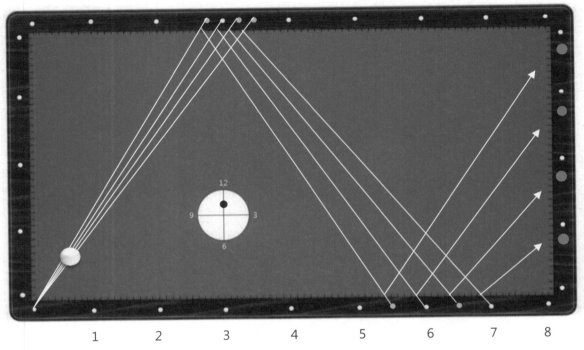

[해설]

수구 수치 코너에서 3번째 반사각 궤도를 나타내는 도형이다.

맞은편 2.75를 치면 반대편 두 배인 5.5로, 3을 치면 6으로, 3.25를 치면 6.5로, 3.5를 치면 7로 각각 배로 반사된다.

그 이후 3번째 반사각은 각각 표시 부분 ●으로 향하게 된다.

스피드 : 2.5레일

당점 : 중 상단 무회전으로 부드럽게 1쿠션에 부딪치면 된다.

[조언]

위 도형과 유사한 더블 쿠션을 칠 때는 2쿠션 지점을 정확히 아는 것이 가장 중요하다,
그리고 그 지점의 절반 지점을 향해 무회전으로 부드럽게 굴려 주는 것이 요령이다

No English System

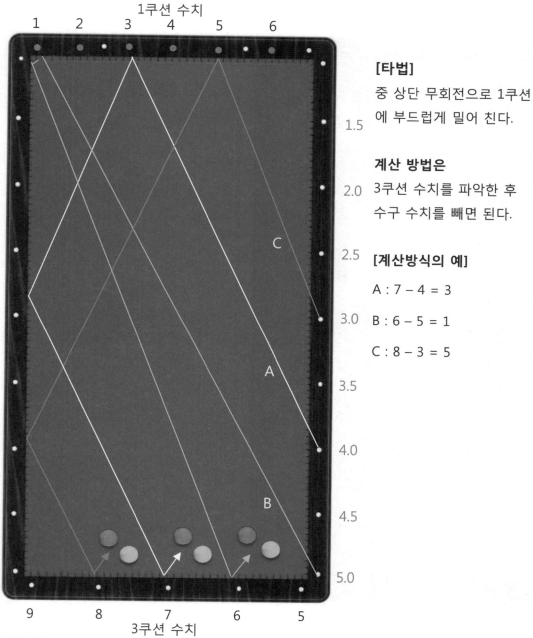

1쿠션 수치

1 2 3 4 5 6

1.5

2.0

2.5

C

3.0

3.5

A

4.0

4.5

B

5.0

9 8 7 6 5

3쿠션 수치

[타법]

중 상단 무회전으로 1쿠션
에 부드럽게 밀어 친다.

계산 방법은

3쿠션 수치를 파악한 후
수구 수치를 빼면 된다.

[계산방식의 예]

A : 7 – 4 = 3

B : 6 – 5 = 1

C : 8 – 3 = 5

[해설]

위 도형은 장쿠션에서 출발해 단,장,단으로 이어지는 베르니 (Bernie) System이다.

우측 적색으로 표시된 수치는 Five & Half System을 응용한 수치이고,

상단에 표기된 1쿠션 수치는 좌측 코너를 시작으로 ⅔ 포인트씩 올라간다.

하단에 표기된 수치는 3쿠션 수치이다.

계산법 : 3쿠션 수치 – 수구수치 = 1쿠션 수치

No English System

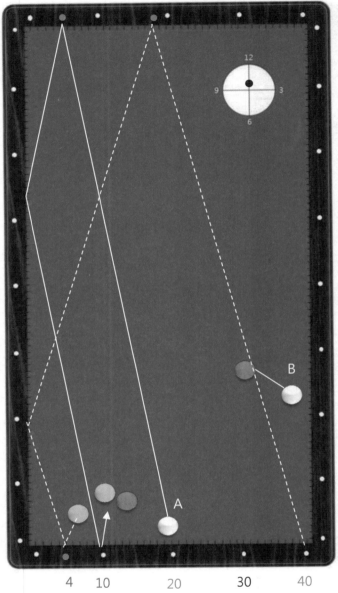

[타법]
중 상단 무회전으로 1쿠션에 부딪쳐 굴려준다.

[Point]
본 도형은 단쿠션에서 출발해 단, 장, 단으로 연결하는 System으로 계산 방식이 아주 단순해 쉽게 활용할 수 있는 System이다.

B의 경우처럼 공을 먼저 맞추어야 할 경우 두께와 스트록에 대한 연습이 필요하다.
공이 길 경우에는 + 느낌Tip을 미세하게 주고 쳐도 좋은 방법이다.

[해설]
위 도형은 노잉글리시로 간단하게 득점하는 방법이다.
수구 수치에서 3쿠션 수치를 뺀 수치를 둘로 나눈 수치가 1쿠션 수치이다.
A도형의 경우 수구 수치 20에서 3쿠션 수치 10을 뺀 10의 절반인 5가 1쿠션 수치이고,
B도형의 경우 수구 수치 40에서 3쿠션 수치 4를 뺀 36의 절반인 18이 1쿠션 수치이다.

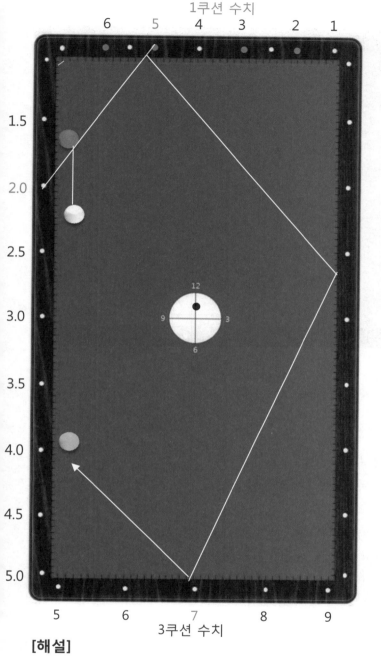

[타법]

무회전 중 상단, 느낌 Tip 주고
1쿠션 지점을 향해 4구 치듯이
부드러우면서 곧게 굴려준다.

[Point]

본 System활용에서 가장 중요한
것은 수구 수치를 정확하게
파악하는 것이다.

❖ 상단 Point는 ⅔ Point 간격
    이고,
    하단 3쿠션 수치는 1Point 간격
    이다.

[해설]

무회전 System을 활용하여 간단하게 앞으로 돌리기를 해결하는 도형이다.

1. 수구 수치를 파악한다.(2.0)
2. 3쿠션 수치를 파악한다.(7)
3. 3쿠션 수치에서 수구 수치를 뺀다.(7 - 2)= 5

수구를 5 지점으로 굴려 보내면 궤도와 같이 진행되어 득점한다.

No English System

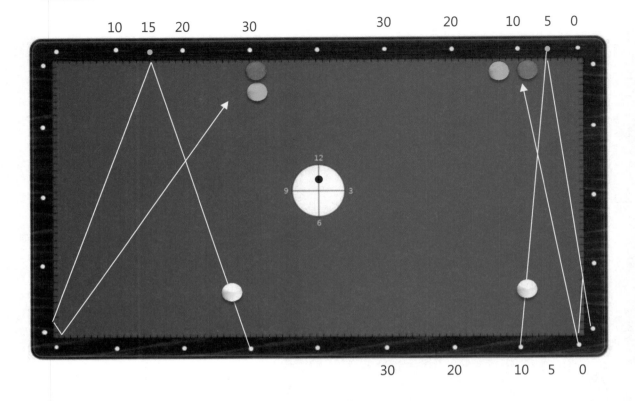

[외워두는 System]]

입사각 반사각을 응용한 장면으로 생각보다 에러마진이 크다.

수구 수치 10에서 절반인 반대편 5를 무회전으로 치면 그림과 같이 반사각을 이뤄 목적 구인 반대편 10의 지점으로 향하고

수구 수치 30에서 절반인 15를 치면 30의 반대편 30으로 간다.

수구 수치 40까지는 수구 수치의 절반을 치면 수구 위치의 맞은편으로 간다.

계산법 : 원포인트 내에서 활용하는 외워두는System.

타법 : 무회전 중 상단 Tip으로 반대편 5의 지점을 부드럽게 부딪치며 굴려준다.

[Point]

국제식 당구대 또는 아스트로 쿠션에서는 생각보다 반사각이 크지 않음을 기억하면 된다.

실제 연습을 통해 공을 굴려보면 믿음을 갖게 된다.

No English System

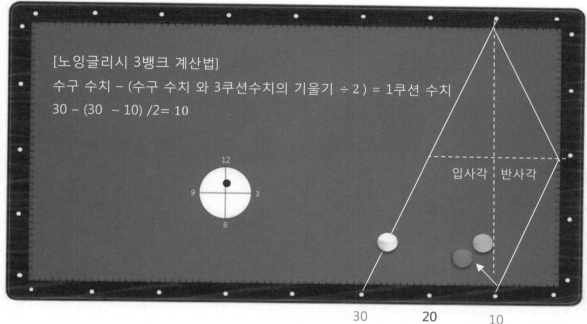

Shot angle 에서의 노잉글리시 공략법

[노잉글리시 3뱅크 계산법]
수구 수치 – (수구 수치 와 3쿠션수치의 기울기 ÷ 2) = 1쿠션 수치
30 – (30 – 10) /2= 10

노잉글리시 3뱅크 계산 방식은 수구 수치 (30)에서 3쿠션 수치(10)를 뺀다.
30에서 10을 뺀 기울기 수치 (20)의 절반인 10이 1쿠션 수치가 된다.

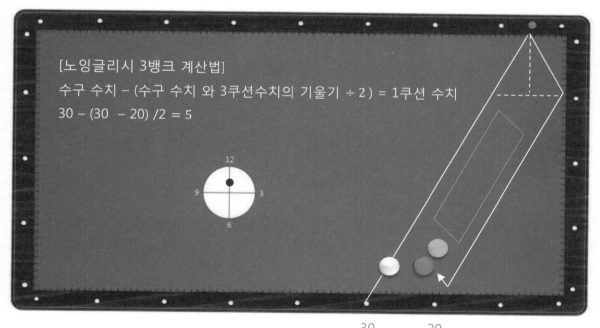

[노잉글리시 3뱅크 계산법]
수구 수치 – (수구 수치 와 3쿠션수치의 기울기 ÷ 2) = 1쿠션 수치
30 – (30 – 20) /2 = 5

노잉글리시 타법은 브리지를 짧고 견고하게 잡고 당점에 집중해야 된다.
평소 연습을 통해 자신의 타법만 고정하면 누구나 쉽게 칠 수 있는 공이다.

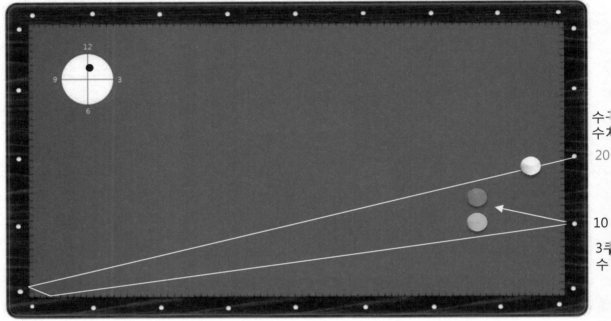

[외워두는 System]

입사각 반사각을 응용한 장면으로 생각보다 에러마진이 크다.

수구 수치 20에서 맞은편 코너를 치면 절반인 10으로 반사된다.

무회전 Tip만 정확히 준다면 Five & Half System 보다 정확하다 .

1적구가 가려 Five & Half System 으로 돌리지 못할 경우 이 도형을 응용하면 된다.

타법 : 무회전 중 상단 Tip으로 반대편 코너 0지점을 부드럽게 부딪치며 굴려준다.

[Point]

이 도형을 통해 자신의 노 잉글리시 스트록 연습을 하면 많은 도움이 될 수 있다.

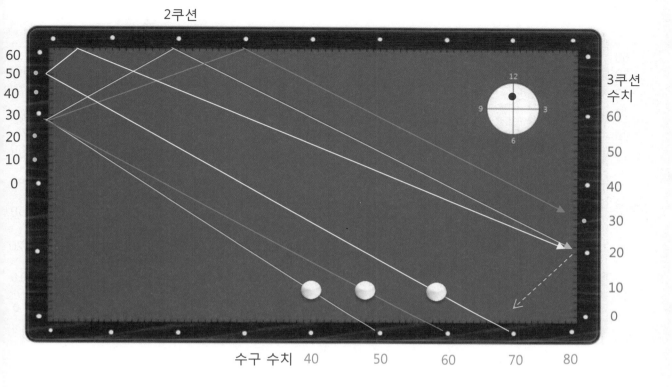

[해설]

노잉글리시의 대표적인 System 중의 하나로 수구 수치 50 ~ 80에서 출발할 때 신뢰도
가 아주 높다.

1쿠션 수치와 3쿠션 수치만 외워두면 어떤 위치든 아주 간단하게 활용할 수 있다.

아울러 3쿠션에서 4쿠션으로 향하는 반사각을 익혀두면 정말 활용도 높은 System이
된다.

계산법 : 수구 수치 - 3쿠션 수치 = 1쿠션 수치

타법 : 2레일~2.5레일 스피드로 회전없이 부드럽게 1쿠션에 부딪쳐 주면 된다.

[조언]

노잉글리시 타법을 처음 시작할 때는 자신의 당점이 좌측과 우측 어느 쪽에 치우쳐
있는지를 먼저 파악해야 한다.

No English System

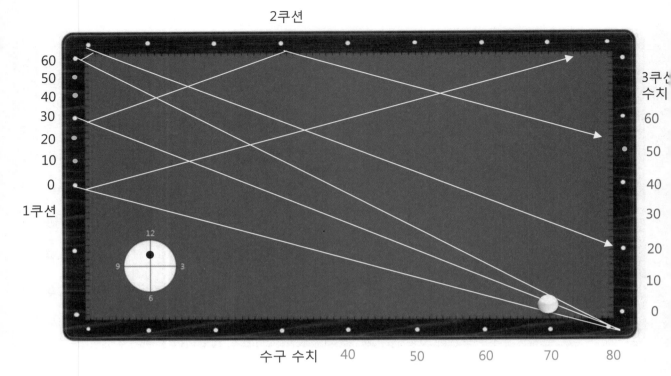

[해설]

수구 수치 80에서 무회전으로 맞은편 단쿠션 절반 지점인 0을 치면 반사각으로 맞은편 코너로 가고 원포인트 지점인 30을 치면 우측 단쿠션 50 지점으로 간다.

수구 수치 80에서 대각선 맞은편 코너를 치면 우측 단쿠션 원포인트 20 지점으로 온다. (외워두면 길게 치기나 빈 쿠션 돌리기에 유용하게 활용할 수 있다)

타법 : 중 상단 무회전으로 1쿠션을 부드럽게 부딪쳐 주면 된다.

계산법 : (수구수치 - 3쿠션수치 = 1쿠션 수치)

[조언]

노잉글리시에서 회전을 상단에 주는것과 중단에 주는 것 그리고 중 상단에 줄 때, 분리각에서 약간의 차이가 난다.

연습을 통해 자신에 맞는 당점을 찾아내는 것도 현명한 방법이다.

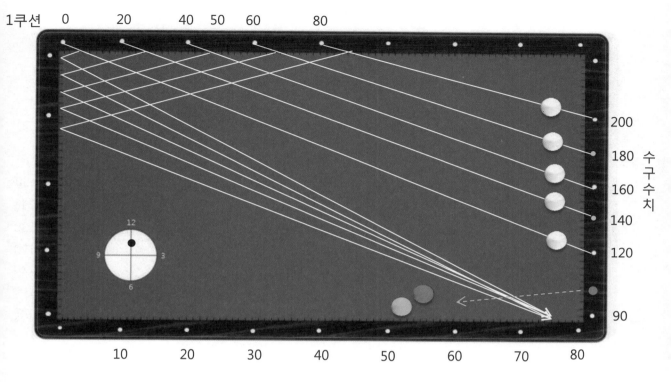

[외워두는 System]

각각의 수구 위치에서 장쿠션 코너 80으로 보내는 도형이다.

120에서 코너 0을 치면 80으로 가는 것을 기준으로 수구 위치가 ½Point 옮겨질 때마다
1쿠션은 1Point 씩 따라 옮겨진다.
이 각을 외워두면 평행 이동하면서 다양하게 활용할 수 있다.

계산 법 : 수구 수치 − (3쿠션 수치 x ⅔) = 1쿠션 수치

타법 : 중 상단 무회전

스피드 : 2레일

[Point]

목적구가 하단 장쿠션쪽에 있을 때 이 System을 응용하면 쉽게 답을 찾을 수 있다.
예를 들어 수구 수치 160에서 상단 40을 쳤을 때 80 코너로 가는 것을 알았다면,
원포인트 지점 (20)을 치면 우측 ●지점을 거쳐 목적구로 반사된다는 것쯤은 짐작될 것
이다.
이것이 바로 System을 응용하는 것이다.

No English System

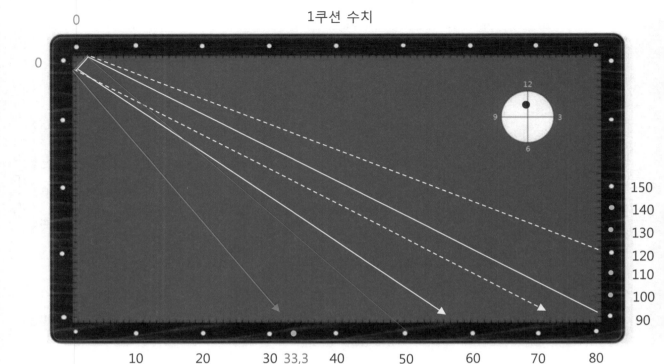

1쿠션 수치

0

0

12
9 3
6

150
140
130
120
110
100
90

0   10   20   30 33,3   40   50   60   70   80

[외워두는 ⅔ System]

터키 프로들에 의해 개발된 System으로 일명 터키 각으로 불리기도 한다.

수구 수치에서 무회전으로 좌측 상단 코너 0을 치면 2/3 지점으로 가는 System이다.

150에서 0을 치면 90 / 120에서 0을 치면 80 / 90에서는 60 / 80에서는 53.3

70에서는 46.7 / 60에서는 40 / 50에서는 33.3 / 40에서는 26.7로 각각 간다.

계산법 : 수구수치 X ⅔ = 3쿠션 수치

타법 : 중 상단 무회전 / **스피드 :** 2~2.5레일

Tip : 수구 수치 40에서 무회전으로 좌측 단쿠션 0을 치면 ⅔법칙으로 60으로 가고,

   수구 수치 20에서 무회전으로 좌측 단쿠션 0을 치면 ⅔법칙으로 30으로 간다.

[조언]

당구란 안다고 다 칠 수 있는 것이 아니다, System을 기초로 실전과 같은 연습으로 자신의 것으로 만들어야 한다.

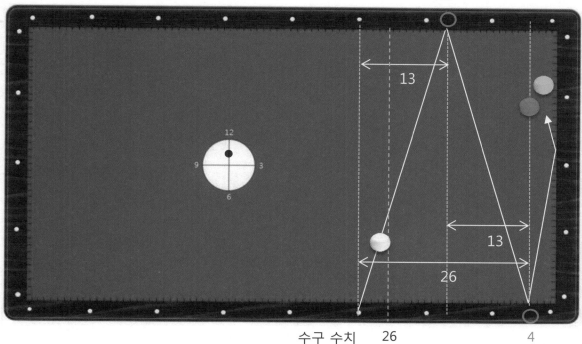

수구 수치　　26　　　　　4

[해설]

Five & Half System으로 치기에는 2목적구의 각이 쉽지 않은 공이다.

이 경우 무회전 빈 쿠션 더블System으로 계산하면 아주 쉽게 해결할 수 있다.

먼저 가상의 2쿠션 수치를 설정한 다음 그 수치를 수구 수치에서 뺀다.

그 다음 ½을 계산해 치면 된다 (30 - 4 = 26)

26의 절반인 13수치를 수구 수치 30에서 빼면 17이다.

타법 : 중 상단 무회전에 3레일 스피드로 가볍게 1쿠션에 부딪쳐 준다.

Point : 수구 수치는 26이 아닌 30임을 잊지 말아야 한다.

[조언]

1적구를 타구할 때 몸으로 공을 치는 것을 느끼는가 ?

큐로 공을 치는 것을 느끼는가 ?

만일 큐로 공을 치는 것을 느낀다면 당신은 분명히 고수이다

No English System

[해설]

무회전 반사각 System으로 먼저 가상의 2쿠션 지점을 정한다.

큐 볼의 수치에서 2쿠션 수치를 뺀 다음 1/2 지점을 무회전으로 부드럽게 굴려준다.

계산법 : 수구 수치7 에서 2쿠션 수치 0.5를 빼면 6.5이고, 6.5의 절반인 3.25를 치면
된다.

스피드 : 2레일

[Point]

첫 번째는 2쿠션 지점을 정확히 판단하는 것이며,

두 번째는 수구 수치를 정확히 계산해야 한다.

세 번째는 노잉글리시 타법으로 자신감 있게 굴리는 것이다.

No English System

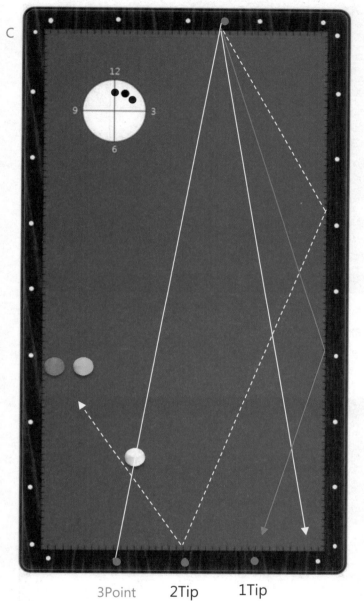

1.5Point

C

12

9   3

6

3Point   2Tip   1Tip

[타법]

빈 쿠션을 칠 때는 정확한 지점을
겨냥하고 당점이 흔들리지 않도록
브리지를 짧게 한다.

[스트록]

2.5레일 스피드로 부드럽게 1쿠션
을 향해 밀어 친다.

[해설]

위 도형은 하단 단쿠션 3포인트에서 상단 단쿠션 1.5포인트를 쳤을 경우 무회전으로
치는 것과 회전을 주고 칠 때의 진행 경로를 나타낸 도형이다.
무회전으로 치면 1 : 1로 반사되어 코너로 가고,
1Tip을 주면 하단 단쿠션 우측 1포인트 지점으로 간다.
2Tip을 주면 단쿠션 2포인트 지점으로 되돌아 간다.

No English System

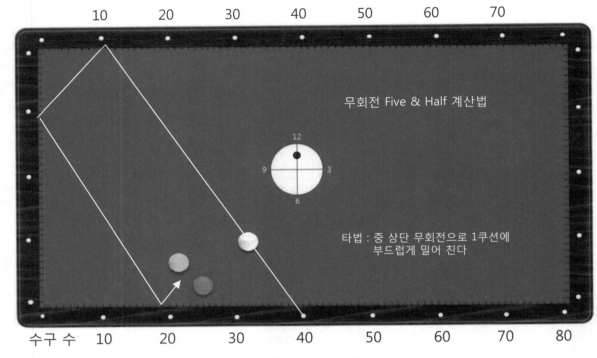

무회전 Five & Half 계산법

타법 : 중 상단 무회전으로 1쿠션에
부드럽게 밀어 친다

수구 수

계산법 : 수구 수치에서 3쿠션 수치를 뺀 수의 절반을 친다.

(수구 수 - 3쿠션 수) ÷ 2 = 1쿠션 수 (40 - 20) ÷2 = 10

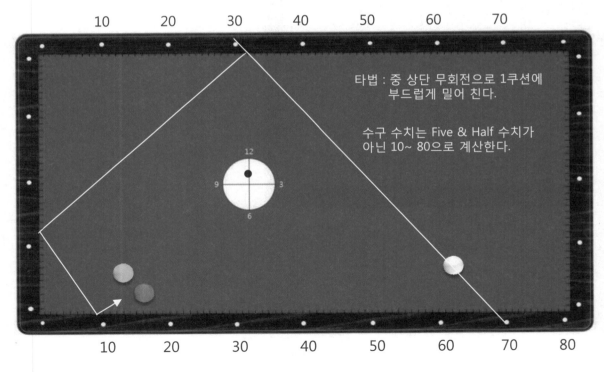

타법 : 중 상단 무회전으로 1쿠션에
부드럽게 밀어 친다.

수구 수치는 Five & Half 수치가
아닌 10~ 80으로 계산한다.

계산법 : (수구 수 - 3쿠션 수) ÷ 2 = 1쿠션 수

(70 - 10) ÷2 = 30

[계산법]
A : 70 – 40 = 30
B : 50 – 20 = 30

(그림 축: 1쿠션 수치 60 50 40 30 20 10 0 / 수구 수치 10 20 30 40 50 60 70 80 / 3쿠션 60 50 40 30 20 10)

[해설]

장쿠션에서 출발해서 단, 장, 단쿠션으로 연결되는 베르니(Bernie) System이다.

계산 방법이 아주 간단해 System 수치만 외워두면 누구나 활용할 수 있는 System이다.

수구 수치는 10~80 까지 분류되며,

1쿠션은 코너 60을 시작으로 ⅓ Point 간격으로 10씩 차이가 난다.

3쿠션은 반 Point 간격으로 10씩 차이가 난다.

A의 경우는 수구 수치 70에서 3쿠션 수치 40을 뺀 1쿠션 30을 쳐서 득점하는 장면이고,

B의 경우는 수구 수치 50에서 3쿠션 수치 20을 뺀 1쿠션 30을 쳐서 득점하는 장면이다.

타법 : 중 상단 무회전으로 1쿠션을 가볍게 밀어쳐 반사시킨다.

[쪼언]
노잉글리시로 공을 다룬다는 것은 생각보다 쉬운 일이 아니다.
평소 시간 있을 때마다 System에 입각해 공이 정확하게 궤도로 진행하는지
파악하며 연습을 꾸준히 해야한다.

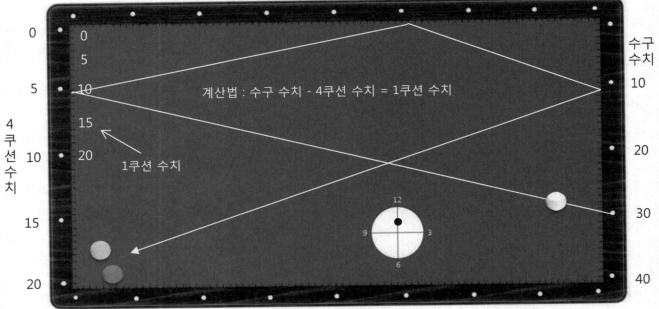

[해설]

수구 수치 - 4쿠션 수치 = 1쿠션 수치

(수구 수치 30 - 4쿠션 수치 20 = 1쿠션 수치 10)

수구 수치 30에서 목적구 20 수치를 빼면 1쿠션 수치는 10이 된다.

수구 수치가 네 번째 입사점의 수치보다 작을 때는 성립되지 않는다.

[타법]

중 상단 무회전 주고 3레일 스피드로 부드럽게 1쿠션에 부딪쳐 주면 된다.

[Point]

4쿠션 수치는 수구 수치의 절반이며 1쿠션 수치는 3쿠션 수치의 2배가 된다.

이 수치만 기억하고 응용하면 누구나 칠 수 있는 공이다.

No English System

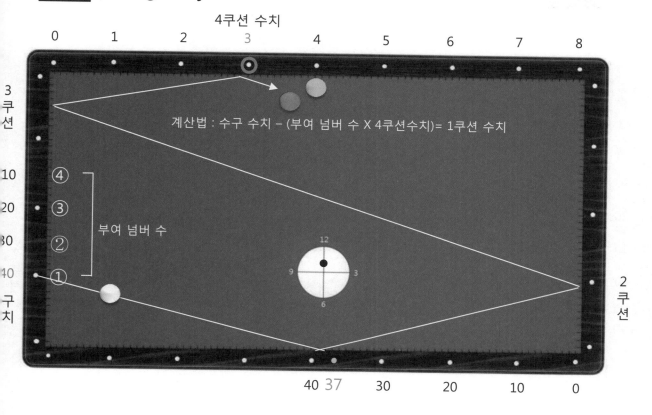

[해설]

플로리다 System으로 득점하는 도형이다.

수구의 출발 수치는 40

수구 수치 40 앞에 부여된 System 상의 부여 넘버 수 ①과 4쿠션 수치 3을 곱한다.

수구 수치 40에서 곱한 수 3을 뺀 37이 1쿠션 지점이다.

무회전으로 2.5레일 스피드로 굴려준다.

스피드 : 2.5레일 ~ 3레일

타법 : 중 상단 무회전으로 1쿠션 37지점을 향해 부드럽게 굴려준다.

❖ 수구 수치 앞에 있는 ① ~ ④까지의 부여 넘버는 System 상에 부여된 수치이므로
   외워야 한다.

❖ 40=1 / 30=2 / 20=3 10= 4 (레일포인트)

No English System

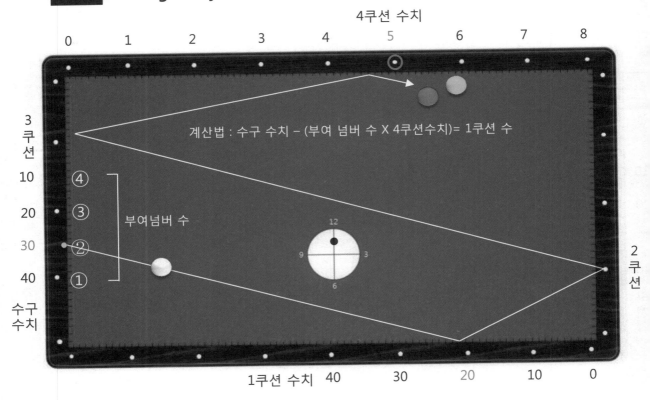

[해설]

플로리다 System으로 득점하는 도형이다.

수구의 출발 수치는 30 4쿠션 수치는 5이다.

수구 수치 30 앞에 부여된 System 상의 부여 넘버 수 2와 4쿠션 수치 5를 곱한다.

수구 수치 30에서 곱한 수 10을 뺀 20이 1쿠션 지점이다.

무회전으로 2.5레일 스피드로 굴려준다.

스피드 : 2.5레일 ~ 3레일

타법 : 중 상단 무회전으로 1쿠션 20지점을 향해 부드럽게 굴려준다.

❖ 수구 수치 앞에 있는 ① ~ ④까지 부여 넘버는 System 상에 부여된 수치이므로 외워야 한다.

❖ 40=① / 30=② / 20=③ 10= ④ (레일포인트)

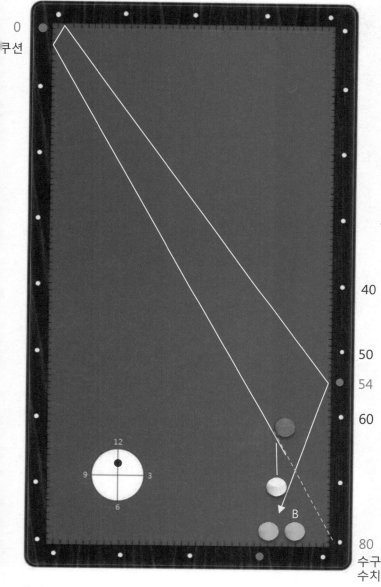

0
쿠션

40

50

54

3쿠션
수치

60

12

9   3

6

B

80
수구
수치

[타법]

중 상단 무회전으로 수구에 변화
를 주지않고 코너를 향해 큐의 비틀
림 없이 부드럽게 굴려준다.

2쿠션을 맞은 수구는 노잉글리시
$2/3$ 법칙에 따라 3쿠션 53.3지점으로
오게 된다.

[해설]

수구가 1적구와 가까이 배치해 있어 뒤로 돌리기가 어려운 장면이다.

이 경우에는 노잉글리시 $2/3$ System을 활용하면 된다.

예를 들어 수구 수치 80에서 좌측 장쿠션 0으로 보내면 $2/3$인 3쿠션 53.3으로 온다.

예를 들어 2적구가 B지점에 있다면 미세하게 –Tip을 주면 된다.

노잉글리시 System을 이해하게 되면 유사한 배치에서 유용하게 활용할 수 있다.

No English System

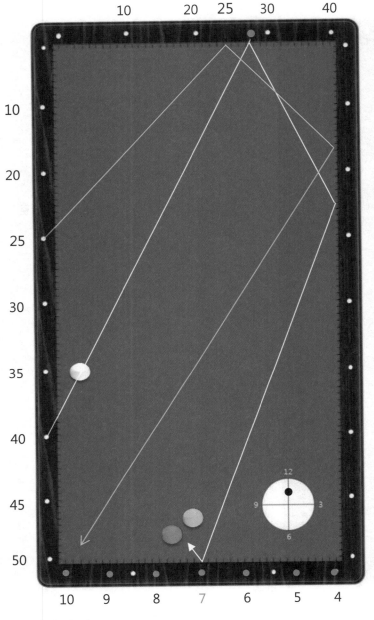

[타법]

중 상단 무회전으로 적절한 스피드로 1쿠션에 밀어 친다.

스피드 : 2.5레일

[Point]

빈 쿠션 치기에서는 타법에 따라 반사각이 조금씩 차이가 날 수 있다 평소 당점과 스피드를 조절하며 자신의 스트록을 완성해야 한다.

[해설]

Five & Half System 수치를 이용한 노잉글리시 System으로 하단 ● 단쿠션 수치와

위치만 외워두면 계산방법은 아주 간단하다. ($^2/_3$포인트 간격)

계산법 : 수구 수치 x 3쿠션 수치 = 1쿠션 수치

위 도형의 경우 수구 수치는 40, 3쿠션 수치는 7이다.

4 x 7= 28 을 치면 된다.

빗겨치기 System

정확한 회전력과 스트록이 필요한 System으로

다양한 각도의 상황이 펼쳐짐에 따라

회전력의 조절, 빗겨치는 정도, 타법에 따라

공의 진행 궤도에 큰 차이가 있으므로

평소 많은 연습이 필요한 System 이다

상대방의 디펜스를 해결하기 위해서는 빗겨치기

System에 많은 노력을 기울여야 한다

빗겨치기 System

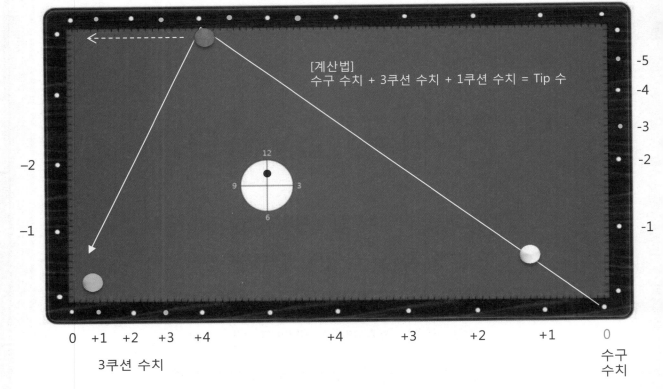

1쿠션 수치   -3   -2   -1   0   +1   +2   +3   +4

[계산법]
수구 수치 + 3쿠션 수치 + 1쿠션 수치 = Tip 수

-5
-4
-3
-2

−2

−1

-1

0   +1   +2   +3   +4   +4   +3   +2   +1   0

3쿠션 수치

수구
수치

[해설]

코너에 있는 수구로 2Point 선상에 있는 1적구를 좌측 하단 코너로 보내는 빗겨치기
기본 도형이다.

1적구의 두께는 흰색 점선처럼 1적구가 코너 단쿠션 먼저 맞는다는 느낌으로 얇게
치는 것이 기준이다.

스트록만 고정화되면 수구와 목적구가 어디에 있던 계산 방법으로 득점할 수 있는
신뢰도 높은 System이다.

타법 : 그립을 가볍게 잡고 1적구를 맞춘다는 마음이 아니라 허공을 친다는 생각으로
1적구를 얇게 조준한 다음 뱅크샷을 하듯 천천히 1적구를 스치게 굴려준다.

계산법 : 수구와 1적구가 어느 위치에 있던 그 수치를 더해주면 Tip 수가 된다.
(수구 수치 + 3쿠션 수치 + 1쿠션 수치 = Tip 수)

빗겨치기 System

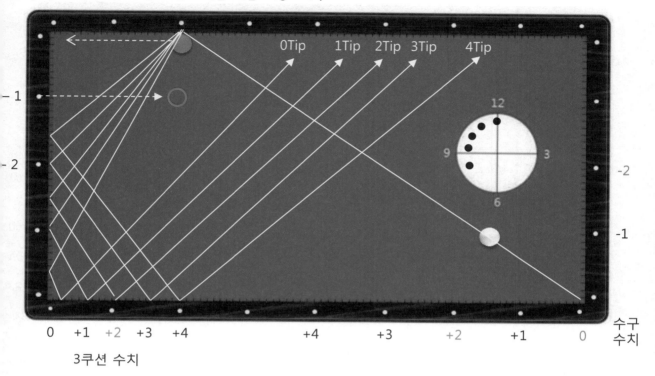

쿠션 수치   -3   -2   -1   0   +1   +2   +3   +4

0Tip   1Tip   2Tip   3Tip   4Tip

-1

-2

-2

-1

0   +1   +2   +3   +4   +4   +3   +2   +1   0

3쿠션 수치

수구
수치

[해설]

위 도형은 빗겨치기 System에서 가장 기초가 되는 도형이다.

상단 장쿠션 2Point 지점에 있는 공을 코너에서 치는 것을 기준으로 시작한다.

타법은 1적구를 얇게 겨냥한 뒤, 2레일 뱅크샷을 하는 기분으로 1적구를 스쳐 지나간다.

무회전으로 쳐서 좌측 하단 코너로 정확히 보낼 수 있다면 모든 샷을 똑같이 하면 된다.

회전은 12시에서 9시(4시)까지 4Tip으로 구분하여 1Tip 증가하면 반Point 씩 길어진다.

위 도형의 궤도 연장선은 화살표와 같다.

좌측 하단 코너에서 돌면 1적구 지점에서 2Point 올라간 장쿠션 중간 지점으로 가고,

최대 길게는 장쿠션 1Point 까지 진행 된다.

연장Line에서 +2와 +3의 간격이 좁은 것은 2Tip과 3Tip의 회전력 차이가 적기 때문이다.

계산 방식은 도형에 표기되어 있는 해당 수치를 더하면 된다.

계산 방법 : 수구 수치 + 1쿠션 수치 + 3쿠션 수치 = Tip수

   (수구와 1적구가 어디에 있던 상관없이 수치를 더하면 Tip수가 된다)

❖ 좌측 단쿠션 수치 (–1, –2)는 1적구가 쿠션에 붙어있지 않고 떠있을 경우 Line에 있는
   수치를 함께 적용해야 된다.

빗겨치기 System

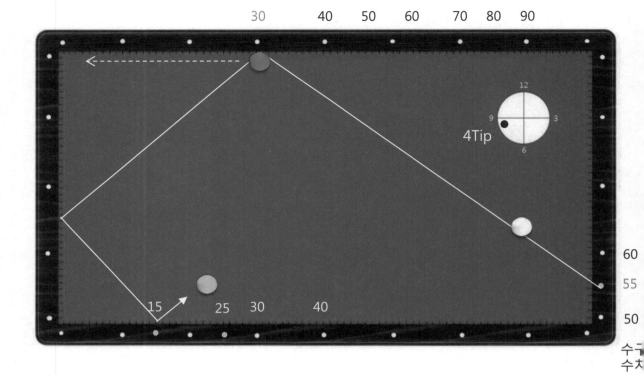

[마이너스10 System]

빗겨치기 System은 – 10 System과 연관된다.

회전을 멕시멈으로 주고 치면 Five & Half System 수치보다 1Point가 짧게 떨어진다.

수구 수치 55에서 1쿠션 30을 빈 쿠션으로 칠 경우 25지점으로 가지만 그림처럼 공을
먼저 치면 25보다 10이 짧은 15지점으로 진행되어 마이너스 10 System이라고도 한다.

이러한 공 배치를 만나면 Five & Half System 계산법을 비교하는 것도 도움이 된다.

타법 : 9시 방향 3Tip 다 주고 타격없는 샷으로 얇고 부드럽게 스치며 굴려준다.

스피드 : 2레일~2.5레일

```
[조언]
당구에서의 System을 아무리 과장해서 말해도 지나치지 않다,
항상 경기 템포를 늦추고 한번 더 신중하게 생각하는 습관을 들이자.
```

빗겨치기 System

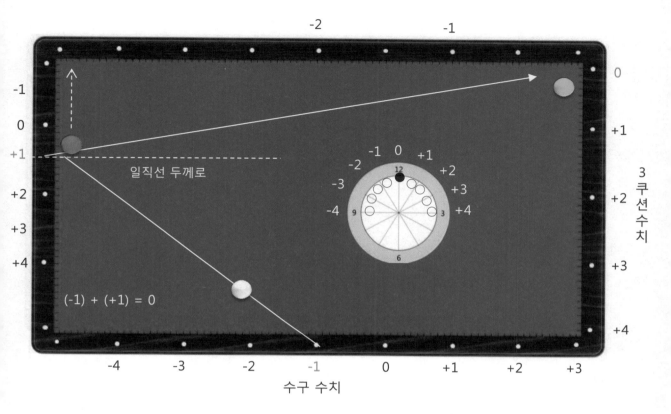

[해설]

우측 상단 코너 0으로 보내려면 수구수치 -1과 1쿠션수치 +1을 더하면 0이므로 회전 없이 타격감 없는 샷으로 1적구를 얇고 부드럽게 맞춰 굴리면 우측 상단 코너 0으로 간다.

만일 우측 단쿠션 +1지점으로 보내야 한다면 1Tip을 주면 된다.

예 : 수구 수치 0에서 1쿠션 0을 쳐도 코너로 가고 수구 수치 -3에서 1쿠션 +3을 쳐도 우측코너 0으로 간다.

타법 : 그립을 가볍게 잡고 부드럽게 타격감 없는 샷으로 굴려 1적구를 부딪치는 스트록을 해야된다.

당점 : 무회전 상단 Tip

계산법 : 수구 수치 + 1쿠션 수치 + 3쿠션 수치 = Tip수

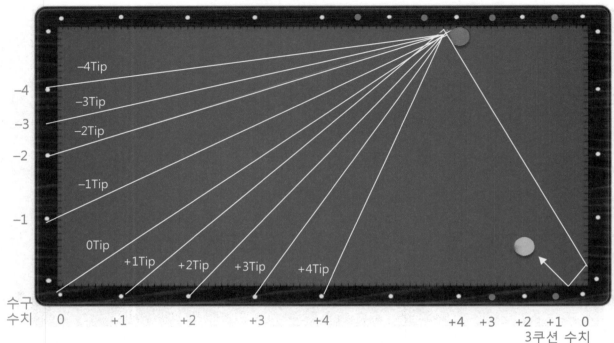

❖ 위 도형은 각 위치에서 우측 하단 코너로 보내는 Tip수를 나타낸 것이다.

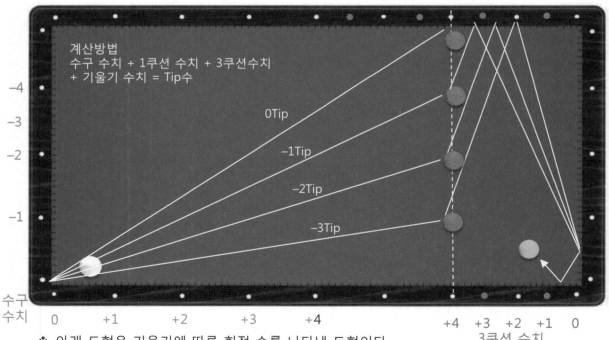

❖ 아래 도형은 기울기에 따른 회전 수를 나타낸 도형이다.
장쿠션 2Point선상과 단쿠션 각1, 2, 3Point에 있을 경우 각각의 Tip을 주면 된다.
타법 : 가벼운 잽 샷으로 1.5레일 스피드로 1적구를 부딪쳐 굴려주면 된다.

■ 빗겨치기 System

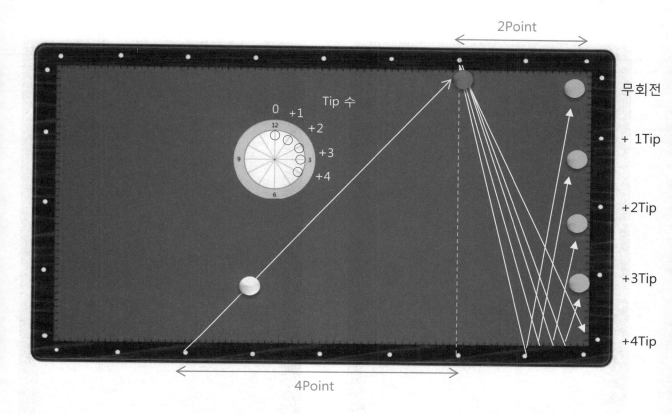

[해설]

2Point 선상에 있는 1적구를 4Point 기울기에서 빗겨치기할 때 반사되는 기본도형이다.

4Point 기울기에서 무회전으로 쳤을 때 수구는 한 포인트 내려가 다시 한 포인트 아래로 반사되며, 도형의 당점 표시처럼 회전을 주었을 때는 각각의 표시 위치로 반사된다.
이 도형은 특히 경기 중에 상대방의 의도적인 수비에서 자주 나타나는 도형으로 평소 해결책을 가지고 있어야 한다.

타법 : 각각의 Tip을 주고 얇고 경쾌하게 부딪치며 굴려준다.

스피드 : 2.5레일 부드러운 롱 샷.

Point : 항상 일정한 타법으로 고정해야 하며 회전을 준 상태에서 빗겨치기없이 부드러운
2.5레일 롱 샷을 구사해야 한다.

빗겨치기 System

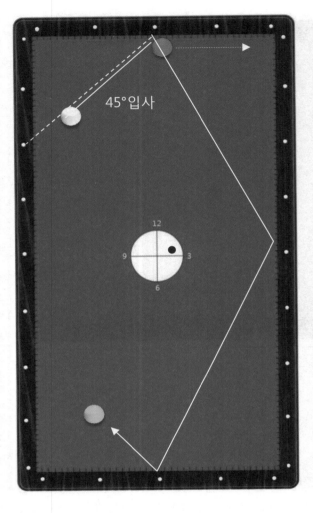

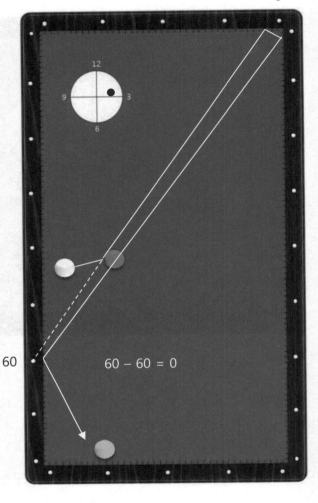

[해설]

위 도형은 수구가 45°에서 입사하여
2쿠션과 3쿠션에 대칭으로 반사되는
또 하나의 빗겨치기 기본각 형태이다.

이 형태를 알고 있으면 유사한 형태에
서 기울기를 잡는데 응용될 수 있다.

[타법]

중 상단 2시 3Tip 주고, 스트록은 간명하게
해야 된다.
스트록이 깊어지면 수구는 1적구의
저항을 받아 방향을 예측할 수 없게
된다

[해설]

위 도형은 Plus System을 활용한 빗겨
치기 도형이다.
수구 수치 60에서 3Tip으로 우측 상단
코너를 치면 60 제자리로 돌아 오는 것
을 이용해 득점하면 된다.

[타법]

빗겨치기에서 회전을 최대한 살려주는
무기는 관통샷 뿐이다.
인위적으로 회전을 먹이지 말고 큐로 스피
드하게 수구를 관통시키면 된다.

빗겨치기 System

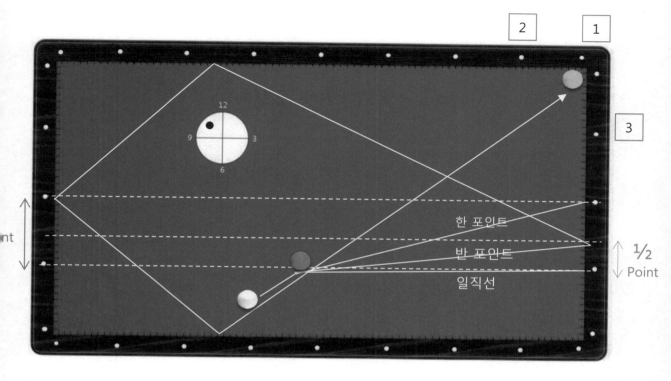

[해설]

빗겨치기로 대회전 시키는 장면이다, 수구와 1적구의 위치에 상관없이 10시 방향 3Tip 을 주고,

반 포인트 지점으로 부드럽게 굴려주면 수구는 대략 ①의 지점을 향하며,

한 포인트 지점으로 보내면 짧은 각 코너 ②의 지점으로 향한다.

수구와 일직선으로 보내면 원 포인트 부분인 ③의 지점을 향한다.

❖ 수구의 기울기가 반 포인트 차이 나면 3쿠션 이후에는 한 포인트가 차이 난다.

Tip : 빗겨치기에서 회전을 잘 살리지 못하는 경우는 수구를 빗겨치려 하기 때문이다.
　　　1적구를 얇게 겨냥하고 수구를 관통하듯이 큐를 일직선으로 찔러보라 ~
　　　스피드가 빠를수록 회전력은 극대화 되는 것을 알 수 있다.

빗겨치기 System

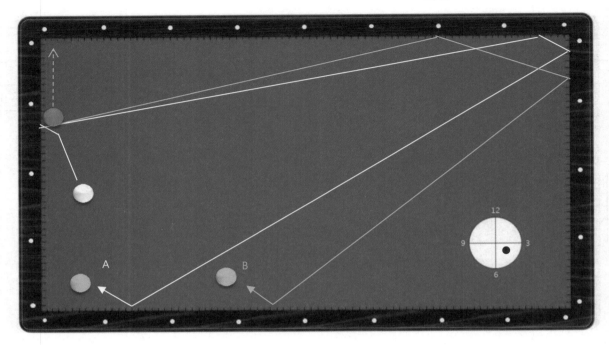

[해설]

실전에 많이 나오는 형태지만 타법을 몰라 대부분 짧게 진행시키는 경우가 많다.
가장 중요한 것은 타법에 대한 이해이다.

타법 : 1적구를 얇게 맞춤과 동시에 수구를 1쿠션에 부드럽게 튕겨주는 타법으로 2쿠션
으로 보내면 수구는 회전을 크게 먹지 않고 길게 올라온다.
(1쿠션을 튕겨주는 정도에 따라 각도를 조절할 수 있다)

B의 지점으로 보내려면 그립을 부드럽게 잡아주고 A지점으로 보내려면 그립을 약간 더
잡아주면 된다.

[조언]
위 도형과 같은 배치에서는 타법으로 해결하는 방법이 가장 에러 마진이 클 수 있다.
잽샷을 활용하면 되는데 공을 얇게 맞추면서 큐팁이 공에 맞는 순간 살짝 그립을
잡아주면 수구는 회전을 많이 먹지 않고 길게 뻗는다.

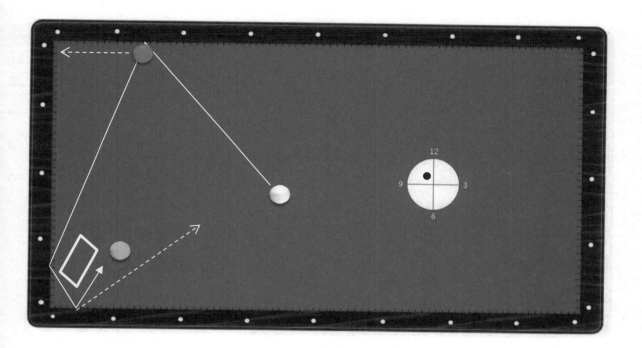

[해설]

보기보다 쉬운 공은 아니다, 누구나 이 장면에서 백색 Line으로 공이 빠져나간 경험이 있을 것이다.

문제 해결은 두 가지다.

첫 번째는 1적구를 얇게 맞춰 단쿠션 먼저 맞춰야 하는 것이고,

두 번째는 3쿠션에서 길게 퍼지지 않고 짧게 각을 이루어야 하는 것이다.

이 두 가지를 한 번에 해결하는 방법은 회전을 주고 공을 얇게 치되 브리지를 10cm로 짧게하고 스트록과 동시에 큐브레이크를 걸어주면 큐가 밀리는 것이 방지되어 3쿠션에서 회전이 먹지 않고 짧게 반사된다.

[조언]

위 도형은 데드볼(회전을 죽이는)타법의 대표적인 도형이다.

1적구를 얇게 맞춰 단쿠션에 보내면서 3쿠션에서는 회전이 먹지 못하도록 해야 한다.

스트록과 동시에 그립을 살짝 잡아주는 잽샷을 활용하면 된다.

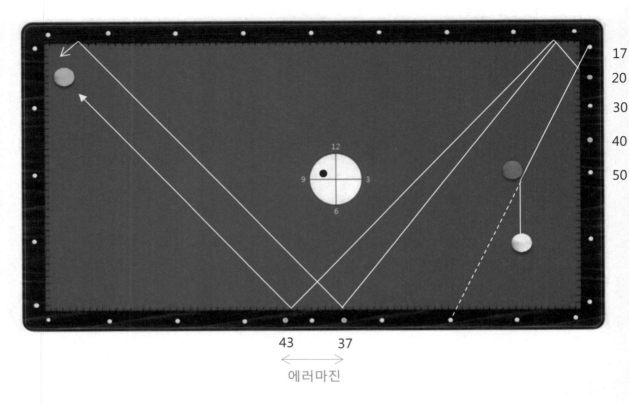

[해설]

Plus System을 응용해 득점하는 도형이다.

1적구의 수구 수치는 20이고 2목적구는 3쿠션 37~ 43 수치 선상에 있다.

(Plus System 분리각 참조)

3쿠션 수치 대략 40에서 수구 수치 20을 빼면 1쿠션 코너를 치면 된다.

타법 : Plus System 빈쿠션 돌리기 감각으로 10시 30분 방향 3Tip 다 주고 가볍게
1적구를 부딪쳐 코너로 굴려 경쾌하게 반사시킨다.

> **[조언]**
> 위 도형의 경우 공의 흐름에 변화를 줄이려면 경쾌하게 던져주는 스피드 샷을 해야
> 한다, 너무 부드럽게 치면 분리각의 오차가 커질 수 있다.

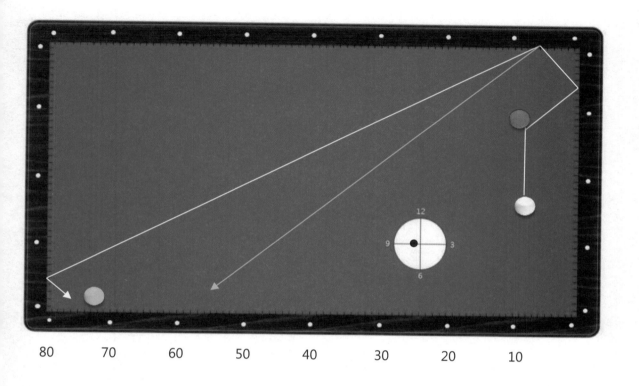

80   70   60   50   40   30   20   10

[해설]

알고 나면 아주 쉬운 공인데 중급자인 경우 대부분 황색 Line으로 짧게 수구를 보내 득점
에 실패한다.

실패하는 이유는 공의 밀림 현상이 발생하는 것을 간과하기 때문이다.

1적구를 생각보다 두꺼운 느낌으로 부딪치면서 동시에 큐 뒤를 잡아주면 수구는 틀림없이
Line 대로 득점하게 된다.

타법 : 중단 9시 방향 1.5 Tip주고 큐가 밀려 나가지 않게 단단하게 부딪치면서 동시에 그립을
　　　잡아 주면 공은 길게 진행한다.

횡단 & 더블 System

상대방의 디펜스를 풀기 위해서는 3단 & 지그재그
System을 익혀두어야 한다.

3단 & 지그재그 System은 스트록과 타법이 가장 중요하다
예를 들어 3단 샷을 할 때는 궁이 아닌 쿠션을 부딪치는
2.5레일 롱샷이 구사되어야 하며 지그재그 System 또한
2.5레일 부드러운 롱샷을 구사해야 한다.

난구를 풀기 위해서는 3단 & 지그재그 샷을
필히 익혀두어야 한다.

횡단 System

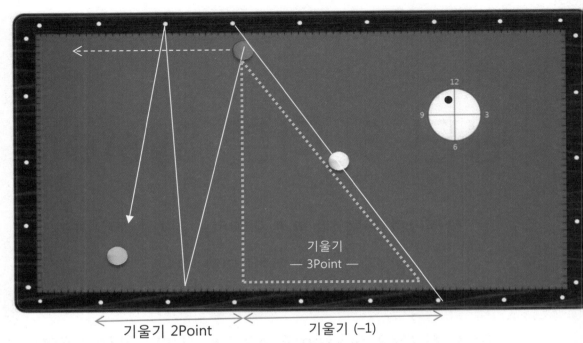

기울기
— 3Point —

기울기 2Point   기울기 (–1)

위 도형은 1적구와 2목적구의 기울기가 2이고, 1적구와 수구의 기울기는 3이다.
기준점 2Point 보다 1Point가 더 기울었으므로 1이 마이너스되어 2 + (–1) = 1Tip이다.

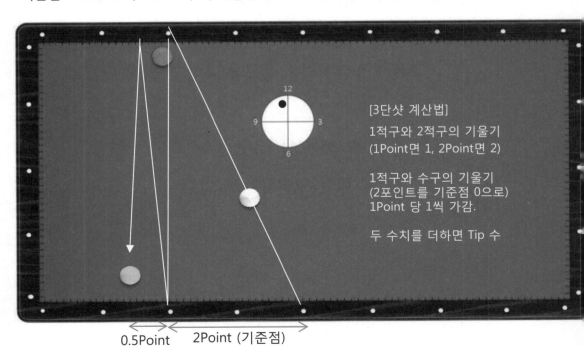

[3단샷 계산법]
1적구와 2적구의 기울기
(1Point면 1, 2Point면 2)

1적구와 수구의 기울기
(2포인트를 기준점 0으로)
1Point 당 1씩 가감.

두 수치를 더하면 Tip 수

0.5Point   2Point (기준점)

1적구와 2목적구의 기울기가 0.5이고, 1적구와 수구의 기울기는 기준점인 2Point 0이다.
1적구와 2적구 기울기 (0.5)와 1적구와 수구의 기울기 0을 더하면 +0.5Tip 이 정답이다.

횡단 System

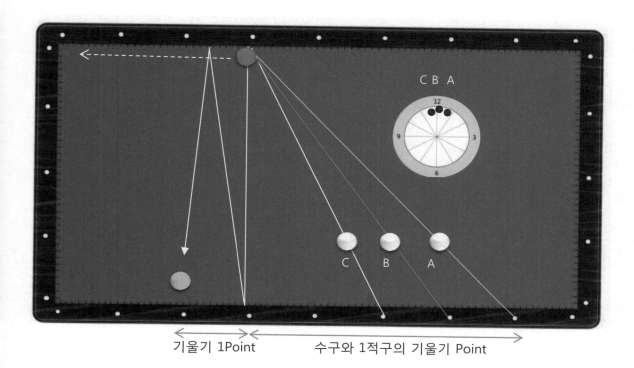

기울기 1Point　　　수구와 1적구의 기울기 Point

[해설]

일명 횡단 샷으로 불리는 위 도형은 3쿠션 전문 당구대에서만 구사할 수 있다.

[계산방법은 다음과 같다]

1. 1적구와 2목적구의 기울기(Point)를 체크한다.

2. 1적구와 수구의 기울기을 체크한다.

3. 1적구와 수구의 기울기 간격이 2Point인 경우 표준 수치 0을 기준으로 1Point에
   + 1씩 회전이 추가된다.

위 도형을 계산해보면 다음과 같다.

A : 1적구와 2목적구의 기울기 (1)과 1적구와 수구의 기울기 (–2)를 더하면 –1Tip이 된다.

B : 1적구와 2목적구의 기울기 (1)과 1적구와 수구의 기울기 (–1)을 더하면 0Tip이 된다.

C : 1적구와 2목적구의 기울기 (1)과 1적구와 수구의 기울기 (0)을 더하면 +1Tip이 된다.

❖ 위 계산방식을 기준 삼아 자신의 스트록과 따져보고 Tip수를 조정해 나가면 된다.

[Point]

횡단 샷에서의 핵심은 일단 공을 얇게 맞추는 것이며 스트록할 때는 수구의 앞면이 아닌
수구의 뒷면을 관통한다는 느낌으로 경쾌하게 부드러운 4~5레일 정도의 롱샷을 한다.

(1쿠션을 강하게 부딪치면 공은 횡단만 할 뿐 내려가지 않는다)

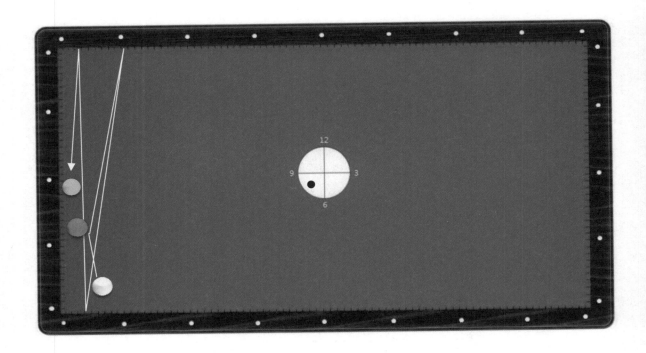

[해설]

위 도형은 각도상으로는 득점하기 어려운 장면이다.

위 도형을 득점하기 위해서는 수구를 밑으로 내려 보내는 타법이 반드시 필요하다.

수구를 1쿠션에서 2쿠션으로 내려오는 각도를 못 만들면 득점이 될 수 없다.

큐 뒤를 아주 가볍게 잡고 수구를 1쿠션에 가볍게 부딪쳐 반사시켜야 한다.

수구를 부드럽게 스치고 지나가야 한다.

1적구 또는 1쿠션에 강하게 부딪치면 회전력이 소멸되어 공은 밑으로 내려가지 않는다.

(1쿠션에서 2쿠션으로 오는 기울기를 만드는 것이 Point이다)

타법 : 하단 7시 30분 방향 3Tip 주고 부드럽고 경쾌하게 1쿠션을 부딪쳐 반사시킨다.

스피드 : 2.5레일

Point : 1쿠션을 강하게 부딪치면 공은 내려가지 않으며, 큐 뒤를 가볍게 잡고 부드럽게
1쿠션을 부딪쳐야 한다.

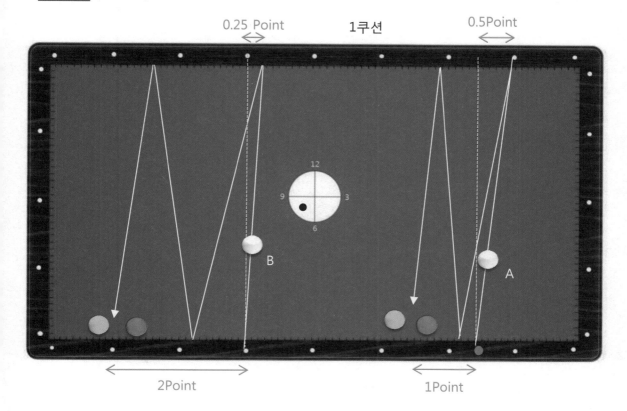

[외워두는 System]

빈 쿠션 횡단 샷으로 득점하는 도형이다.

A : A의 위치에서 1Point 까지 공을 내려 보내려면 7시 30분 방향 하단 Tip 주고 수구
의 포인트에서 – 0.5 포인트를 올려 쳐서 다시 수구 출발 지점 부근으로 되돌아와
다시 한번 횡단시켜 득점할 수 있다.

B : B의 위치에서 2Point까지 공을 내려 보내려면 7시 30분 방향 하단 Tip 주고 수구의
포인트에서 – 0.25 포인트를 올려쳐서 다시 수구 출발 지점 부근으로 되돌아와 다시
한번 횡단시켜 득점할 수 있다.

타법 : 하단 7시 30분 방향 3Tip 주고 2.5레일 스피드로 빗겨치기 없이 1쿠션에 부딪쳐
준다.

Point : 항상 일관된 스피드와 당점이 필요하므로 많은 연습이 필요한 공이다.

횡단 System

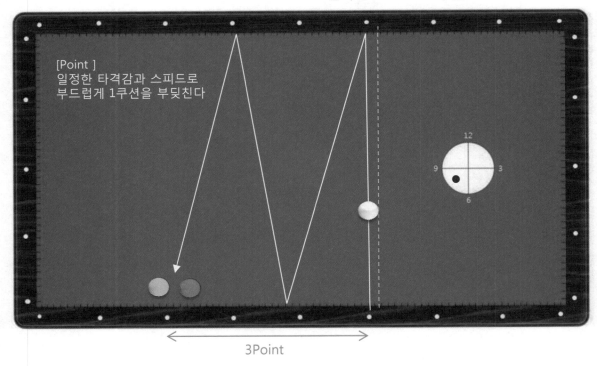

일직선 Point　　1쿠션

[Point]
일정한 타격감과 스피드로
부드럽게 1쿠션을 부딪친다

3Point

[외워두는 System]

수구와 목적구가 3포인트 떨어져 있는 도형이다.
7시 30분 방향 하단 Tip 주고 수구의 포인트에서 일직선으로 마주쳐서 한 포인트 되돌아와 다시 한번 횡단하면서 득점하는 장면이다.

타법 : 하단 7시 30분 방향 3Tip 주고 2.5레일 스피드로 빗겨치기 없이 1쿠션에 부딪쳐 준다.

Point : 수구와 목적구가 3 포인트 간격인 경우 반대편을 일직선으로 치면 3 Point 내려간다.

[쪼언]
수구로 맞은편 쿠션을 칠 경우 당점을 중단 또는 상단에 주게 되면 공의 회전력은 절대 반감되며 특히 앞 페이지에서 처럼 올려 칠 경우에는 더 크게 반감된다.

횡단 System

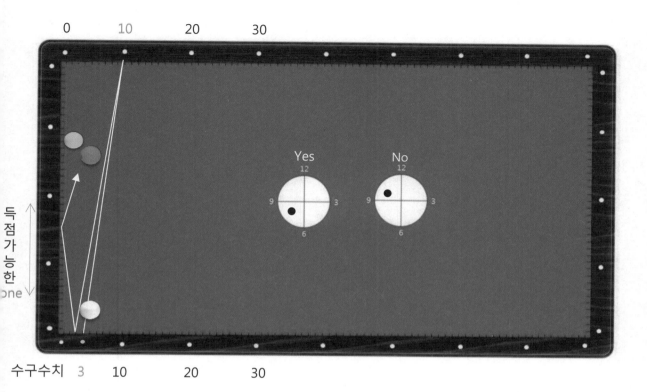

[해설]

이러한 도형의 경우에는 Five & Half System을 적용하는 것보다 그림과 같이 선택하는 것이 훨씬 더 공략하기가 쉽고 에러마진도 크다.

타법 : 회전을 상단에 주면 역회전 효과가 없어진다.
　　　　하단 7시30분 방향 주고 공 한 개 통과하는 부드러운 스트록으로 회전력만 실어
　　　　1쿠션에 부드럽게 부딪쳐 반사시킨다.

스피드 : 1레일 ~ 1.5레일

> **[조언]**
>
> 위 도형의 형태는 평소 연습을 통해 자신감을 먼저 가져야 한다.
> 1쿠션을 맞은 수구가 1적구를 맞지 않고 반사되는 확신과 7Point를 올려 쳤을 때 (10)
> 제자리(3Point)로 다시 돌아오는 그림을 확실히 기억해 두어야 한다.
> 또한 당점을 하단에 주었을 때 2쿠션에서 3쿠션으로 퍼지는 것을 확인해 두어야 한다.

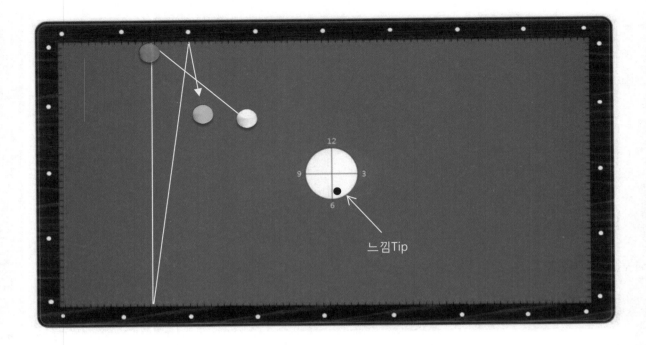

느낌Tip

[해설]

마찬가지로 2목적구 안쪽으로 횡단하면서 득점하는 도형이다.

전 장면과는 달리 수구의 위치가 쳐져 있는 경우에는 극 하단 6시에서 느낌Tip 정도 주고 경쾌한 샷으로 1적구를 얇게 부딪쳐 공이 밀리는 현상을 방지해야 한다.

[Point]

극 하단 Tip 주고 밀리지 않게 얇고 경쾌한 스피드한 샷을 구사하는 것이 핵심이다.

[조언]

위 도형은 대대 30점 정도의 실력자 분들이 구사하는 일종의 횡단 샷이다.

일반 횡단 샷과 다른 점은 당점을 극 하단 주고 미세한 각으로 좁혀가는 것이

핵심이다.

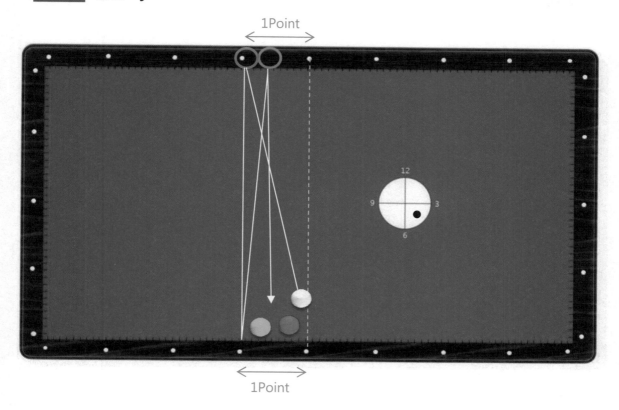

[외워두는 System]

역회전 빈 쿠션 N자 횡단 샷이다.

우측 4시반 방향 하단에 3Tip 주고 적당한 스피드로 1포인트를 내려치면 역회전 영향으로 일직선으로 반사되었다가 다시 한번 횡단한 후 ○지점으로 돌아 온다.

타법 : 4시 30분 하단 당점을 준 상태에서 비틀어치기 없이 쿠션이 4번 정도 횡단하는 스피드로 1쿠션 ○지점을 부딪쳐준다.

[조언]

뱅크샷으로 반대편 쿠션을 1Point 가까이 올려칠 때는 당점을 반드시 하단에 주고 부드럽게 쿠션을 부딪쳐야 된다.

3시 방향이나 2시 방향의 상단 Tip을 주면 1쿠션에서 회전을 받아들이지 않는다.

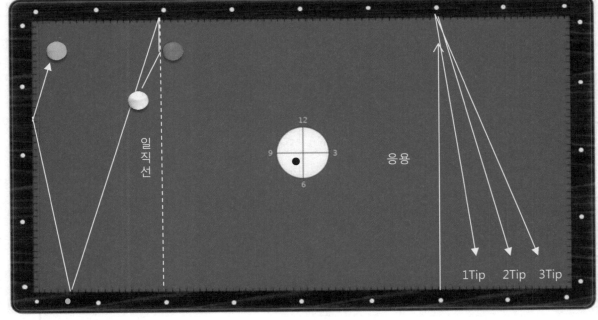

에러마진

일직선

응용

1Tip 2Tip 3Tip

0.5Point

[해설]

제각돌리기는 두께가 부담되어 안쪽 더블 쿠션으로 득점하는 도형이다.

중 하단 2Tip 주고 일직선으로 각을 맞춰 회전력으로 1.5 Point 내려오게 하여 처지는 각으로 득점하는 장면이다. 생각보다 에러마진이 크다.

득점 요령은 우측 도형처럼 일직선에서 반사되는 Tip수로 2쿠션을 결정하는 것이다.

타법 : 당점을 중 하단에 주고 비틀기없이 1.5레일 스피드로 부드럽게 1쿠션에 부딪쳐 2쿠션에 반사 시켜주면 된다.

[조언]

위 도형의 배치에서 득점 요령은 수구를 일직선으로 맞춰 0.5Point 지점에 보내려면 회전을 몇 Tip주어야 되는가가 평소 정리되어 있어야 한다.

또한 당점을 중단 또는 상단에 주면 절대 안 된다는 점도 반드시 기억해야 한다.

횡단 System

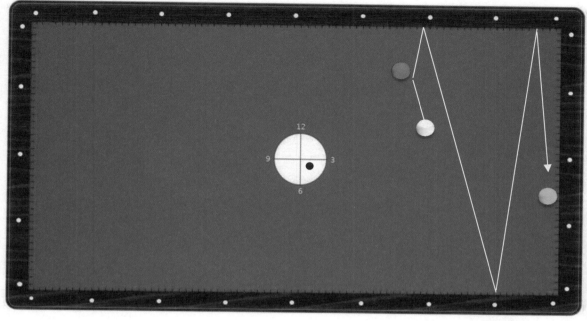

2쿠션

[해설]

중단 1Tip주고 득점하는 도형이다.

가장 중요한 것은 두께와 타법이다. 1적구를 강하게 치면 수구가 1쿠션에 부딪치면서
정확성이 떨어진다. 2쿠션 지점을 정확히 겨냥하고 부드러운 샷으로 2적구가 맞을 만큼
의 스피드로 쳐야 득점 확률을 높일 수 있다.

타법 : 강하게 치면 정확성이 떨어지므로 부드럽게 1적구를 맞춰 1쿠션 반발로 입사각,
　　　　반사각을 잡는다.

당점 : 중단 1Tip

Point : 타격감 없는 부드러운 샷으로 맞을 만큼 쳐야 득점 확률이 높다.

> **[조언]**
> 위 도형의 경우 득점 Point는,
> 수구를 1쿠션에 아주 부드럽게 부딪치며 3번 횡단시키려면 타격감 없는 부드러운
> 롱샷으로 수구에 변화를 최소화 해야 한다.

횡단 System

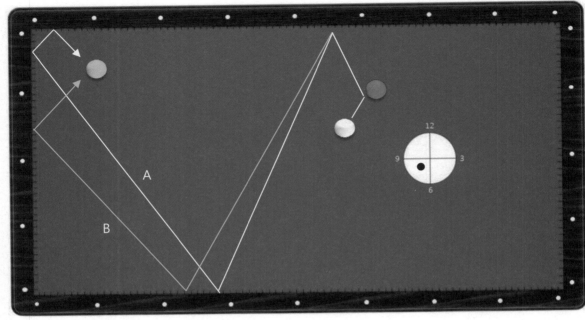

2쿠션

[해설]

1목적구가 가까워서 제각돌리기가 어려운 도형이다.

득점을 하려면 A와 B의 방법 중 하나를 확실해 선택해야 한다.

이 경우 B보다는 A의 방법이 에러마진이 훨씬 더 크므로 A 방법을 선택하는 것이 현명한 방법이 될 수 있다.

스피드 : 2.5레일

타법 : 하단 1.5 ~ 2Tip 주고 2쿠션 지점을 목표로 1목적구를 부드럽게 부딪쳐 굴려준다.

[조언]

위도형의 득점 Point는 당점을 하단에 주고 얇은 각으로 부드럽게 끌어치듯 각을 맞추어야 수구에 변화가 적다.

당점의 위치가 높을수록 공의 반사각은 아주 불규칙해 진다.

200 3쿠션 System 실전당구

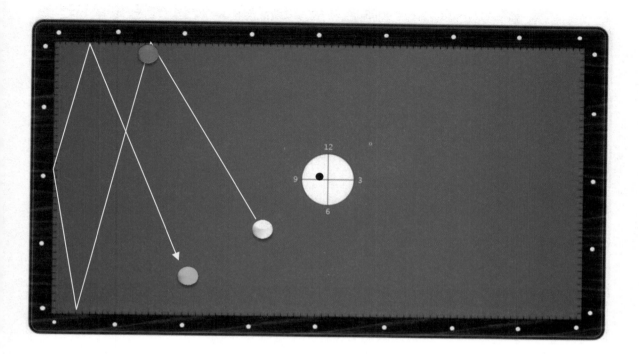

[해설]

뒤로 돌리기와 제각돌리기 각이 없을 때 선택하는 공으로 감각과 타법이 중요하다.

중 상단 원Tip으로 1적구를 얇게 밀어쳐 맞은편 장쿠션에 보내면 자연적으로 각이

형성되면서 2적구 방향으로 굴러 간다.

[타법]

비틀어치기 없이 1.5Tip 부드러운 롱 샷으로 수구에 힘을 실어 주어야 한다.

회전이 많으면 공의 구름 현상도 불규칙해지고 힘도 약해지므로 최대한 얇게

치면서 각으로 잡는 것이 원칙이다.

[조언]

위 도형과 같은 배치에서 득점하는 핵심 타법은 부드러운 롱샷이다.

1적구를 너무 강한 타격으로 맞추면 얇게 맞더라도 수구는 일직선으로 반사되어

조금씩 늘어져야 하는 각을 형성하기가 어렵다.

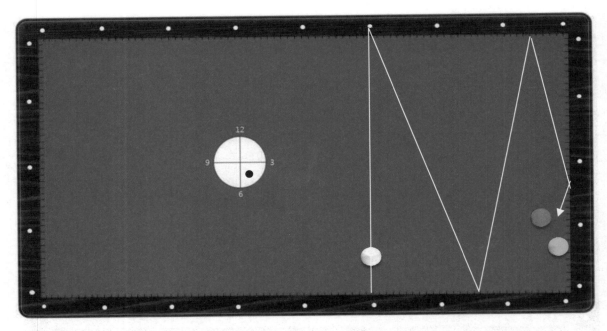

타법 : 하단 4시30분 방향 3Tip 주고 2.5레일 스피드로 맞은편 3Point 지점에 부딪치면
완만하게 N자를 그리면서 득점하게 된다.

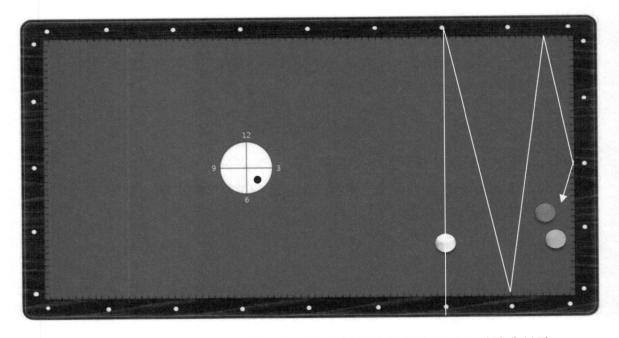

타법 : 4시30분 방향 3Tip 주고 위 도형보다 조금 더 강하게 맞은편 2Point 지점에 부딪
치면 좁은 N자를 그리면서 득점하게 된다.

알아두면 유용한 System

게임 중 자주 등장하는 장면으로 알아두면

필요할 때 사용하고 응용할 수도 있는

유용한 System이다.

이 System들을 기초로 유사한 형태에서는

조금씩 가감하여 활용할 수 있다.

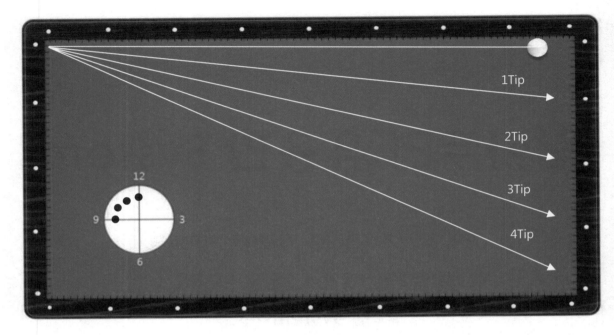

❖ 위도형은 일직선 맞은편을 쳤을 때 Tip 수에 따라 수구의 진행 궤도를 나타낸 도형이다
1Tip이면 1Point, 2Tip 이면 2Point, 3Tip이면 3Point, 4Tip 멕시멈 주면 4Point 진행
되는 것을 알 수 있다.

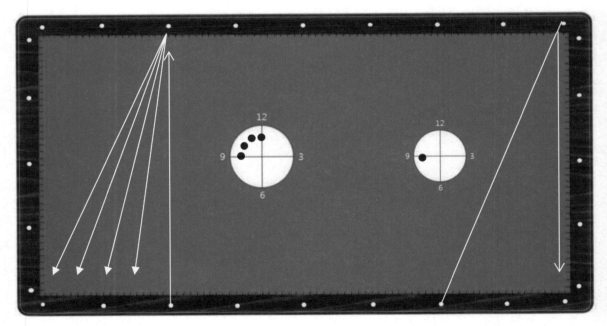

❖ 위도형 또한 일직선 맞은편을 쳤을 때 Tip 수에 따라 수구의 진행 궤도를 나타낸 도형이다,
1Tip이면 반Point, 2Tip 이면 1Point, 3Tip이면 1.5Point, 4Tip 멕시멈 주면 2Point 진행
되는 것을 알 수 있다.
❖ 우측 도형처럼 멕시멈 역회전을 주고 2Point를 내려치면 수구는 일직선으로 뻗는다.

알아두면 유용한 System

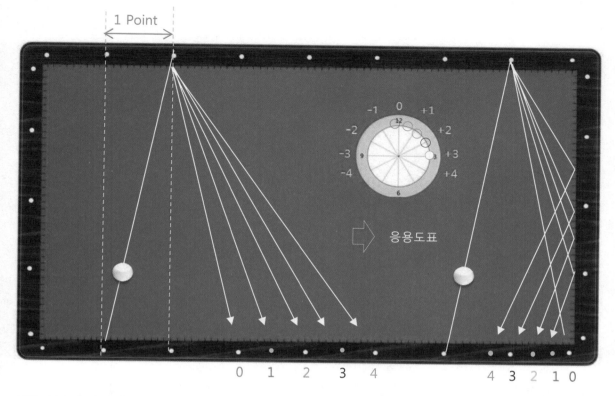

[알아두면 유용한 System]

수구 위치에서 무회전으로 한 포인트를 내려 칠 때 당점에 따라 수구가 반사되는 도형이다.
무Tip~4Tip으로 분류되어 있으므로 외워두면 많이 응용할 수 있다.
우측 그림은 2차 반사각을 나타낸 수치이므로 외워두면 짧은 각에서 유용하게 응용할 수
있다.

[타법]

비틀어치지 않고 회전력만 살려 부드럽게 1쿠션에 부딪쳐 주는 타법으로 굴려준다.

[조언]

System에서 당점의 분류는 System마다 다르다는 것을 이해하고 있어야 한다.

12시 ~ 3시까지 4Tip으로 나누기도 하고,

12시 ~ 3시까지 3Tip으로 나누기도 한다.

어떤 경우는 12시 ~ 3시까지 30분 간격으로 6단계로 나누기도 한다.

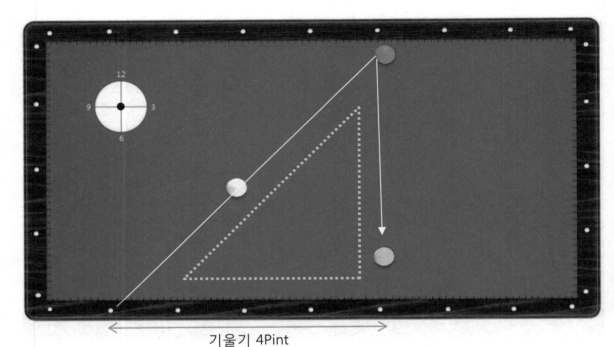

기울기 4Pint

위 도형은 기울기 4Point에서 중앙 당점 무Tip으로 1적구를 ½두께로 맞추었을 때 수구의 진로이다. 이 형태를 통해 ½두께 연습과 분리각에 대한 감각을 높여 나갈 수 있다.

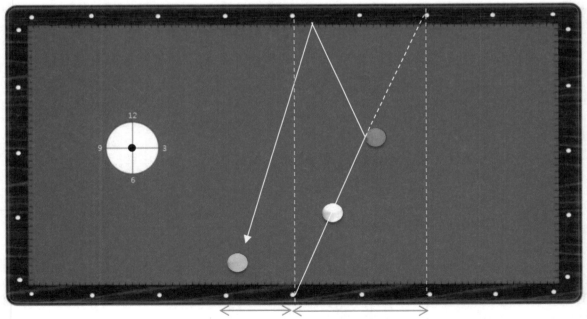

1Point 내려옴   기울기 2Pint

같은 두께와 당점으로 칠 경우, 수구와 1적구 Line을 연결한 기울기 2Point에서 치면 수구 출발점의 1Point 아래로 되돌아 온다.

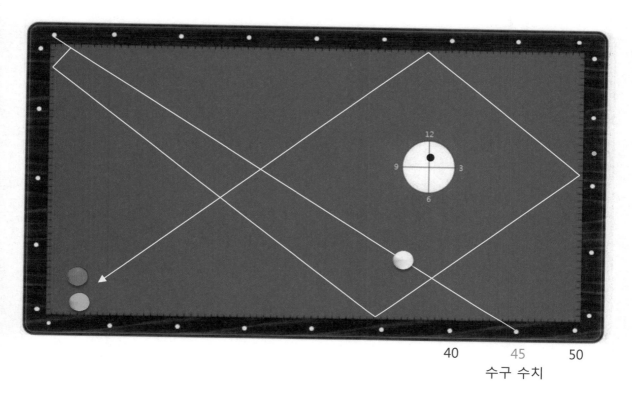

40　　　45　　　50
수구 수치

[알아두면 유용한 System]

수구 수치 45에서 상단 무회전으로 대회전 시켜 득점하는 도형이다.

Five & Half System과는 달리 무회전 Tip으로 각을 약간 길게 만드는 기본 도형이다.

강하게 치거나 중단 Tip을 사용하면 공이 짧아지므로 상단 부드러운 롱 샷을 구사해야 된다.

타법 : 상단 무회전 주고 대회전으로 돌리듯이 돌려주면 된다.

스피드 : 4레일~ 5레일

[조언]

위 도형의 득점 Point는 회전을 안주지만 회전을 주고 돌릴 때처럼 똑같은 감각으로 편하고 씩씩하게 스트록 하면 된다.

평소 수구 수치 40 ~ 45 위치에서 당점을 달리하며 공의 궤적을 살펴두면 경기에 도움이 될 수 있다.

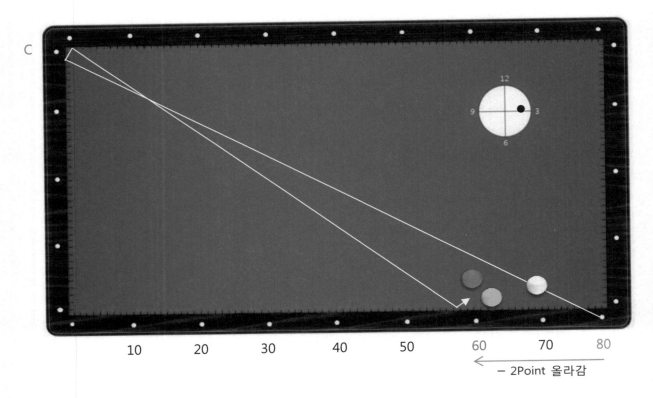

C

10 20 30 40 50 60 70 80

← 2Point 올라감

[알아두면 유용한 System]

코너 80에서 맞은편 코너를 치면 코너웍이 되면서 -20 지점인 60에 떨어진다.

평소 익혀두면 응용 가치가 많다, 연습을 통해 자신의 스트록 감각을 익혀 놓아야 한다.

타법 : 3시 3Tip 주고 횡 비틀기가 아닌 순 비틀기 샷을 하면 된다.

스피드 : 2레일

순 비틀기 : 회전을 준 상태에서 큐를 비틀어치지 않는다.

[조언]

위 도형의 득점 Point는 당점과 스트록이다.

예를 들어 최대 회전에 스트록까지 비틀어 치면 수구는 3쿠션 5.5Point 까지

올라간다. 따라서 회전은 3Tip으로 확실하게 도형처럼 공의 궤적이 될 수 있도록

스트록을 만들어야 한다.

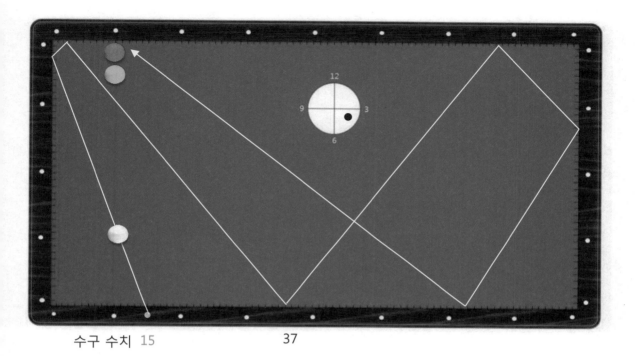

수구 수치 15   37

[알아두면 유용한 System]

수구 수치 15에서 코너를 치면 수구는 리버스 형태로 쿠션을 반대로 돌면서 선을 따라 맞은편 원 포인트까지 간다.

궤도를 알아두면 Line 권내에 있는 난구를 푸는데 활용할 수도 있다.

단, 위 궤도는 대대 보다는 중대에서 시도하는 것이 포지션이 정확하다.

타법 : 4시 방향 3Tip 다 주고 롱 스트록으로 부드럽게 큐를 끝까지 뻗어 주어야 한다.

[조언]

위 도형은 당구대 (중대)를 신설 또는 천갈이를 하고나서 쿠션 상태를 체크할 때, 쳐보는 공의 궤도이다. 위 도형 처럼 공이 진행된다면 쿠션이 정상적으로 작용하는 것으로 본다, 하지만 대대에서는 위 도형처럼 공의 궤적이 나오기는 쉽지 않다.

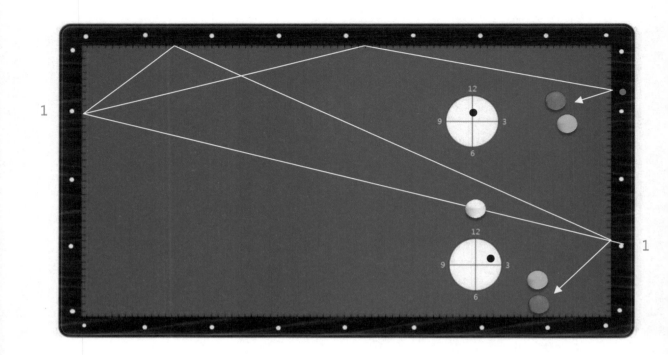

[알아두면 유용한 System]

원 포인트에서 2시 30분 방향 3Tip을 주고 대각선 원 포인트를 치면 출발 포인트인
원 포인트 부근으로 되돌아 오고,
같은 지점에서 무회전으로 같은 지점을 치면 우측 단쿠션 지점으로 간다.
외워두면 유용하게 활용할 수 있다.

타법 : 2시 3Tip 주고 순 비틀기 (횡 비틀기를 하면 더 짧아진다)

스피드 : 2.5레일

순 비틀기 : 회전은 살린 상태에서 큐를 비틀어치지 않는다.

[조언]
위 도형은 우측 단쿠션 1Point에서 맞은편 대각선 1Point를 치면 다시 출발 지점
1Point로 되돌아 오는 것을 나타낸 도형이다.

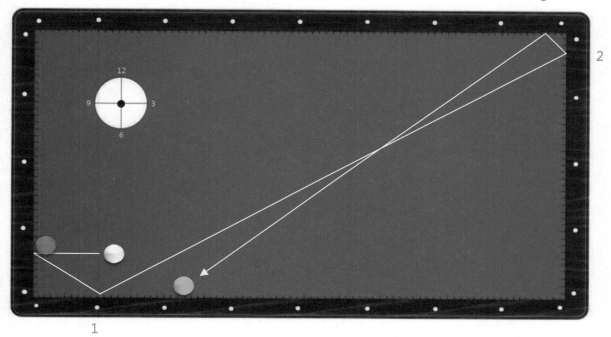

[알아두면 유용한 System]

무회전으로 가볍게 스피드를 주면서 안으로 돌리면 회전력 증가로 2 와 3의 코너를
돌면서 짧게 말려 2목적구 쪽으로 향하게 된다.

[조언]
빠른 잽 스트록을 할 때는 그립을 부드럽게 감싸주고 스트록과 동시에 그립을
잡아 준다.

더블 레일 System

두 개의 쿠션만을 이용해 3쿠션을 만드는

더블 레일 System은 고점자로 향하기 위한

필수적인 System이며, System에 따른

정확한 당점과 스트록이 요구된다.

이 책에 나오는 System을 기준으로

꾸준히 연습하면 누구나 더블 레일의

강자가 될 수 있다.

더블 레일 System

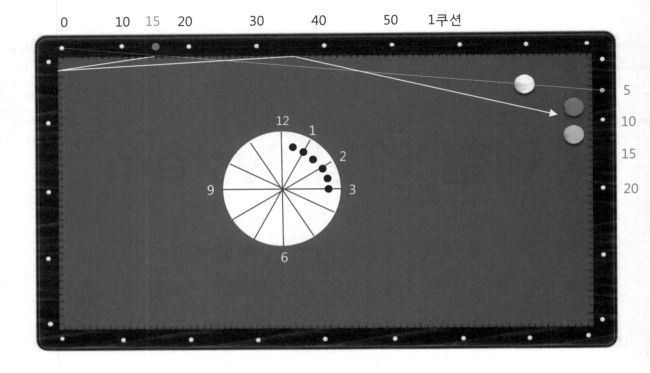

[해설]

Tip 수를 조절해 득점하는 또 다른 더블 레일 System 공식이다.

12시~ 3시를 기준으로 30분 간격으로 Tip을 6등분 했다.

그림처럼 수구 수치 5에서 목적구 10에 오게 하려면 5+10을 더해 15, 1시30분 방향에 Tip을 주고 치면 된다.

만일 수구 수치가 10에 있고 목적구 수치가 20이라면 10+20을 더해 30, 3시 방향에 Tip을 주고 치면 된다.

타법 : 회전을 정확히 준 상태에서 비틀어치기 없이 부드럽게 1쿠션을 향해 굴린다.

Point : 정교한 회전력이 필요할 때는 브리지와 수구의 간격을 좁혀야 한다.

계산법 : 수구 수치 + 목적구 수치 = 내가 주어야 할 회전 Tip

Tip : 아직 더블 레일 회전에 익숙하지 않다면 반Tip 정도를 더 주고 쳐도 상관없다.

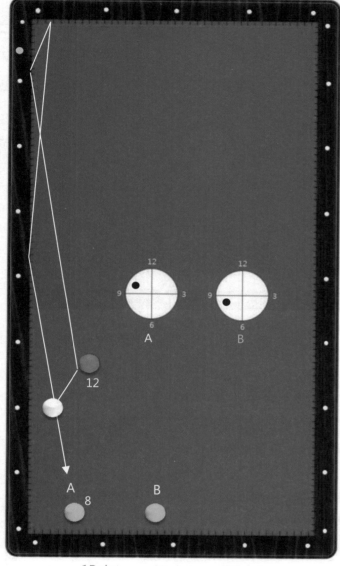

1Point   2Point   3Point

[계산 방법]

B의 경우는 2적구의 위치가 2포인트에 있다.
1적구 수치 (12) + 2적구 수치 (18)을 더하면 (30) 즉 30에 해당하는 당점은 9시이므로 9시 3Tip 다 주고 코너를 향해 부드럽게 굴려준다. (3Tip인 경우 약간의 비틀기가 허용된다)

중급자인 경우 회전 주기가 어려울 때는 + 0.5Tip 정도를 더 해주는 것도 하나의 좋은 방법이다.

[타법]

브리지를 짧게 하고 정확한 Tip에 집중해야 득점 확률을 높여 나갈 수 있다.

스피드 : 2레일

앞 페이지에서 말한 것처럼 수구의 수치와 2적구의 수치를 더해 해당하는 Tip을 주고 코너로 굴려주면 된다.
A의 경우 1적구의 위치는 1포인트가 넘고 2적구의 수치는 1포인트가 약간 안 된다
따라서 1적구 수치 (12) + 2적구 수치 (8)을 더하면 20이 된다.
20의 당점 위치는 10시 방향이므로 10시에 회전주고 비틀기없이 회전력만 최대한 살려 코너쪽으로 굴려주면 2목적구 쪽으로 갈 것이다.

더블 레일 System

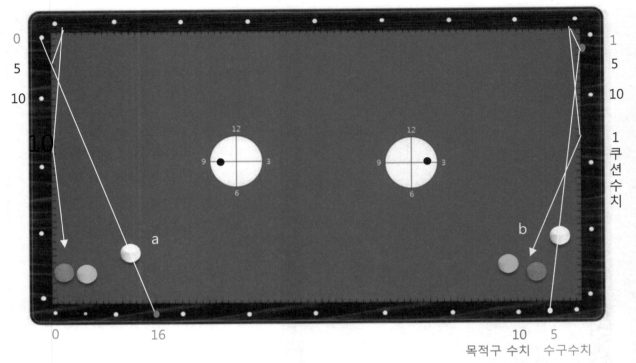

[해설]

아주 간단한 더블 레일 계산 방법이다

이 System을 활용하기 위해서는 사용 당구대의 수치를 먼저 알아야 하며,

자신에게 편한 3Tip 회전 습관을 일관되게 사용하면 된다. (15~18사이로)

코너에서 단쿠션 코너를 멕시멈 또는 3Tip으로 쳤을 때 도착 지점이 이 System의 기본

수치이다. 당구대에 따라 대략 15 ~ 18정도 된다.

a : 16에서 3Tip 역회전 주고 코너를 쳤을 때 위 도형처럼 0으로 간다면 0에서 코너를

치면 16으로 간다는 뜻이다.

b : 수구 수치가 5이고 목적구가 10이라면 수구 수치와 목적구 수치를 더한 수치를

16에서 빼면 내가 보내야할 1쿠션 수치가 된다.

계산법 : (16 – (수구수치 + 목적구 수치) = 1쿠션 수치

◆ 위 **16**이라는 수치는 **3Tip**으로 무리없이 칠 수 있도록 임의로 책정한 수치이다.

더블 레일 System

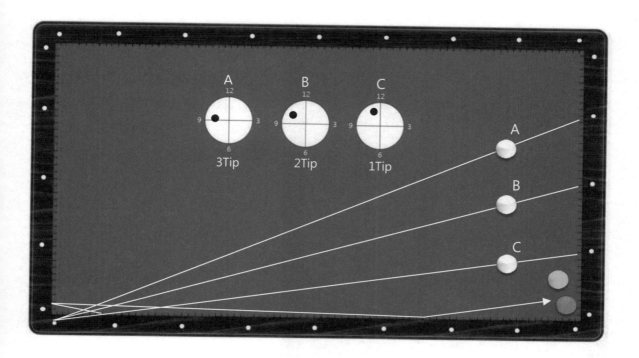

[해설]

수구의 Tip수를 조절해서 코너로 오게 하는 방법이다.

아직 더블 레일에 익숙하지 않은 중급자의 경우 이 방법을 이용해 더블 레일을 시도하면 된다.

단, 더블 레일의 경우 회전과 스트록에서 오차가 많이 발생할 수 있으므로 꾸준히 자신만의 스트록과 회전감각을 완성해야 한다.

A : 단쿠션 3Point에서 3Tip 주고 코너를 치면 코너로 온다.

B : 단쿠션 2Point에서 2Tip 주고 코너를 치면 코너로 온다.

C : 단쿠션 1Point에서 1Tip 주고 코너를 치면 코너로 온다.

타법 : 2레일 스피드로 빗겨치기 없이 순 비틀기로 회전을 부드럽게 최대한 살린다.

더블 레일 System

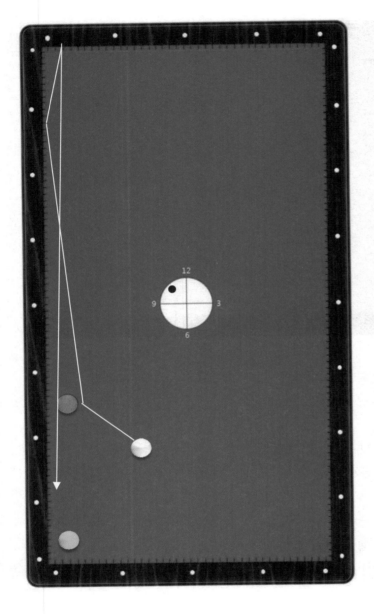

[타법]

10시 방향 3Tip 주고 약간 빠르게 1적구를 밀어치면 수구는 강한 스피드로 인해 회전을 크게 먹지 못하고 장쿠션을 타고 내려온다.

샷 요령은 큐 뒤를 부드럽게 잡고 회전은 살려주는 것이 요령이다.

1적구가 단쿠션에 같은 모양으로 있을 때도 마찬가지 방법을 구사하면 된다.

평소 연습을 통해 스피드를 익혀 두어야 한다.

[해설]

제각돌리기나 앞으로 돌리기가 쉽지 않은 도형이다.

해결 방법은 스피드 샷으로 더블 레일을 구사하면 된다.

당점 조절로 1적구를 부드럽게 다루는 것은 득점 확률이 아주 적다.

회전은 주되 수구가 회전을 많이 먹지 못하도록 스피드로 조절해야 한다.

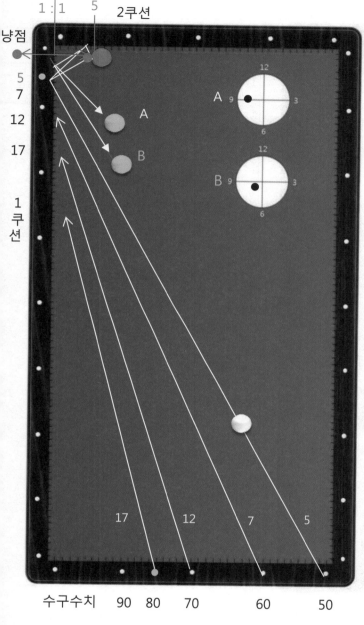

[2목적구가 A의 위치인 경우]

회전각이 짧을 때는 샷을 콤펙트
하게 구사해야 한다.

1. 9시 방향으로 3Tip 주고 1.5레
   일 스피드를 구사한다.

2, 공 한 개 통과하는 타법으로
   스트록과 동시에 큐를 살짝 잡
   아주면 쉽게 코너웍이 된다.

[제2목적구가 B의 위치인 경우]

아주 부드럽고 느린 샷을 구사하
여 수구의 급속한 꺾임을 방지해
야 한다. (타격감 없는 샷으로)

수구를 긴 각으로 만들기 위해서는
1. 7시 방향 중 하단 반 Tip을 준다.
2. 타격없는 샷 감각으로 1쿠션에
   천천히 굴려준다.
3. 1레일 스피드를 구사한다.

[해설]

위 도형은 경기 중에 자주 등장하는 1뱅크 되돌려 치기 세이퍼 System이다.

50 코너에서 칠 때를 기준으로 2쿠션 가상 수치가 5라면 1쿠션 같은 5를 치면 된다.

수구 위치가 10씩 길어질 때마다 1포인트당 좌측 도표 아래 표시처럼 더해주면 된다.

수구 수치 60에서 7 / 70에서 12 / 80에서 17을 쳐야 각각 2쿠션 5로 간다.

계산법의 기준은 1적구의 대칭지점인 겨냥점 ●지점을 향해 부드럽게 굴려 치는 것이다.

더블 레일 System

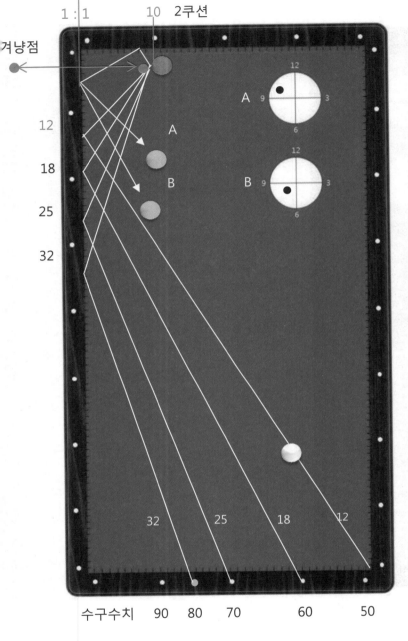

[2목적구가 A의 위치인 경우]

1. 10시 방향으로 3Tip을 준다.
2. 2레일 스피드로 길게 밀어치는 스트록을 구사한다.
3. 공 세개 통과하는 타법으로 1쿠션을 향해 길게 밀어쳐야 수구는 코너웍이 되면서 짧게 진행된다.

[2목적구가 B의 위치인 경우]

수구를 긴 각으로 만들기 위해서는 A와는 반대로,

1. 하단 7시 방향 1Tip을 준다.
2. 타격감 없는 스트록으로 1쿠션에 부드럽게 굴려준다.
3. 1레일 스피드를 구사한다.

[해설]

50 코너에서 칠 때를 기준으로 1적구의 2쿠션 가상 수치가 10이라면 1쿠션 12를 치면 된다.

수구의 수치가 10씩 길어질 때마다 1포인트당 좌측 도표 아래 표시처럼 더해주면 된다.

계산법의 기준은 1적구의 대칭지점인 겨냥점 ●지점을 향해 밀어 치는 것이다.

더블 레일 System

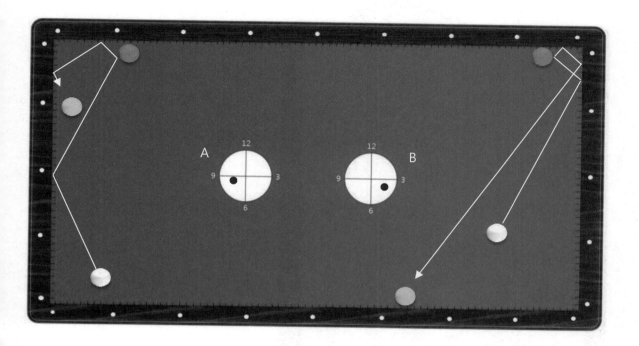

[해설]

일명 접시라고 많이 부르는 원 뱅크 역회전샷 도형이다.

그림 A와 B는 전혀 다른 공처럼 보이지만 내용은 같은 공이다.

주의할 점은 1적구가 너무 두껍게 맞지 않도록 해야 하며, 대신 가벼운 스냅 샷으로 스트록과 동시에 큐를 살짝 잡아주면 1적구가 얇게 맞더라도 수구는 꺾이면서 코너를 그린다.

스트록 : 공 한 개 통과하는 잡아주는 샷을 구사한다.

[조언]

위 도형의 득점 Point는 부드러운 스트록과 동시에 어느 순간에 그립을 잡아 주는가가 득점 Point이다.

짹 스트록 1단, 2단, 3단에 대한 의미를 생각해 보자.

더블 레일 System

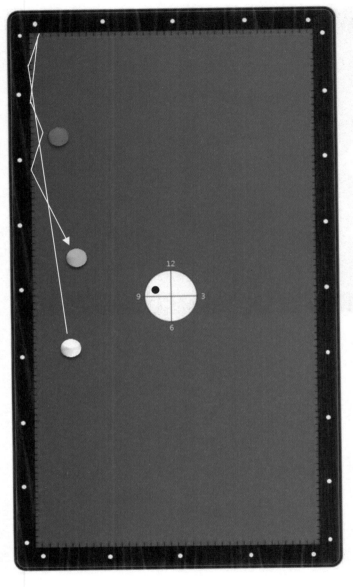

[타법]
중 상단 10시30분 방향에 3Tip 주고
순 비틀기로 1쿠션에 굴려준다

스피드 : 1.5레일

[해설]

빈 쿠션 더블 레일로 득점하는 도형이다.

공을 치는 기술보다는 선택이 잘 떠오르지 않는 장면이다.

이러한 경우를 대비해 평소 자신의 역회전에 대한 당점 연습을 해두는 노력이 필요하다.

더블 레일 System

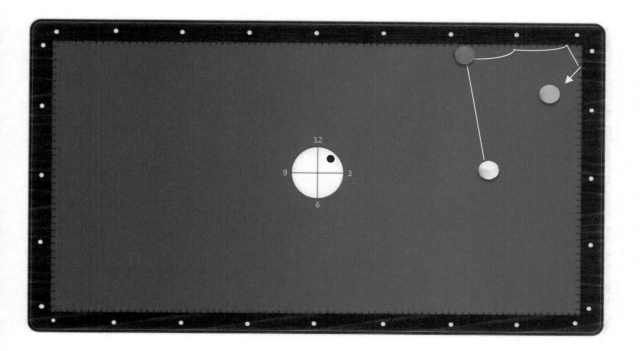

[해설]

파워 있는 종 비틀기 샷으로 한 쿠션을 두 번 바운드시켜 득점하는 도형이다.
생각보다 두껍게 쳐야 하며 빠르면서 부드러운 샷으로 큐를 길게 밀어치면 수구가 앞으로 나가려는 직진성에 의해 다시 한번 바운드가 된다.

타법 : 2시 방향 3Tip 주고 스피드한 종 비틀기 샷으로 빠르고 길게 밀어쳐야 한다.

[조언]

위 도형의 득점 Point는 극단적인 타점 설정과 빠른 스피드, 종 비틀기의 구질이
배합되어 만들어 내는 복합기술이다.
공을 밀어 내리는 쿠션의 성질과 강력한 종비틀기에 의해 앞으로 나가려는 공의
전진력이 만나 순간적으로 만들어 내는 화려한 기술이다.

더블 레일 System

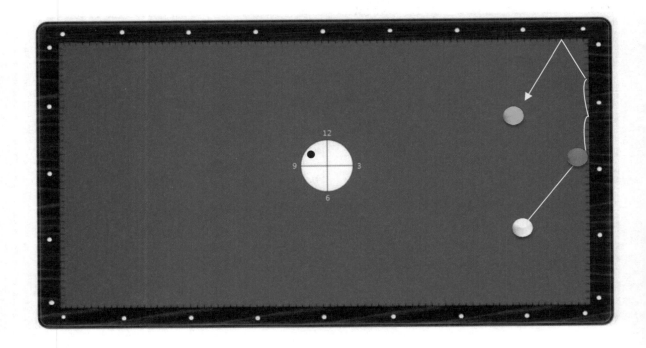

[해설]

1적구가 쿠션에 붙어있는 난구이다.

이 경우에는 강한 밀어치기 샷을 하는 것이 아니라, 짧은 스피드 샷을 해야 한다.

큐 뒤를 아주 가볍게 잡고 1적구의 거의 정면을 치면 당점에 의해 약간 오른쪽이 맞으면서 정확하게 득점하게 된다.

다시 한번 강조하면 스피드한 스트록이 구사 되어야 한다.

어깨에 힘이 들어가 있으면 생각보다 밀어치는 힘이 약화될 수 있다.

당점 : 10시 3Tip

[Point]

스트록을 강하게 하는 것보다는 브리지를 멀리하고 큐의 스피드를 최대한 빠르고 길게 뻗어주어야 득점할 수 있다.

더블 레일 System

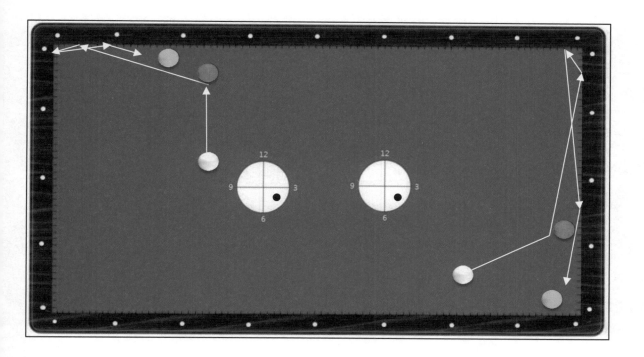

[해설]

밀어치면 절대 역회전이 먹지 않는 공이다.

이유는 공이 커브가 되면서 각도를 더 어렵게 만들기 때문이다.

4시 방향에 당점을 확실히 주고 두껍고 부드럽게 천천히 끌면서 밀어쳐야 한다.

상단 또는 중단에 당점을 주면 회전력이 급감될 수 있다.

타법 : 4시 30분 방향에 3Tip 다 주고 부드럽고 두껍게 끌면서 밀어쳐야 역회전이 끝까지
       살아 득점할 수 있다.

Point : 큐를 부드럽게 길게 밀어 주는 것이 핵심이다.

> **[조언]**
>
> 위 도형의 득점 Point는 길게 넣어주는 샷이다.
>
> 하단 해당 Tip주고 큐를 최대한 부드럽고 길게 넣어 주기만 하면 된다.
>
> 샷이 끊기면 공은 절대 3쿠션에 당지 않는다.

더블 레일 System

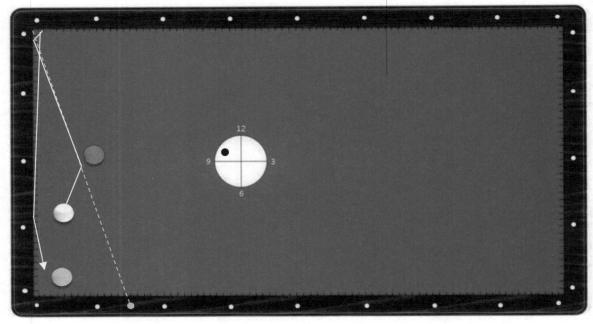

1.5Point

[해설]

1적구가 1.5Point Line안에 있을 때 득점할 수 있는 더블 레일 도형이다.

단쿠션에 맞지 않을 정도로 두껍게 밀어치기를 구사해야 회전이 살아난다.

1적구가 좌측 하단 1.5Point Line 안에 있을 때는 자신감을 갖고 큐를 길게 밀어 치면
된다.

타법 : 10시30분 방향 3Tip 다 주고, 회전을 끝까지 살리면서 횡 비틀기를 구사한다.

[조언]

위 도형의 득점 Point는 1적구가 좌측 상단 코너와 하단 장쿠션 1.5Point 내에 있는
가를 파악하는 것이고,

두 번째는 부드럽고 두껍게 밀어지는 샷을 구사 하는 것이다.

만일 당점을 하단에 주고 얇게 끌어치기 하거나 샷이 꿇기면 득점할 수 없다.

Reverse - and
리버스 & System

첫 번째 쿠션은 역회전으로 시작하지만
두 번째 쿠션부터는 제 회전으로 반전되면서
진행하는 System을 말한다.

리버스 & System에서 가장 중요한 것은
큐를 부드러우면서 길게 넘어주는 샷을 해야하며
특히 공을 맞추고 칠 때의 당점은 하단 당점을
반드시 사용해야 공의 구름 현상이 정확하다.

리버스 & System

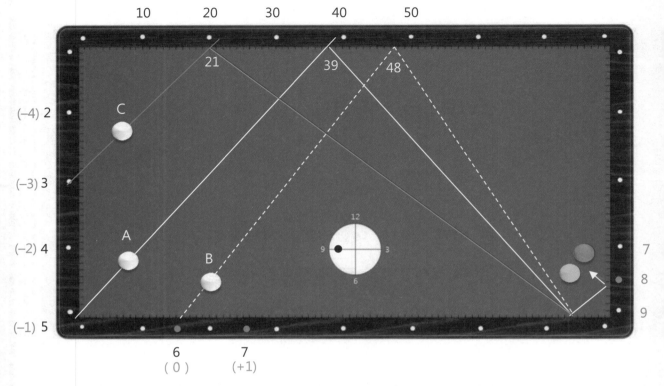

[해설]

리버스 & System의 기본 도형으로 목적구가 2, 3쿠션 원 포인트 이내에 있을 때 적용한다.

System상의 수치는 좌측 하단 코너 5(−1)를 기준으로 1Point씩 위로 길어질 때마다

보충수 (−1)씩을 추가 시켜 적용하고 우측으로는 1.5Point 지점이 6이 되며,

2.6Point 지점이 7이 된다. 보충수는 6지점이 (0), 7지점이 (+1)이 된다.

1쿠션 수치는 Five & Half System 수치가 적용 된다.

2쿠션 과 3쿠션 수치는 우측 하단 원 포인트를 기준으로 7, 8, 9로 반 포인트씩 계산된다.

A : (수구 수치 (5) × 3쿠션 수치 (8)) − 보충수 (−1) = 39

B : (수구 수치 (6) × 3쿠션 수치 (8)) − 보충수 (0) = 48

C : (수구 수치 (3) × 3쿠션 수치 (8)) − 보충수 (−3) = 21

계산 방법 : (수구수치 × 3쿠션 수치) − 보충수 = 1쿠션 수치

타법 : 역회전 4Tip 다 주고 타격감없는 샷으로 1쿠션을 부드럽게 부딪쳐 반사시킨다.

Point : 부드러운 샷으로 역회전을 최대한 살려주려면 아주 부드러운 샷을 해야 된다.

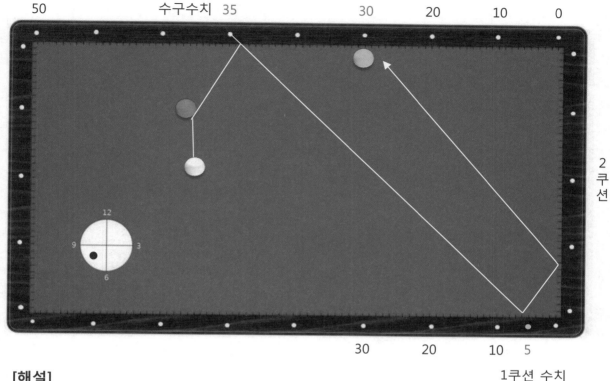

[해설]

Five & Half System 계산법을 이용해 리버스로 득점하는 도형이다. (35 - 5 = 30)

이 장면의 첫번째 Point는 8시 방향 3Tip을 주고 끝까지 회전을 살려주는 것이고,

두 번째는 2.5레일 롱 샷으로 아주 부드럽고 길게 밀어치는 것이다.

❖　당점을 중단 또는 상단에 주고 강하게 치면 회전력이 급감되어 절대로 위 도형과
　　같이 진행되지 않는다.

　　(큐 뒤를 새털처럼 가볍게 잡고 아주 부드럽게 끝까지 밀어주면서 끌어쳐야 한다)

[Point]

리버스 & 샷의 핵심은 회전을 많이주고 당점도 최대한 하단에 주는 것이다.

스트록은 큐를 부드럽고 깊게 끝까지 밀어주면서 끌어 주듯이 쳐야 한다.

많은 동호인들이 리버스 & 샷을 할 때 회전을 옆 단에 주고 강하게 스트록해 공이

급격히 짧아지는 광경을 많이 보았다.

연습을 통해 공의 구름 현상을 자세히 살펴보면 자신감을 갖게 된다.

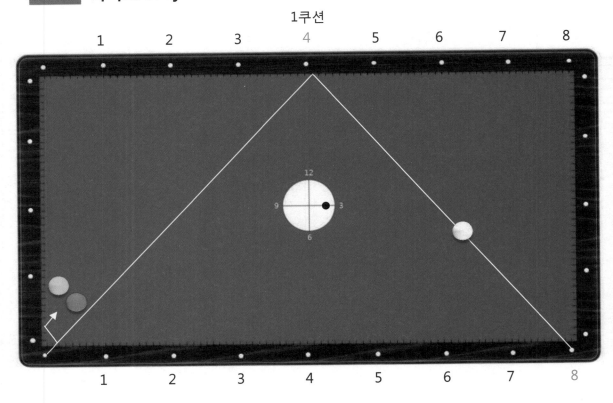

[해설]

수구 수치 8에서 3시 방향 역회전 3Tip 주고 4지점을 치면 역회전 영향으로 조금 짧아져 그림과 같이 진행된다.

스피드 : 1.5레일

타법 : 역회전 3Tip 다 주고 경쾌하게 1쿠션에 부딪쳐 반사각을 만들어준다.

[조언]

위 도형의 득점 Point는,

무회전으로 중간지점 4를 쳤을 때 좌측 하단 코너로 반사되는 System을 활용해 역회전을 주면 약간 짧아지는 것을 응용해 득점하는 것이다.

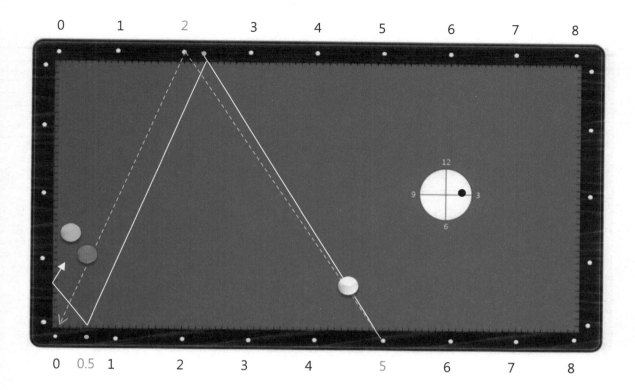

[해설]

앞 페이지에서 수구 수치 5에서 역회전 3Tip 주고 맞은편 2를 치면 좌측 하단 0으로
가는 것을 알게 됐다.

이 도형은 그 도형을 응용해 2보다 조금 짧은 2.25를 쳐서 득점하는 도형이다.

[Point]

수구 수치 2에서 2Point 아래인 상단 0을 치면 일직선으로 내려와 하단 0으로 오는
것과 수구 수치 8에서 절반인 4를 치면 하단 0으로 내려오는 것만 외워두면 수구 수치
1.5포인트에 1쿠션 1포인트씩 차이가 나는 것으로 외우면 간단하다.

> **[조언]**
> 위 도형의 득점 Point는 수구 수치 5에서 맞은편 2를 치면 좌측 하단 코너로 가는
> 역회전 System을 활용해 약간 짧게 수평 이동하여 득점하는 것이다.

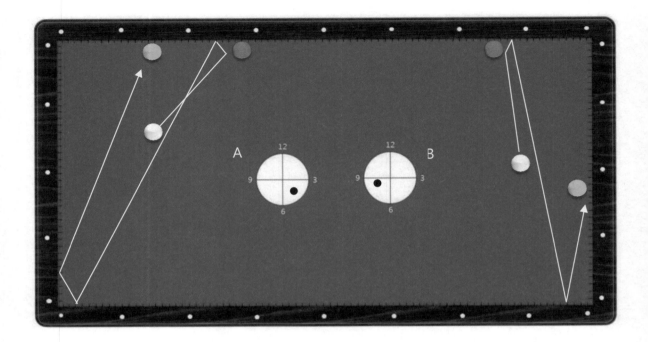

[해설]

1적구를 리버스로 끌어 득점시키는 도형이다.

A : 1적구를 두껍게 부딪치지 않고, 극 하단 4시 방향 3Tip 다 주고 1적구의 거의 정면을
　 끌어치면 1쿠션을 맞으면서 맞은편 코너로 끌려와 회전력이 살아 2목적구로 향하게
　 된다.

B 8시 방향 3Tip 주고 2목적구가 맞지 않을 정도의 두께로 부드러운 샷을 구사하면
　 된다.

　 (1적구를 맞추면서 샷에 잽을 넣어주면 2쿠션 진행후 반대 회전이 살아난다.

[Point]

A의 경우 1쿠션은 무시하고 1적구를 직접 끌어친다는 생각으로 거의 정면 끌어치기를
구사해야 수구가 1쿠션에 맞더라도 역회전이 살아있게 된다.

[조언]

위 도형 A의 득점 Point는 완벽한 끌어치기 샷으로 1적구를 끌어치기 해야 한다.

두껍게 치는 것만으로는 절대 2쿠션, 3쿠션에서 역회전이지 않는다.

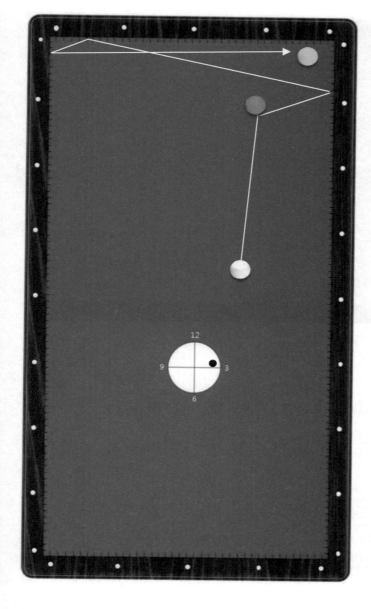

[타법]

큐 뒤를 가볍게 잡고 두껍고 길게 밀어쳐 수구의 역회전력과 직진성을 동시에 살려야 한다.

득점하지 못하는 대부분의 경우는 회전력이 부족하기 때문이다.

[해설]

고도의 타법을 구사해야 득점할 수 있는 도형이다.

3시 방향에 3Tip 다 주고 1적구를 두껍게 밀어치면서 횡 비틀기를 구사하면 수구의 직진성과 강력한 회전력으로 수구는 장쿠션을 맞은 다음 단쿠션 장쿠션 다시 단쿠션을 타고와 득점하게 된다.

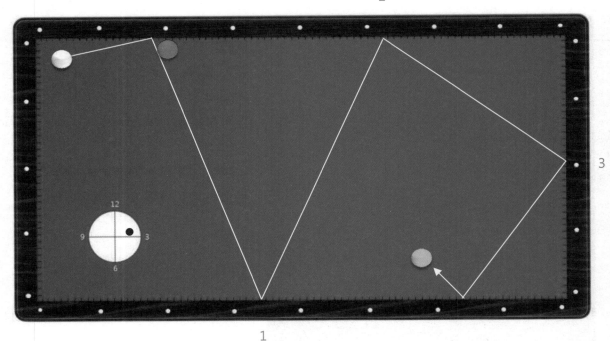

[해설]

리버스 & System을 이용하면 득점 가능한 공이다.

가장 중요한 것은 타법이다.

[타법]

타격감 없는 부드러운 롱샷으로 1의 지점까지만 걸어주면 공은 자연스럽게 2지점을 거쳐 3지점으로 향해 득점하게 된다.

단, 주의할 점은 공에 타격을 주지 않았기 때문에 너무 얇게 걸으면 안된다.

[조언]

위 도형의 득점 Point는 타격감 없는 부드러운 롱샷으로 길게 밀어치는 것이다.

큐 뒤를 새털처럼 가볍게 잡고 어느정도 두껍고 길게 밀어치면 수구는 끝까지 회전이 살아 리버스되면서 득점하게 된다.

리버스 & System

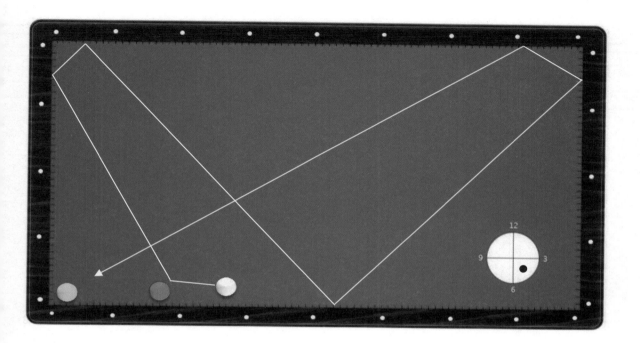

[해설]

1적구를 얇게 맞춰 스피드하게 앞으로 돌리면 3쿠션에서 리버스되면서 대회전으로
득점하는 도형이다.

내 공에 스피드를 주기 위해서는 1적구를 아주 얇고 경쾌하게 스트록해야 된다.

타법 : 4시 방향 3Tip주고 얇게 아주 얇게 맞추면서 스피드하고 경쾌하게 잘라치는
파워 샷을 구사한다.

당점 : 4시 방향 3Tip

[조언]

위 도형의 득점 Point는 아주 빠른 스피드 샷이다.

1적구를 얇고 빠른 샷으로 큐를 던져주면 수구는 늘어질 시간 없이 3쿠션, 4쿠션
5쿠션을 부딪치며 궤도를 그리면서 득점하게 된다.

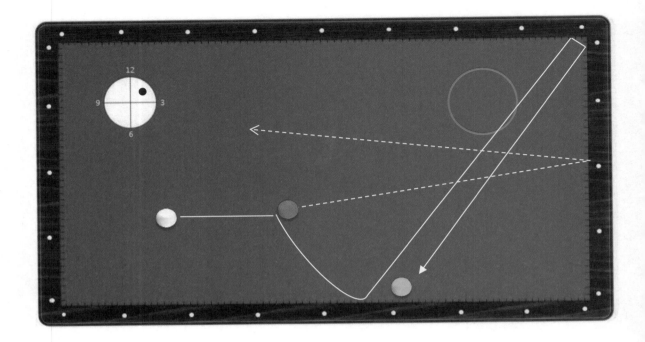

[해설]

위 도형은 1적구를 두껍게 밀어쳐서 백색점선 궤도로 1적구를 내보내고 수구는 천천히 진행하며 키스를 피해 득점하는 도형이다.

[타법]

큐 뒤를 아주 가볍게 잡고 종 비틀기로 확실히 밀어쳐야 큐볼이 커브를 그리며 득점 각이 만들어진다. 1적구를 얇게 치면 ○지점에서 키스가 날 확률이 높다.

[조언]
공을 잘 치려면 공을 부딪치는 감각을 익혀야 한다.
공을 부딪칠 때는 뻗어주는 팔로우 샷 1단에서 3단까지 결정하고 샷을 해야 한다.
공은 부딪치는 강도에 따라 반사각이 달라지며 늘어지기도 하고 말리기도 한다.

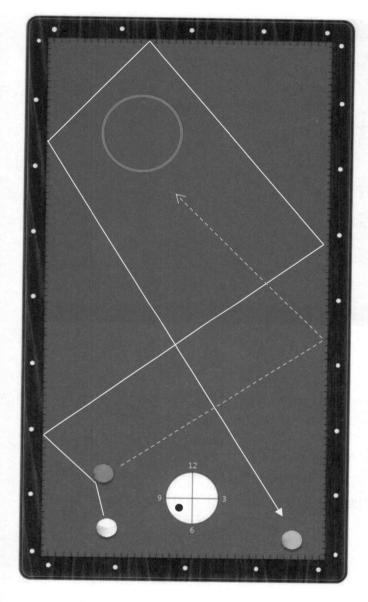

[타법]

8시 방향 3Tip 주고 스피드 하면
서도 부드러운 롱 샷으로 밀어
친다.

[해설]

뒤로 돌리기가 각이 없어 리버스로 돌리는 도형이다.

부드러운 롱샷으로 길게 밀어치면 쉽게 득점할 수 있다.

주의할 점은 약간의 스피드를 이용해 1적구보다 수구가 빨리 진행해야 한다.

스피드가 느리거나 1적구가 두꺼우면 ○지점에서 Kiss 날 확률도 있다.

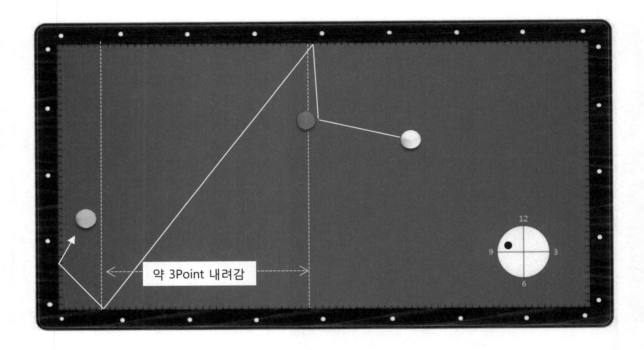

약 3Point 내려감

[해설]

수구에 3Tip을 주고 일직선상으로 가까이 보내면 3~3.5포인트 내려가는 것을 이용해 득점하는 도형이다.

무엇보다 중요한 것은 타격감 없는 샷을 구사해야 한다.

1목적구에 타격을 강하게 주면 공은 어디로 반사될지 모른다.

생각보다 얇게 치는 공이 아니며 빗겨치기를 가급적 억제하고 회전력으로 2쿠션 지점까지 보낸다.

타법 : 3쿠션은 생각하지 말고 1목적구를 타격감 없는 샷으로 부드럽게 부딪쳐 수구를 2쿠션 지점으로 보낸다.

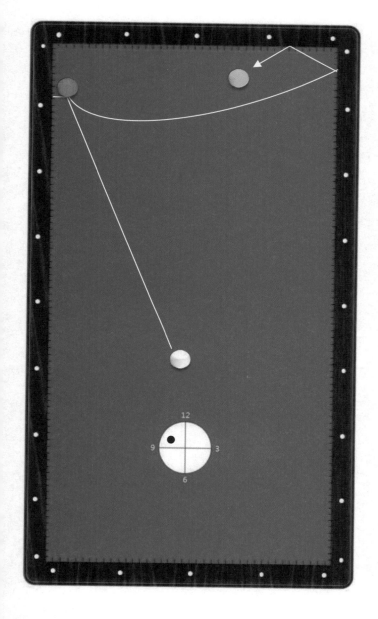

[타법]

큐 뒤를 아주 가볍게 잡고 1적구를 ⅔정도의 두께로 가볍게 밀어치면 된다.

[종 비틀기의 요령]

큐탑이 1적구에 닿는 순간 큐를 살짝 위로 치켜 올리면 공은 앞으로 나가려는 구질이 더 생긴다.

[해설]

부드러운 밀어치기 샷으로 득점하는 도형이다.

역회전 10시 30분 방향에 회전을 주고 부드럽게 밀어치면 수구는 1적구를 부딪치며 뒤로 나오려는 성질과 종 비틀기 밀어치기로 인해 앞으로 나아가려는 직진성이 만나 곡구를 그리며 득점하게 된다.

걸어치기 System

다양한 형태로 전개되는 걸어치기 System은
다 득점으로 연결하기 위한 필수 System 이다.

특히 2점제 경기에서 승리 하려면
다양한 걸어치기 형태를 풀어 나가야 한다.

뒤로 걸어치기 System

삼각 측정법을 이용해 1쿠션 지점 찾는 방법

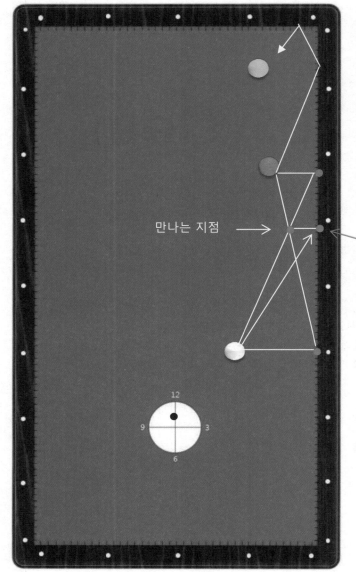

만나는 지점 →

[타법]
삼각 측정법은 무회전으로 계산되
는 것이 원칙이므로,
회전을 줄 경우에는 미세하게 짧게
조정해서 쳐야 한다.
또한 1적구를 끌기위해 스피드를
높일 때는 1쿠션 지점을 보정해서
조금 더 긴 지점을 쳐야 한다.

[1쿠션 지점]
(만나는 지점의 맞은 편)

[Tip]
삼각측정법 원리를 이해하면 구멍
치기는 물론 앞으로 걸어치기 등
1적구를 정확히 맞추는데 다양하
게 활용될 수 있다.

[해설]

위 도형처럼 걸어치기에서 삼각 측정법을 이용하면 쉽게 1쿠션 지점을 찾을 수 있다.

1. 수구와 1적구의 맞추어야 할 지점의 맞은편 쿠션과 선을 긋는다.
2. 수구의 맞은편 지점을 선을 긋는다.
3. 1적구의 맞추어야 할 부분과 수구의 맞은편을 선을 긋는다.
4. 이 때 두 선이 만나는 지점의 맞은편이 1쿠션 지점이 된다.

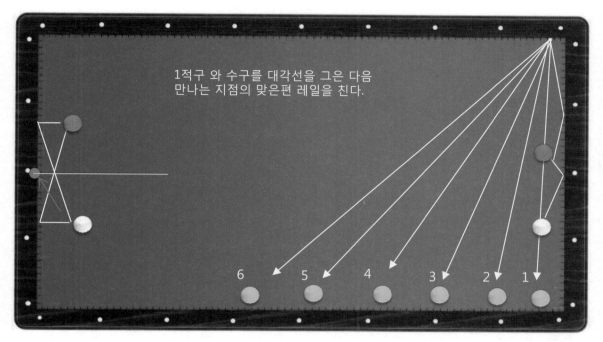

1적구 와 수구를 대각선을 그은 다음
만나는 지점의 맞은편 레일을 친다.

[구멍치기의 기본]

[해설]

1. 회전을 – 2Tip 주고 큐 뒤를 약간 들고 (Up shot) 구멍 깊숙이 부드럽게 밀어 넣는다.

2. 회전을 – 1Tip 주고 큐 뒤를 가볍게 잡고 깊숙이 부드럽게 천천히 밀어 넣는다.

3. –반Tip 주고 부드럽게 깊숙이 밀어넣는다. (강하게 치면 방향성이 어려워 진다)

4. 10시 방향 2Tip 주고 평범하게 밀어넣는다. (자연각으로 치면 된다)

5. 9시 방향 3Tip 주고 두껍게 밀어넣는다.

6. 8시 방향 3Tip 주고 스냅 샷으로 살짝 끌면서 밀어 넣는다.

[스냅 샷]

스피드를 주면서 1쿠션을 살짝 끌면서 밀어 넣으면 순간 끌림 현상으로 각을 형성하게
된다.

쿠션을 강하게 끌면 많이 끌리고 적당히 끌면 보통으로 끌리므로 평소 스냅의 정도를
연습해야 한다.

걸어치기 1쿠션 지점 계산하는법

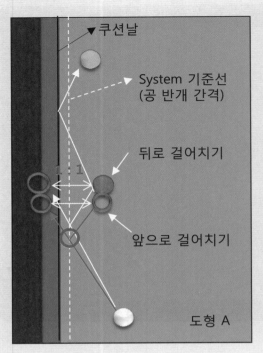

쿠션날

System 기준선
(공 반개 간격)

뒤로 걸어치기

1 : 1

앞으로 걸어치기

도형 A

[해설]

흔히 구멍가락 또는 빵구라고 부르는 뒤로 걸어치기 1쿠션 지점 계산하는 법이다.

이 도형은 경기 중에 수없이 등장하는 패턴으로 특히 2점제를 선호하는 동호인님께서는 이 기회에 반드시 배우고 넘어가야 한다.

걸어치기에서 중 하급자님들이 실수하는 두 가지 사례를 보면,
첫 번째는 공을 너무 세게 쳐서 부정확한 것이고,
두 번째는 기준선 개념을 아직 모르기 때문이다.

걸어치기에서 가장 중요한 것은 기준점인데 대부분 중 하급자님들의 경우 기준점을 쿠션날로 정하고 미러(거울)법칙을 활용하는 경우를 흔히 볼 수 있는데,
공의 크기로 인해 공의 반지름 만큼 오차가 생긴다는 것을 미처 생각하지 못했기 때문이다.
(공 직경은 $61.5mm \times ½ = 30.75mm$)
❖ 도형 B를 보면 ●지점을 향해 친 공이 쿠션에 미리 맞는 현상을 알 수 있다.

[해결 방법]

1. 쿠션날로부터 공의 반지름 만큼 떨어진 곳을 기준선으로 정한다,
2. 기준선을 중심으로 1적구와 1 : 1 대칭되는 지점에 ○이미지볼을 만든다.
3. 공을 두껍게 맞추어야 할 때는 이미지볼의 중앙 적색점●을 향해 친다.
4. 공을 얇게 맞추어야 할 때는 이미지볼의 안쪽 검은점●을 향해 친다.
5. ○처럼 수구가 공의 크기로 인해 1쿠션에 먼저 맞는다는 점을 기억한다.

❖ 타법은 약 3~ 4레일 정도 스피드에 중 상단 3Tip 주고 치면 된다.

❖ 같은 방법으로 회전없이 치면 조금 더 두껍게 맞는다.

❖ 앞으로 걸어치기일 경우에는 도형 A처럼 똑같은 방법으로 이미지볼 위치만 1적구에 맞아야할 지점으로 기준삼아 대칭 지점을 만들고 똑같은 방법으로 해결하면 된다.

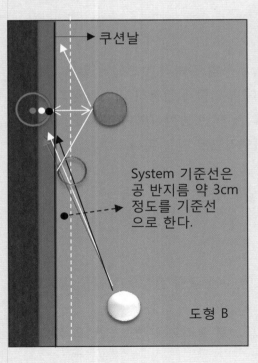

쿠션날

System 기준선은 공 반지름 약 3cm 정도를 기준선으로 한다.

도형 B

뒤로 걸어치기 System

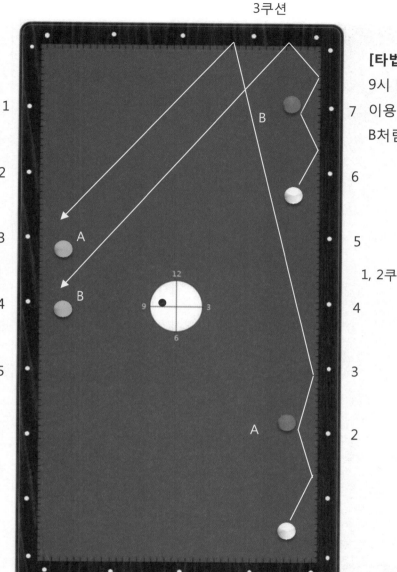

3쿠션

[타법]

9시 방향 3Tip주고 약간의 스냅을 이용해 평범하게 밀어 넣으면 A와 B처럼 분리각이 형성된다.

1, 2쿠션

[해설]

원 쿠션 구멍 걸어치기 도형이다.
수구 위치 A지점과 B지점에서의 차이점을 나타낸다.

수구 수치가 1적구와 일렬로 배치되어 있는 경우,
A 지점에서 자연스럽게 칠 경우 대략 좌측 장쿠션 3포인트 지점으로 가고,
B 지점의 경우는 대략 4 ~4.5 Point 지점으로 진행된다.

이 도형을 참조해서 4쿠션 지점을 알아 두면 자신감을 갖게 된다.

뒤로 걸어치기 System

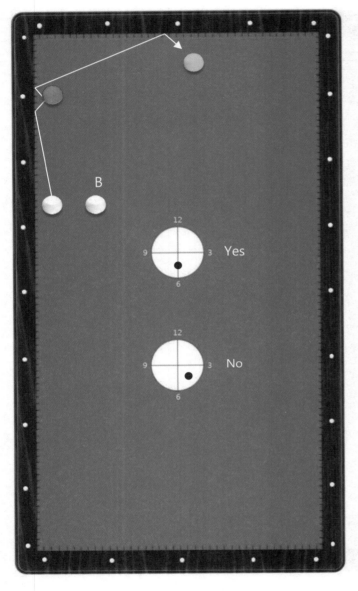

[타법]

하단 무회전으로 짧은 스냅 샷으로 쿠션을 끌면서 밀어 넣는다.

[해설]

뒤로 걸어치기로 득점하는 도형이다, 요령만 알면 아주 쉬운 공이다.

하단 무회전으로 1쿠션을 살짝 끌어 준다는 느낌으로 스냅을 주면서 밀어 넣으면 쉽게 득점하게 된다.

득점에 실패하는 경우는 무작정 두껍게 밀어 넣거나 우측에 회전을 주기 때문이다.

만일 수구가 B지점에 있을 경우에는 이 공을 선택하면 안 된다.

뒤로 걸어치기 System

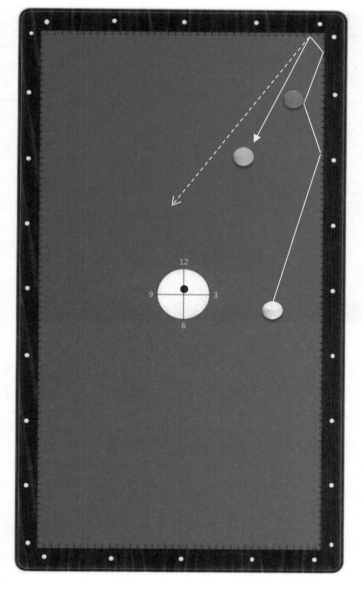

(득점을 위해 먼저 생각할 점)

1. 1쿠션에서 1적구를 맞추고 2목적구로 향하려면 공의 구름 현상이 어떻게 될 것 인가를 먼저 판단해야 한다.

2. 두 번째는 1쿠션을 아주 부 드럽게 부딪쳐야 한다. 1쿠션이 마치 와인잔이라 생각하고 깨지지 않게 아주 부드럽게 굴려 자연스러운 반사각을 이용한다.

3. 얇게 걸어치는 것보다 더 중 요한 것은 부드럽게 굴려 넣 는 것이다.

[해설]

일반적인 샷을 하면 분리각의 원리와 구름 관성의 법칙에 따라 점선 궤도로 빠지기 쉬운 도형이다.

타법 : 굴리는 샷으로 1쿠션에 아주 부드럽게 입사시켜 자연스러운 반사각으로 친다 너무 강하게 넣으면 정확도가 떨어진다.

뒤로 걸어치기 System

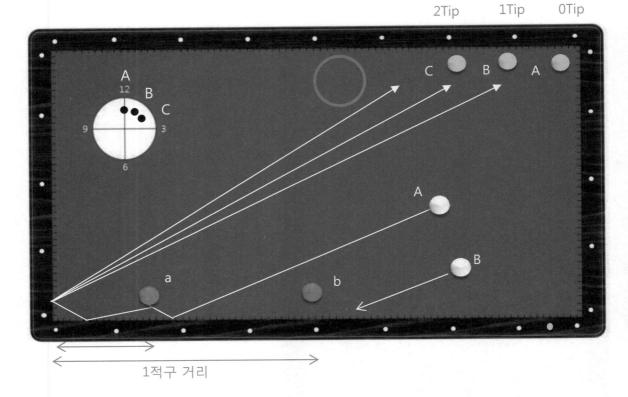

[해설]

평범하게 샷을 구사하면 ○지점으로 대부분 수구가 진행되기 쉽다.

수구 위치 A에서 수구를 길게 늘어뜨리는 해결방법은 비교적 어렵지 않다.

1적구가 코너에서 가까운 a 타입의 경우에는 상단 Tip 주고 부드럽게 롱 샷을 해주면 수구가 좌측 단쿠션에 맞는 순간 회전을 먹지 못하고 바로 튀어나와 길게 공이 내려오는 원리이다.

(스트록과 동시에 적당히 잽을 넣어주어도 수구를 길게 내려오게 할 수 있다.)

1적구가 코너에서 먼 b타입의 경우에는 부드러운 스트록으로 공을 천천히 맞을 만큼 쳐서 굴려 넣어야 한다.

Point : A타입은 스트록에 잽을 사용하여 회전량을 조절하고,
B타입은 천천히 굴려 치는 샷으로 회전량을 조절한다.

뒤로 걸어치기 System

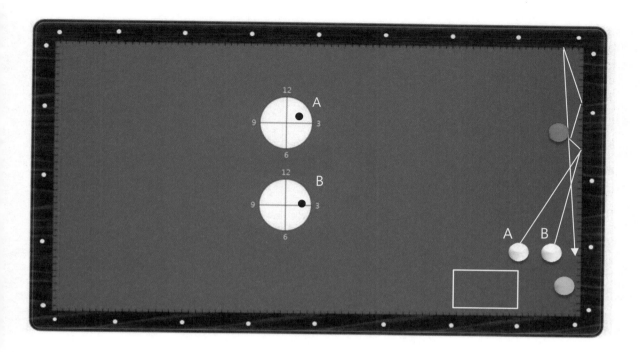

[해설]

위의 그림에서 수구의 위치가 A 지점에 있다면 누구나 쉬운 공이라 생각할 것이다.

3시 Tip에 구멍 깊숙이 밀어 치기만 하면 수구는 쉽게 2목적구 쪽으로 진행되기 때문이다.

하지만 수구가 B의 위치에 있다면 상황은 많이 달라진다, 아마 □ 지점으로 진행되기 쉬울 것이다.

따라서 B의 경우에는 약간 Up Shot (큐 뒤를 들어주는 샷)을 해야 하며 역회전을 충분히 주고 최대한의 깊은 곳을 찾아 부드럽게 큐를 길게 밀어쳐야 득점할 수 있다.

[조언]

위 도형의 득점 Point는 1쿠션의 위치 선택과 회전력을 살려 주는 것이다.

1적구가 두껍게 맞지않도록 해야 하며, 만일 회전력이 더 필요할 경우에는 큐 뒤를 살짝 들어 주면 회전을 더 살려줄 수 있다.

뒤로 걸어치기 System

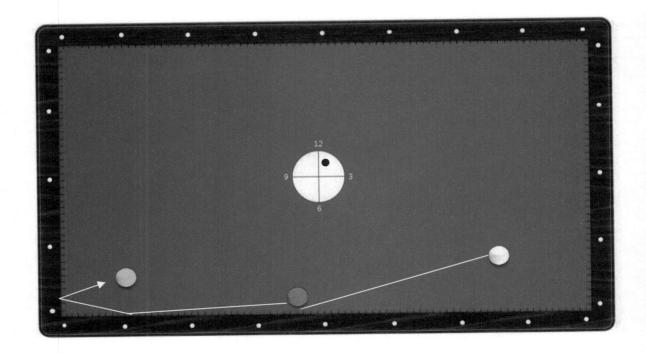

[해설]

1적구가 쿠션에 근접해 있어서 없는 공으로 판단할 수 있는 도형이다.

이 경우에 가장 중요한 것은 1적구를 최대한 두껍게 맞춰 밀어치기로 밀고 들어가면 된다.

공을 정면 가까이 맞출 수 있는 지점을 정확하게 찾아 부드러운 롱샷으로 최대한 밀어치면 수구는 1쿠션을 다시 한번 타면서 득점할 수 있다.

타법 : 무회전 상단 Tip 주고 부드러우면서 길게 밀어치는 타법.

[조언]

위 도형의 첫 번째 득점 Point는 최대한 깊은 지점을 치도록 집중하는 것이고,
두 번째는 부드럽게 큐를 길게 넣어주어야 한다.

뒤로 걸어치기 System

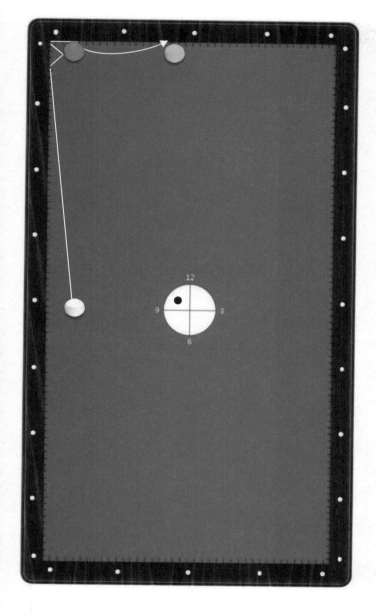

[타법]

부드러운 타법으로 밀어친다.
구멍 깊숙이 밀어 넣어야하며
너무 강하게 치면 안된다.

[해설]

1적구가 공 한 개 간격이 안되게 단쿠션에 붙어 있는 도형이다.

10시 30분 방향 3Tip 주고 부드럽고 길게 밀어넣으면 수구는 역회전과 직진성 영향으로
단쿠션을 계속 타고 굴러가 쉽게 득점할 수 있다.

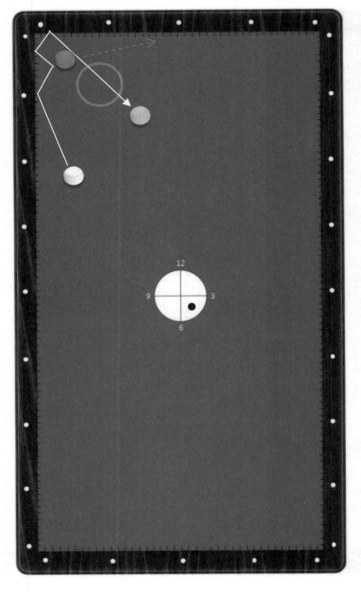

[Point]

1적구가 평범하게 맞으면 ●지점
에서 Kiss 위험이 있다.

[해설]

실전에서 자주 나오는 도형이다 조금만 방심하면 1적구는 단쿠션을 맞고 2목적구와
충돌을 하게 된다.

해결방법 : 1목적구의 두께를 무조건 얇게 맞춰 ↗ 방향으로 보내야 한다.

스냅샷으로 얇고 빠르게 끄는 타법을 구사하면 쉽게 해결할 수 있다.

뒤로 걸어치기 System

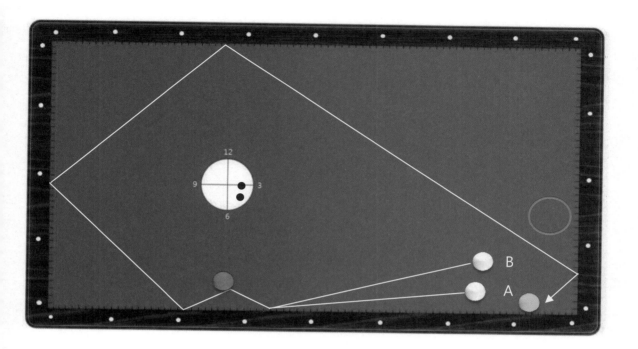

[해설]

위 그림은 뒤로 구멍치기의 장면이다 수구의 위치가 A인 경우에는 누구나 쉽게 득점이
가능할 것이나,

B의 경우는 ○의 지점으로 수구가 길게 가는 경우가 많을 것이다.

[해결 방법]

첫 번째 방법은 1쿠션 지점을 강력한 파워와 함께 빠른 속도로 잡아주는 타법으로 쿠션
을 부딪쳐 순간 반발을 이용해 2쿠션에서 꺾이게 만드는 방법이 있고,

두 번째 방법은 1쿠션을 스냅을 이용해 순간 스피드로 쿠션을 끌어 각을 만드는
방법이 있다.

[조언]

위 도형의 득점 Point는 위 두 가지 방법 중 한가지 방법을 확실하게 결정하고 샷을
해야 한다, 평범한 샷으로는 길게 빠지게 된다.

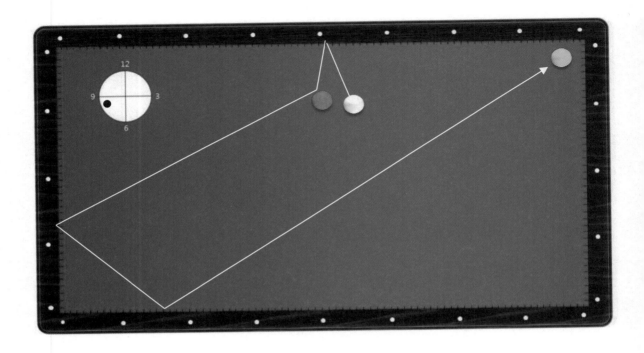

[해설]
위 도형은 1적구와 수구의 거리가 너무 가까워서 제각 돌리기 또는 뒤로 돌리기가 어려운 형태이다.
이러한 경우에 선택할 수 있는 공은 뒤로 걸어치기가 있다.

하단 멕시멈 회전으로 아주 부드럽게 타격감없는 스트록을 구사해야 한다.
스트록이 강할 경우 1쿠션 이후 회전력이 사라질 수 있으므로 최대한 부드러운 스트록으로 회전력을 살리는 것이 득점 포인트이다.

타법 : 하단 3Tip주고 1쿠션을 부드럽게 끌어치듯이 부드러운 롱샷을 한다.

[쪼언]
위 도형의 득점 Point는 1적구를 얇게 걸어쳐야 하는 것이고, 두번째는 회전력을 끝까지 살리기 위해 부드러운 스트록을 구사하는 것이다.

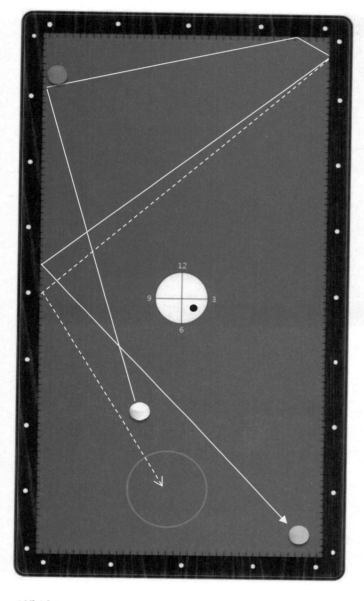

[Point]

1적구를 다 맞춘다는 생각으로 깊이 걸어쳐야 한다.

아스트로 쿠션이나 국제식 당구대에서는 쿠션의 반발력과 스쿼트로 인해 조금만 얇게 겨냥해도 1적구가 맞지 않거나 대부분 얇게 걸리는 현상을 경험했을 것이다.

[해설]

위 도형은 스피드한 던져치기 샷으로 득점하는 장면이다.

생각보다 수구의 위치가 쳐져 있어 자칫하면 백색점선처럼 ○지점으로 가기 쉽다.

두껍게 걸어치기 하더라도 스피드가 약하면 3쿠션에서 공은 길게 늘어진다.

따라서 공이 한 템포 쉬었다 가게 해서는 안 된다. 스피드한 던져치기 샷과 동시에 그립을 살짝 잡아주면 수구가 늘어지는 것을 방지할 수 있다.

앞으로 걸어치기 System

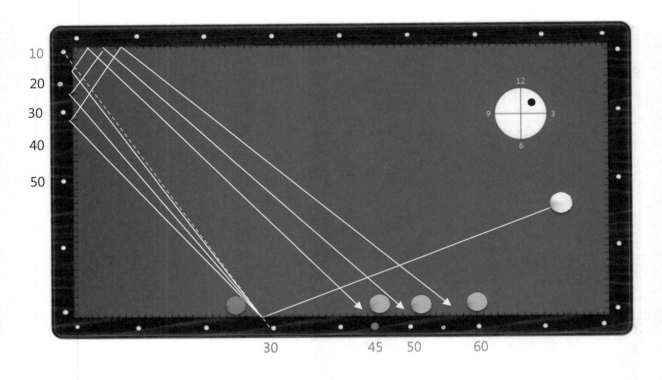

[해설]

원 쿠션 앞으로 걸어치기 계산법은 Plus System을 적용하면 된다.

예를 들어 수구의 출발점인 30에서 빈쿠션으로 상단 왼쪽 코너 10을 치면 45로 내려가고, 반 포인트 지점인 20으로 보내면 50으로, 원 포인트 지점인 30으로 보내면 60으로 내려 간다.

계산법 : 3쿠션 수치 – 수구 수치 = 1적구를 보내야 할 지점(수치)

Tip : 2시 방향 3Tip

타법 : 부드럽게 밀어 치면서 굴리는 타법
큐를 비틀어 치면 조금 짧아진다.

[조언]

위 도형의 득점 Point는 Plus System 계산법을 정확하게 확인하고 해당되는 2쿠션 지점에 수구를 정확히 보내는 것에 집중해야 한다.

앞으로 걸어치기 system

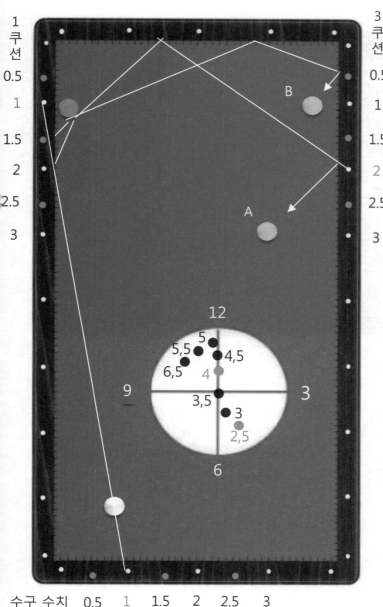

1쿠션
0.5
1
1.5
2
2.5
3

3쿠션
0.5
1
1.5
2
2.5
3

12
5
5,5
4,5
6,5
4
9   3
3,5
3
2,5
6

수구 수치   0.5   1   1.5   2   2.5   3

[타법]

당점 수치가 낮을수록 약간의
강한 스피드 샷이 필요하며,

당점 수치가 높을수록 타격감
없는 부드러운 샷으로 천천히
굴리는 샷을 해야 한다.

본 도형을 기준으로 각자 자신
만의 타법을 꾸준히 익혀 당점
위치를 정립해 나가야 한다.

[계산법]

A : 1쿠션 수치 + 3쿠션 수치
       + 수구 수치 = 당점 수치
       (1 + 2 + 1 = 4)

B : 1쿠션 수치 + 3쿠션 수치
       + 수구 수치 = 당점 수치
       (1 + 0.5 + 1 = 2.5)

[해설]

위 도형은 앞으로 걸어치기 기본 도형이다.
포인트는 각각 0.5 포인트 간격으로 되어 있다.
당점 수치가 높을 때와 당점 수치가 낮을 때 각각 다른 타법을 구사해야 한다.

앞으로 걸어치기 System

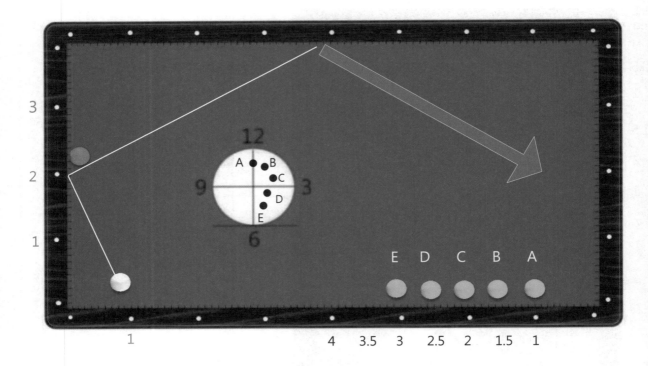

[해설]

단.장.단 앞으로 걸어치기 기본 공식이다.

수구 수치는 장쿠션 1Point이고 1적구는 단쿠션 2Point에 있다 (장쿠션 : 단쿠션 2 : 1)

(수구가 어디에 위치하든 장쿠션 단쿠션 비율 2 :1이면 이 공식을 채택한다.

[2목적구의 위치에 따라 당점을 달리하여 치는 공식]

A : 상단 무회전

B : 상단 1Tip

C : 중 상단 2Tip

D : 중 하단 2Tip

E : 하단 2Tip을 주고 각각 치면 된다.

타법 : 부드러운 스트록으로 자연 분리각을 이용하며 당점에 의해 각을 조절한다.

앞으로 걸어치기 System

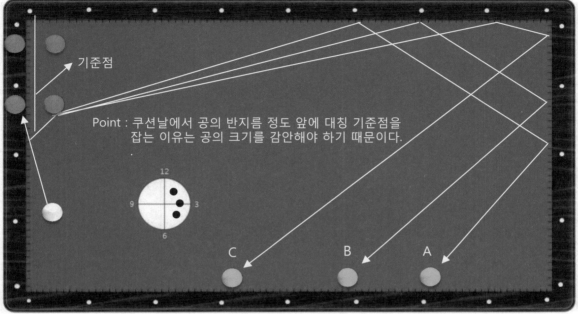

1 : 1

기준점

Point : 쿠션날에서 공의 반지름 정도 앞에 대칭 기준점을
잡는 이유는 공의 크기를 감안해야 하기 때문이다.

12
9   3
6

C   B   A

[해설]

위 도형처럼 앞으로 걸어치기 할 때는 미러 (거울)System을 이용하면 된다.

기준점을 잡을 때는 쿠션날이 아닌 쿠션날로부터 공의 반지름인 약 3cm 정도를 기준으로 1적구와 대칭되는 지점에 이미지볼을 만들고 그 이미지볼을 향해 치면 된다.

Point : 기준점(쿠션날에서 3cm 떨어진 지점)을 중심으로 1적구와 대칭되는 지점에 가상의 이미지볼을 만들어 그 이미지볼을 향해 치는 것.

A : 타격감 없는 부드러운 타법으로 스트록과 동시에 큐를 놓아주면 공은 짧게 말려 A지점으로 가고,

B : 보통의 타격으로 가상의 목표를 향해 평범하게 쿠션을 부딪치며 굴려주면 B지점으로 간다.

C : A, B와 같은 가상의 적구를 치지만 타격과 동시에 큐를 살짝 잡아주면 길어져 C지점으로 간다.

❖ 스트록과 동시에 큐를 더 강하게 잡아주면 더 길게 떨어뜨릴 수 있다.

❖ 다시 한번 강조하면 이미지볼을 만들기 위한 대칭 기준점은 쿠션날보다 약 3cm 앞이어야 한다. 만일 쿠션날을 대칭 기준점으로 잡으면 공 반 개 만큼 짧아질 수 있다.

앞으로 걸어치기 System

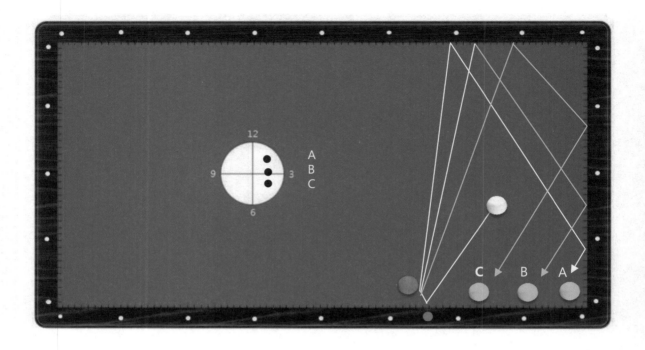

[해설]

당점을 이용해 앞으로 걸어치기 하는 기본도형이다.

가장 중점적인 것은 당점의 상 중 하이다.

하단을 주면 공이 꺾여 C의 지점으로 가고,

중단을 주면 B의 지점으로 간다.

상단을 주고 약간 밀어치면 완만한 각을 만들면서 A가 있는 코너를 향하게 된다.

Point : 제일 먼저 ●지점을 확실히 익혀야 하며 부드러운 타법으로 1쿠션을 부딪쳐
야 한다.

[조언]
위 도형처럼 뱅크 샷으로 안으로 걸어치기 할 경우 회전을 하단에 주면 꼴리고
상단에 주면 완만하게 밀리면서 긴 각이 형성 된다

투쿠션 걸어치기 System

2쿠션 지점

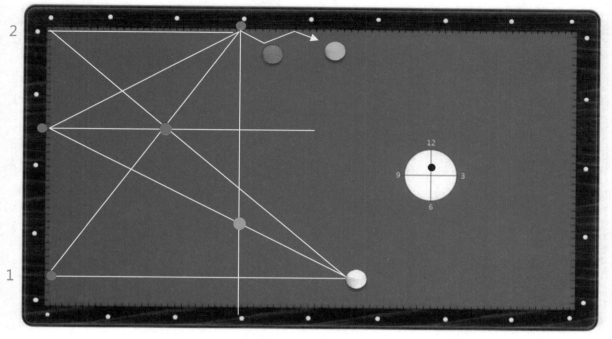

[삼각법으로 1쿠션 지점을 찾는 방법]

먼저 수구와 단쿠션 일직선 Line을 그려 1지점을 만들고,

2쿠션 지점과 단쿠션 일직선 Line을 그려(백색선) 2지점을 만든다.

다음은 2쿠션 지점과 1번 지점을, 수구와 2번 지점을 대각선으로 연결해 만나는 지점의

마주보는 단쿠션을 치면 된다.

도표를 보면 정확하게 ●지점의 중간 지점이 되는 것을 알 수 있다.

[조언]

모든 걸어치기에서 삼각 측정법을 활용하면 정확히 1쿠션 지점을 알아낼 수 있다

하지만 스트록의 강약에 따라 그 위치를 약간씩 보정해 주어야 한다

투쿠션 걸어치기 System

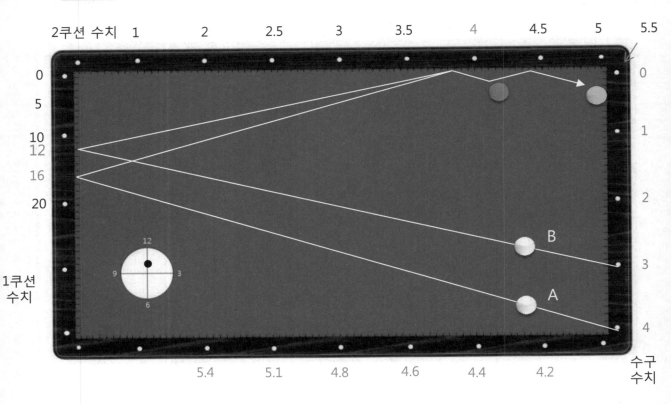

[해설]

무회전으로 투쿠션 걸어치기 하는 도형이다.

System 계산법이 아주 간단해 누구나 이해하기 쉽다.

상단에 있는 1~5까지의 수치만 외워두면 된다.

1과 2는 한 포인트씩 내려가고, 2~5까지는 한 포인트 당 0.5씩 내려간다.

A의 경우 수구 수치는 4이고 2쿠션 수치도 4가 된다. (4 X 4 = 16)

16을 치면 된다.

B의 경우 수구 수치는 3이고 2쿠션 포인트는 4이다. (3 X 4 = 12)

12를 치면 된다.

타법 : 중 상단 무Tip으로 부드럽게 1쿠션을 부딪쳐 준다.

[Tip]

만일 자신의 스트록이 1적구와 쿠션 사이로 자주 빠지는 경우라면 당점에 문제가
있으므로 느낌팁을 주고 치는 연습을 해보면 도움이 될 수 있다.

투쿠션 걸어치기 System

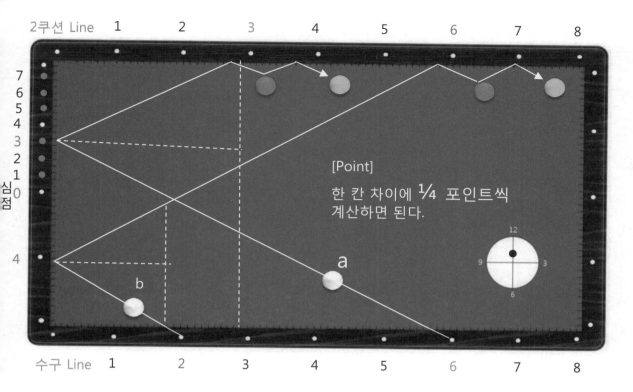

2쿠션 Line　1　　2　　3　　4　　5　　6　　7　　8

7 6 5 4 3 2 1 0 심점 4

[Point]
한 칸 차이에 ¼ 포인트씩
계산하면 된다.

a

b

수구 Line　1　　2　　3　　4　　5　　6　　7　　8

[해설]

수구와 목적구가 어디에 있든 가장 쉽고 정확하고 빠르게 계산하는 투쿠션 걸어치기
방식이다.

상 하 각각 장쿠션 1~8까지 1Point 간격으로 한다.

[계산 방식]

1. 1쿠션 Line 수치와 2쿠션 Line 수치 차이를 계산한다.

2. a도형의 경우 수구 수치는 6, 2쿠션 수치는 3이다. (6 − 3 = 3)

3. 1Point 차이에 ¼포인트씩 계산한다.

4. 6에서 3을 뺀 3만큼을 좌측 단쿠션 중심 0에서 ¼포인트 × 3을 해서 0.75포인트를
　　이동해서 치면 된다

5. b의 경우 수구와 2쿠션 차이는 4이다. 따라서 1포인트를 옮겨치면 된다.

[조언]
다양한 위치에서 반사각 (1:1)연습을 통해 당점 위치와 타법을 체크해 보아야 한다
만일 위와 같은 형태에서 공이 1적구 사이로 빠진다면 미세하게 느낌팁을 주는 방식
으로 자신의 오차를 잡아 나갈 수 있다

투쿠션 걸어치기 System

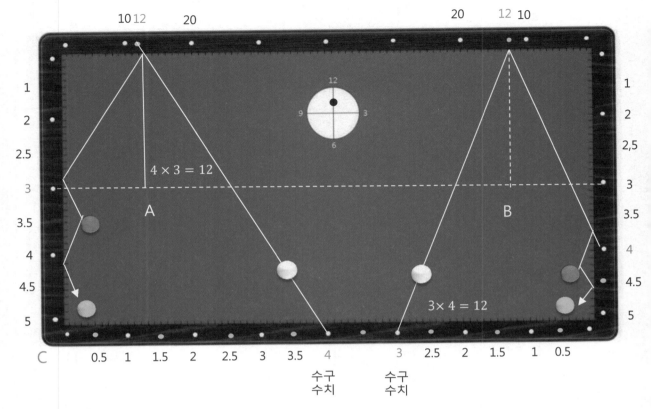

[해설]

일명 Chicago & Rail System으로 불리는 투쿠션 뱅크샷 도형이다.

단쿠션 수치(System상의 수치)만 외워두면 비교적 계산이 쉬운 System이다.

수구 수치는 프레임 포인트를 적용하며 반 포인트 당 0.5씩 추가된다.
A의 경우 2쿠션 수치가 3이라면 수구 수치 4와 3을 곱한 12를 치면 된다.
B의 경우 2쿠션 수치가 4라면 수구 수치 3과 4를 곱한 12를 치면 된다.

계산방법 : 2쿠션 수치 X 수구 수치 = 1쿠션 수치
타법 : 중 상단 무회전으로 1쿠션을 2레일 스피드로 부드럽게 굴린다.

[Point]

1적구가 2.5~4 지점에 위치 했을 때 신뢰도가 높으며 1적구가 1~ 2.5 레일에 가까
이 있을 경우에는 입사각 반사각을 이용한 목측이 더 득점 확률이 높을 수 있다.

투쿠션 걸어치기 System

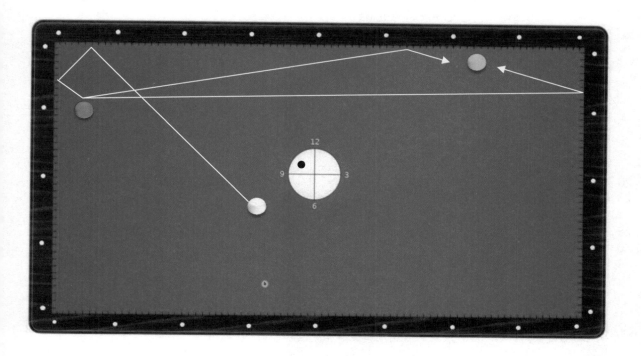

[해설]

투쿠션 뱅크 샷으로 득점하는 도형이다.

10시반 상단 3Tip 주고 원쿠션을 부드럽게 밀어치면 수구는 적당하게 꺾여 두번의 득점 찬스가 있다.

타법 : 1쿠션을 2.5레일 스피드로 부드럽게 밀어 친다.

[조언]

위 도형의 득점 Point는 당점의 위치와 타법이다.

위 도형처럼 수구를 끌어야 할 경우에는 당점을 상단에 주고 쿠션을 밀어쳐야 하며

반대의 경우에는 하단 Tip으로 부드럽게 굴려야 한다.

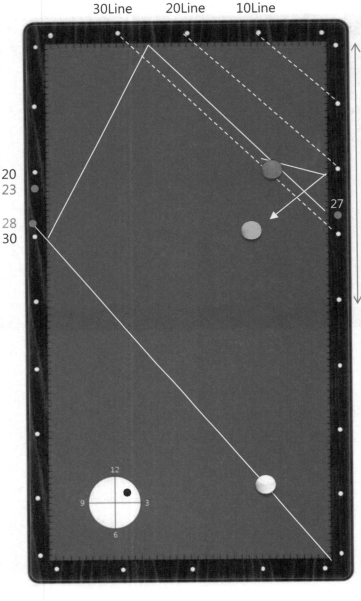

30Line   20Line   10Line

[엄브렐러 System]

본 도형은 그 형태가 마치 우산을 편 모습과도 같다 해서 엄브렐러 System이라고 한다.

좌측 도형의 경우 Five & Half System으로 계산한다면 수구 수치 50에서 3쿠션 수치 27을 빼면 1쿠션 수치는 23이 되어야 한다.

하지만 엄브렐러 System에서는 보충 수를 더해주는 것이 특징이다.

[보충 수]

10 Line = +3
20 Line = +5
30 Line = +5
40 Line = 0

[해설]

위 도형은 뒤로 걸어치기 기본 도형이다.

계산방식은 Five & Half System을 적용하면서 수구 수치에 보충 수를 더해주는 방식이다.

보충 수는 우측 상단에 표기된 것과 같다.

계산 방식 : 1. Line선을 기준으로 2적구의 수치를 확인한다.

2. 수구 수치에 해당 보충 수를 더한다

3. (수구 수치+ 보충 수) – 3쿠션 수 = 1쿠션 수 (50 + 5) – 27 = 28

뒤로 걸어치기 평행 이동법

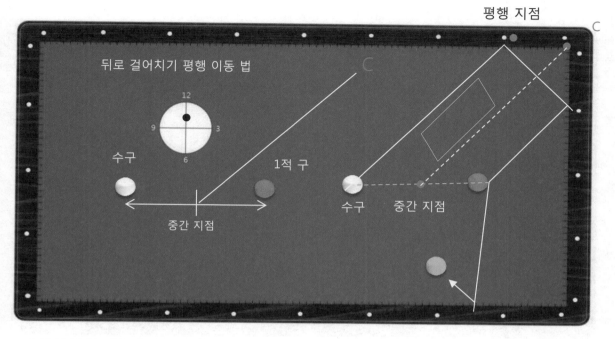

수구의 중심(검은점)과 1적구의 중간 지점과 코너(ⓒ)를 연결하고 (황색 점선) 그 선과
평행이 되는 지점 ●이 1쿠션 지점이다. (무회전)

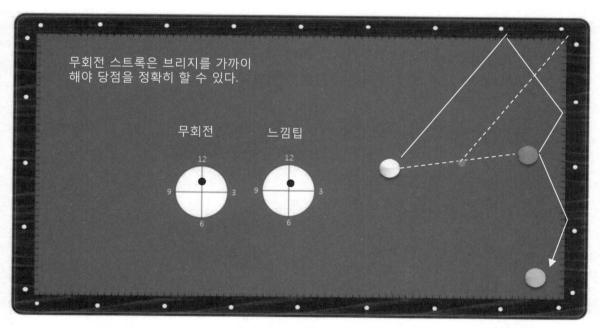

Tip : 당구대에 따라 조금씩 꺾임의 차이가 있을 수 있으므로 무회전 또는 미세한 정회전
느낌 Tip을 주고 자신에 맞는 조준법을 찾아 꾸준히 연습하면 득점 확률을 높일 수 있다.

투쿠션 뒤로 걸어치기 System

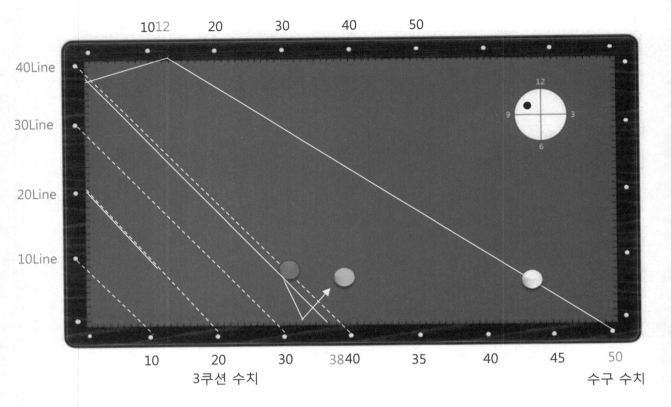

[해설]

수구 수치 50에서 투쿠션 뒤로 걸어치기 하는 장면이다.

앞 페이지에서 설명한 것처럼 1적구가 40Line에 있을 경우에는 보충수를 따로 적용하지
않고 Five & Half System 계산 방식대로 치면 득점할 수 있다

Five & Half System에 익숙하다면 투쿠션 뒤로 걸어치기는 똑같은 방법으로 계산하면 된다.

위 도형의 경우 수구 수치는 50이고 1적구 수치는 3쿠션 38선상에 걸쳐있다.
10시 방향 3Tip주고 뱅크샷 하듯이 자연스럽게 굴려준다.

계산 방법 : 수구 수치 (50) – 3쿠션 수치 (38) = 1쿠션 수치 (12)

Tip : 뒤로 걸어치기는 쿠션의 차이, 또는 수구의 회전량에 따라 오차가 많이 발생
할 수 있으므로 꾸준한 연습을 통하여 자신에게 맞는 스피드와 당점을 찾아야 한다.

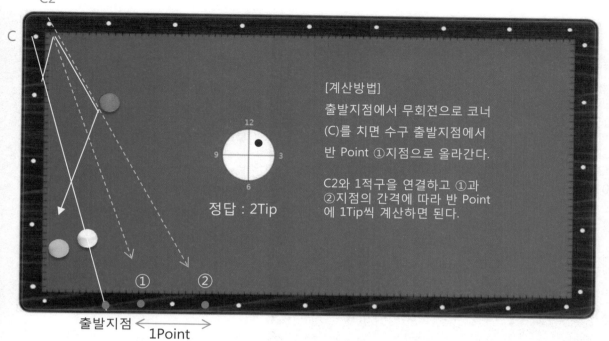

C2

C

[계산방법]
출발지점에서 무회전으로 코너
(C)를 치면 수구 출발지점에서
반 Point ①지점으로 올라간다.

C2와 1적구을 연결하고 ①과
②지점의 간격에 따라 반 Point
에 1Tip씩 계산하면 된다.

정답 : 2Tip

①

②

출발지점
1Point

위 도형은 투쿠션 걸어치기로 득점하는 장면이다.
위 도형의 경우 1적구가 1Point 더 올라가 있기 때문에 반 Point 당 1Tip씩 더해 2Tip
주고 코너를 치면 된다.

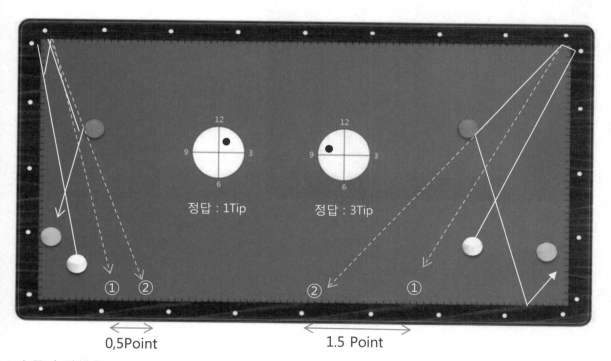

정답 : 1Tip

정답 : 3Tip

① ②

②   ①

0,5Point

1.5 Point

수구의 진행을 길게 만들 때는 당점을 하단에 주고 맞을 만큼만 부드럽게 천천히 굴려주고
수구를 꺾어야 할 때는 상단 Tip으로 1쿠션을 적당히 밀어치면 된다.

투쿠션 뒤로 걸어치기 System

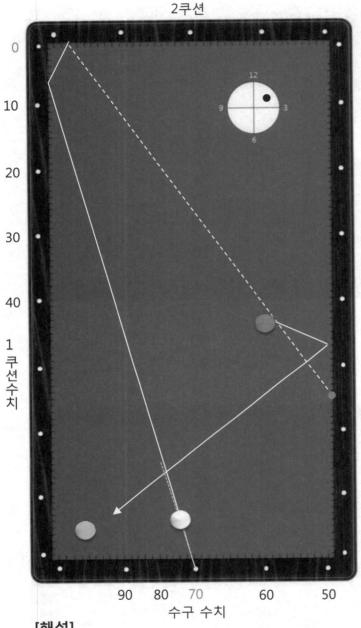

[타법]

3시 방향 3Tip 주고, 2레일 스피드
로 빈 쿠션 돌리기처럼 부드러운
롱 샷으로 1쿠션에 부딪친다

[Point]

수구 수치 70에서 뱅크샷 할 때와
똑같은 타법으로 굴리면 된다.
강하게 치면 2쿠션에서 회전을 먹
지 못해 길어질 수 있다.

❖ 엄브렐러 System에서 3쿠션 수치
가 40이상에서는 보충 수가 적용
되지 않는다.

[해설]

투쿠션 뒤로 걸어치기로 득점하는 도형이다.

계산방법은 1적구가 빈 쿠션 몇 Line선상에 위치해 있는지 알아내는 것이다.

수구 수치 70에서 볼 때 1적구는 70선상이다.

70에서 0을 치면 수구는 3쿠션 70을 향해 구르다 1적구를 맞고 3쿠션에 부딪친 다음
2목적구를 향하게 된다.

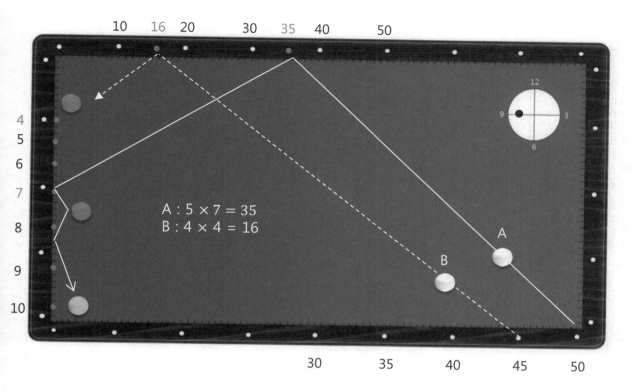

A : 5 × 7 = 35
B : 4 × 4 = 16

[해설]

위 도형은 Five & Half System에서 2쿠션 지점을 나타내는 도형이다.

좌측 단쿠션 원 Point 지점 4를 시작으로 코너 10까지 표기되어 있다.

2쿠션은 레일포인트를 사용하고 1쿠션은 당구대의 쿠션 상태 또는 개인의 스트록 성향에 따라 프레임 포인트를 사용할 수도 있고 레일포인트를 사용할 수도 있다.

4~7까지는 원 Point에서 3등분 되어 있고 중앙 지점 7이 약간 아래 쪽으로 내려와 있다.

8과 9의 간격은 7과 8보다 약간 넓고, 9와 10의 간격은 8과 9의 간격보다 조금 더 넓다.

4~10 까지의 간격을 자세히 살펴 기억해둘 필요가 있다.

이 System을 외워두면 투쿠션 뒤로 걸어치기와 원쿠션 앞으로 걸어치기에서 유용하게 사용할 수 있다.

스트록은 Five & Half System으로 코너 50에서 1쿠션 50을 쳤을 때 좌측 하단 표기(10) 지점으로 가는 스피드와 멕시멈 회전를 적용하면 된다.

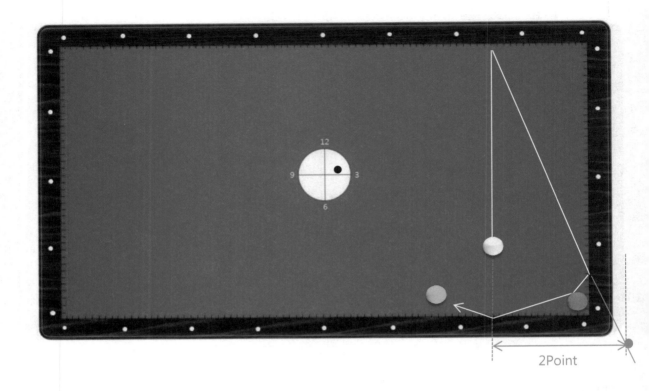

[해설]

2뱅크 샷으로 걸어쳐서 득점하는 도형이다.

이 장면의 계산법은 3시(9시) 방향에 3Tip 다 주고 일직선을 부드럽게 부딪쳐 주면 2Point 내려가는 System을 이용해 득점하는 장면이다.

타법 : 부드러운 타법으로 회전력을 최대한 살려야 한다.

스피드 : 1레일 ~ 1.5레일

```
[조언]
위 도형의 득점 Point는 수구 위치에서 3Tip주고 일직선으로 쳤을 때,
 기울기가 2Point 내려가는 것을 활용해 득점하는 것이다.
```

투쿠션 걸어치기 System

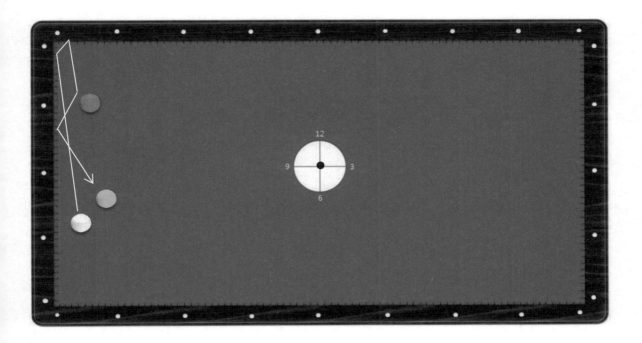

[해설]

위 그림처럼 공이 배열된 경우에는 안으로 −Tip구멍 넣기를 시도하는 것보다는
무회전 각으로 각도에 의한 투쿠션 걸어치기를 하는 것이 득점 확률이 높다.
투쿠션 이후 1적구의 안쪽으로만 맞으면 득점 확률이 매우 높다.

타법 : 무회전 중단으로 타격없이 수구를 천천히 굴려주면 된다.

[조언]
위 도형의 경우 뒤로 걸어치기하는 것은 회전량과 두께가 모두 예민한 상황이다,
따라서 단쿠션 먼져 쳐서 반사각으로 득점하는 것이 더 에러마진이 클 수 있다.

투쿠션 걸어치기 System

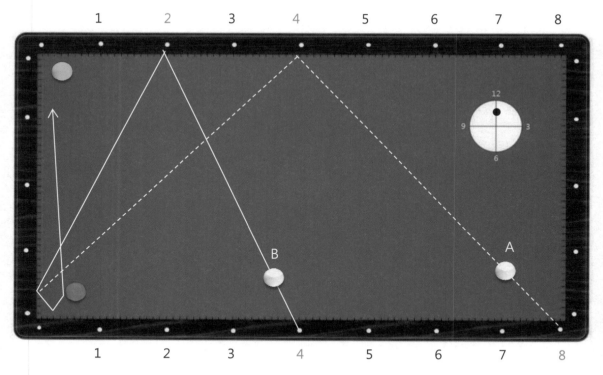

[해설]

위 도형은 노잉글리시 투쿠션 걸어치기로 득점하는 장면이다.

A도형은 장쿠션 8지점에서 절반인 맞은편 4를 쳐서 1적구를 투쿠션으로 걸어쳐 득점한다.
B도형은 수구 위치 4지점에서 절반인 2지점을 쳐서 1적구를 투쿠션으로 걸어쳐 득점한다.

경기를 진행하다 보면 노잉글리시 절반 System은 심심치 않게 나온다.
하지만 많은 동호인님들께서는 선뜻 초이스를 못하고 Five & Half System에만 의존하는
경우를 흔히 볼 수 있다.
많지 않은 연습으로도 득점할 수 있는 공을 생각이 안 나서 놓치지는 말아야 한다.

> **[조언]**
> 위 도형의 득점 Point는 타법이다.
> A도형처럼 얇게 걸어야 할 경우에는 하단 1Tip으로 부드럽게 굴리고,
> B도형처럼 각을 꺾어야 할 경우에는 상단 2Tip주고 1쿠션을 밀어쳐야 한다.

투쿠션 걸어치기 System

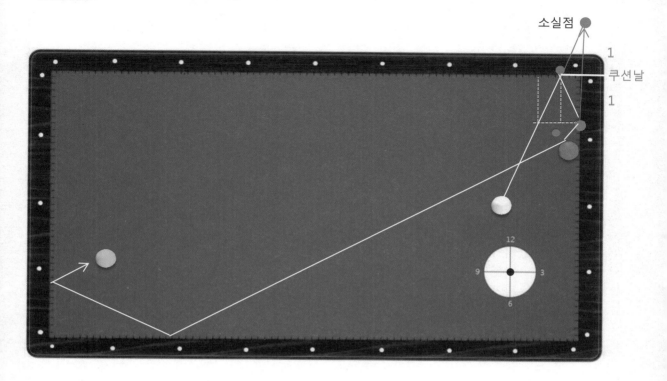

[해설]

투쿠션 앞으로 걸어치기 도형이다.

1. 1적구를 걸어치기 위한 2쿠션 ●지점을 먼저 정한다.

2. 쿠션날을 기준으로 2쿠션 ●지점과 대칭되는 반대편에 소실점 ●으로 정한다

3. 소실점을 향해 부드럽게 굴려준다.

타법 : 무회전 중앙 Tip으로 부드럽게 1쿠션에 부딪쳐 굴러가게 치면 된다.

스피드 : 2레일

[조언]

위 도형의 득점 Point는 2쿠션 지점과 대칭되는 건너편에 소실점을 정확하게
그리고 중단 무회전으로 소실점을 향해 부드럽게 굴리는 것이다.

3쿠션 System 실전당구

역회전 System

당구를 치다 보면 순회전으로는 풀 수 없는
장면들이 흔히 나타난다.

따라서 역회전 system을 알아야
난구에 대처할 수 있다.

역회전 System

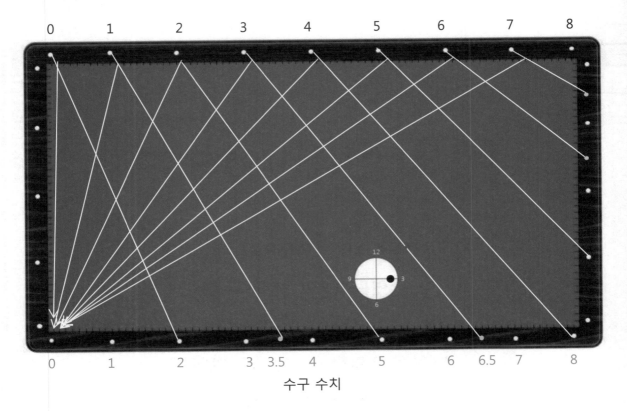

수구 수치

[해설]

각 수구 수치에서 3시 방향 3Tip 역회전 주고 치면 각각 좌측 하단 0으로 간다.

역회전 반사각을 기본적으로 외우고 있으면 다양한 리버스 형태의 공을 칠 때 응용할 수 있다.

[Point]

수구 수치 2에서 2Point 아래인 상단 0을 치면 일직선으로 내려와 하단 0으로 오는 것을 시작으로,

수구 수치 8에서 맞은편 중간 지점인 4를 치면 좌측 하단 0으로 내려오는 것만 외워두면 쉽게 기억할 수 있다.

수구 수치 1.5포인트 마다 1쿠션 1포인트씩 차이가 나는 것으로 외워두면 된다.

타법 : 역회전 3Tip 다 주고 부드럽게 1쿠션을 부딪쳐 반사시켜야 한다.

역회전 System

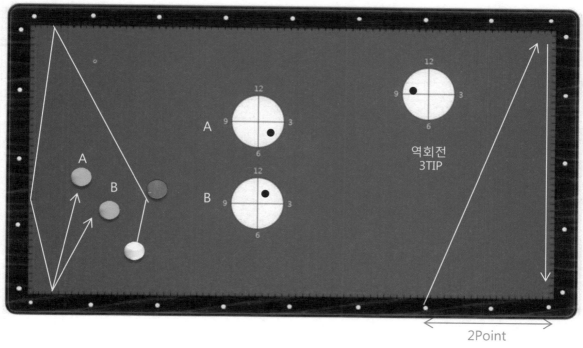

[해설]

마이너스 회전을 활용해 득점하는 도형이다.

A 경우는 4시 방향 3Tip 주고 아주 부드러운 샷으로 1적구와 1쿠션을 가볍게 부딪쳐서
역회전을 최대한 끝까지 살려야 득점할 수 있다.

B의 경우는 똑같은 타법으로 회전만 상단에 주면 하단보다는 조금 늘어지게 된다.

타법 : 타격감 없는 부드러운 샷으로 빗겨치기 없이 1적구와 1쿠션을 가볍게 부
딪쳐 역회전을 적당히 살려준다.

스피드 : 1레일~1.5레일

[조언]

위 도형의 득점 포인트는 역회전으로 2Point 내려쳤을 때 수구는 일직선으로
반사되는 원리를 이용해 부드러운 샷으로 역회전을 충분히 활용하면 된다

역회전 System

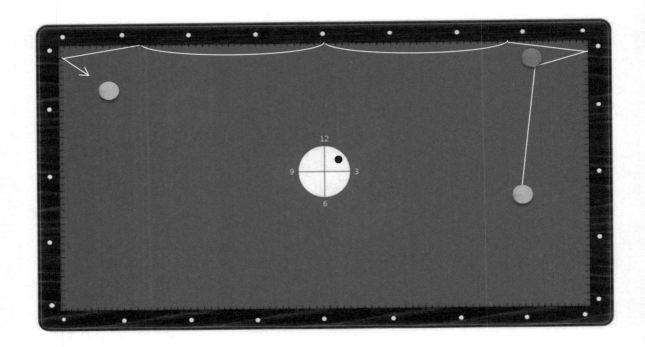

[해설]

강력한 종 비틀기 샷으로 득점하는 도형이다.

역회전 상단 3Tip 주고 길게 밀어치면 수구가 앞으로 나가려는 직진성과 역회전이 만나 다시 한번 쿠션에 바운딩되면서 쿠션을 타고가 득점하게 된다.

타법 : 2시 방향 3Tip 주고 부드러우면서 파워있는 종 비틀기로 길게 밀어 친다.

[조언]

위 도형의 득점 Point는 강력한 밀어치기 샷이다.

역회전을 주고 강력하고 길게 밀어치면 수구가 앞으로 나가려는 운동으로 장쿠션을 두번 또는 세번 바운딩하게 되며, 2목적구까지 가면 힘이 소멸되어 득점하게 된다.

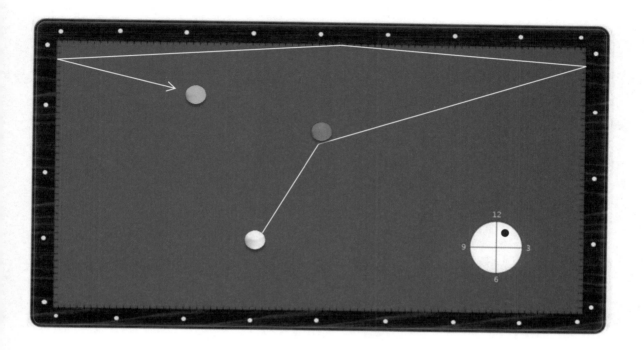

[해설]

역회전 1시 반 방향 – 1Tip 주고 비틀기없이 1적구를 부딪치며 굴려준다.

강하게 치거나 비틀어치지 않으면 수구는 쿠션을 탈 때마다 회전력이 감소되어 완만하게 퍼지며 그림과 같이 득점하게 된다.

타법 : 1시 방향 – 1Tip

스피드 : 2레일

[조언]

위 도형의 득점 Point는 회전량의 조절과 타법이다.

적당한 역회전과 동시에 수구의 구름 현상을 감안해 스트록에 약간의 잽을 넣어주는 것이 득점 확률을 높일 수 있다.

Kiss back System

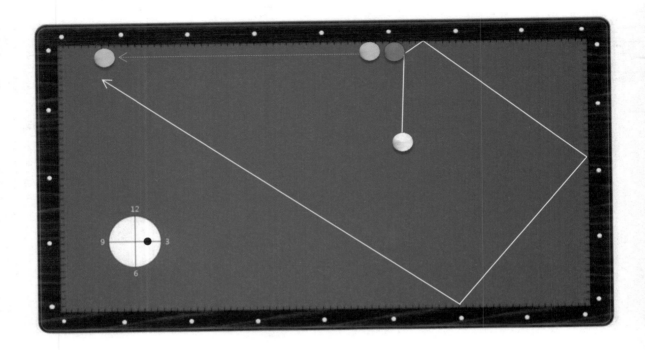

[해설]

Kiss를 활용해 득점하는 도형이다.

그림처럼 1적구를 얇게 맞추면 1적구가 2목적구를 코너로 밀어내 제 각으로 돌던 수구와
좌측 코너 부근에서 만나게 된다.

당점 : 중단 2Tip

스피드 : 1적구를 맞춘 공이 한 바퀴 돌아 좌측 상단 코너에서 2적구와 만날 만큼의
힘으로 친다.

[조언]
하점자들의 샷이 불안정한 대표적인 이유는 타구 후에 몸을 일찍 움직이기 때문이다.
브리지를 풀지 말고 자세를 끝까지 유지하는 습관을 들여야 한다.

Kiss back System

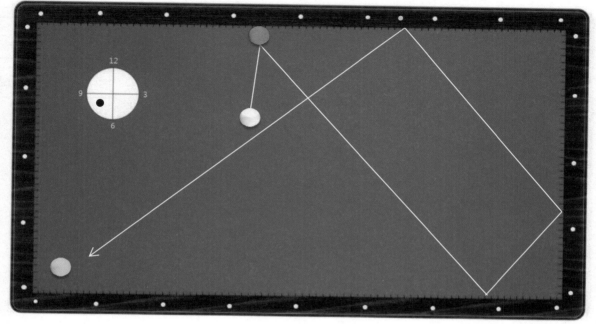

10　1쿠션 수치

[해설]

Kiss Back으로 득점하는 도형이다.

그림처럼 1적구가 쿠션에 붙어 있는 상황에서는 Kiss Back을 시켜 돌리는 것이 가장 쉬운 방법이다.

도표처럼 8시 방향 하단 Tip 주고 경쾌하게 1적구를 부딪치면 된다.

너무 조심스러운 샷을 하면 반사각이 부정확할 수 있으므로 어느 정도 스피드 샷이 필요하다.

❖ 두께에 대한 요령은 1적구 거의 중앙을 겨냥한 후 약간만 조정해서 치면 된다.

[쪼언]

위 도형의 득점 Point는 1적구를 맞추는 지점이다.

수구와 1적구를 연결한 선과 1적구와 1쿠션을 연결한 중간 지점을 향해 치면 된다.

4구에서 끌어치기할 때의 지점을 그대로 활용하면 된다.

Kiss back System

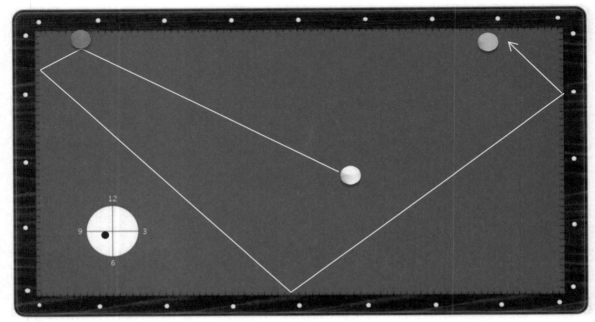

10

[해설]

약간의 Kiss를 이용해 득점하는 도형이다.

1적구가 쿠션에 붙어 있는 경우 평소 돌리는 두께보다 약간만 얇게 치면 된다.
부드러우면서 약간의 스피드를 얹어 1적구를 가볍게 부딪치면 궤도대로 돌아올 수 있다.

1적구가 쿠션에 붙어 있기 때문에 Kiss가 없으므로 마음 놓고 치면 된다.

[조언]
위 도형의 득점 Point는 1적구를 맞추는 두께이다.
평소 끌어서 돌릴 때 보다 약간 얇게 부딪쳐 주면 1적구가 쿠션에 붙어 있으므로
Kiss가 나지 않고 자연스럽게 돌아 득점할 수 있다.

Kiss back System

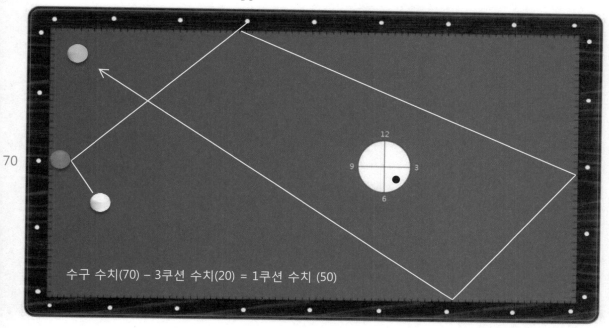

수구 수치(70) – 3쿠션 수치(20) = 1쿠션 수치 (50)

[해설]

Kiss Back을 이용해 득점하는 도형이다.

계산 방법은 Five & Half System을 적용했다.

1적구가 쿠션에 붙어 있는 경우 하단 4시 방향 Tip주고 약간의 스피드로 경쾌하게 부딪쳐 돌리면 득점할 수 있다.

타법 : 4시 방향 Tip주고 살짝 끌어주는 듯 반사시킨다.

Point : 중단 Tip을 주거나, 스피드를 늦추면 반사각이 부정확해 질 수 있다.

[조언]

위 도형의 득점 Point는 1쿠션 지점을 먼저 정하고 그 지점을 향해 1적구를 정확하고 경쾌하게 부딪쳐 돌리는 것이다.

하단 당점으로 살짝 끌어치듯 부딪쳐야 반사각에서 오차를 줄일 수 있다.

Position Play

고점자가 되기 위해서는 항상 Position Play를
염두에 두면서 경기에 임해야 한다.

Position Play를 위해서 무엇보다
궁을 살살 치는 습관부터 들여야 한다.

하지만 Position Play보다 더 중요한 것은
궁을 먼저 맞추는 것임을 잊지 말아야 한다

❖ 다음 공을 제각돌리기 또는 뒤로 돌리기가 될 수 있도록 생각하면서 플레이를 하라.

❖ 1적구의 궤도를 점검할 때 수구와 1적구의 분리각 합이 90도임을 기억하라.

❖ 장쿠션 중앙쪽으로 공 한 개를 보내 놓으면 다양한 공이 배치될 수 있다.

❖ 하나의 공을 가급적 코너로 보내 놓으면 에러 마진이 큰 공이 나올 수 있다.

❖ 큐 볼이 아닌 다른 두 개의 공을 가급적 양쪽으로 벌려 놓아라.

❖ 포지션 플레이를 시도할 때는 수구가 어디에 멈출 것인지를 파악해야 한다.

❖ 레일에 붙어있는 공은 가급적 1적구로 선택하지 마라.

❖ 키스의 위험이 있는 공은 가급적 선택하지 마라.

❖ 내공과 적색 공은 가급적 가까이 붙여놓고 상대의 공은 멀리 떼어놔라.

❖ 단쿠션 중앙 부근 지점에 공이 레일에 붙어있으면 공격과 수비가 가장 어려운 지점임을 기억하라.

❖ 득점 확률이 희박한 공은 수비를 생각하라.

❖ 좋은 포지션을 만들려면 1적구를 원하는 위치에 보낼 만큼의 힘 조절이 필수다.

❖ 포지션 Play를 시도하려면 공을 살살 치는 법부터 배워야 한다.

❖ 포지션 플레이보다 더 중요한 것은 공을 먼저 맞추는 것이다.

❖ 초 일류 선수들의 포지션 플레이 비율도 40% 정도밖에 안 된다.

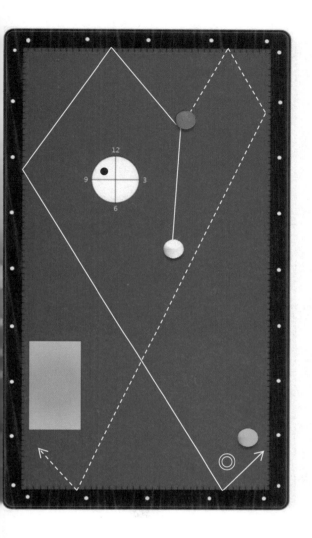

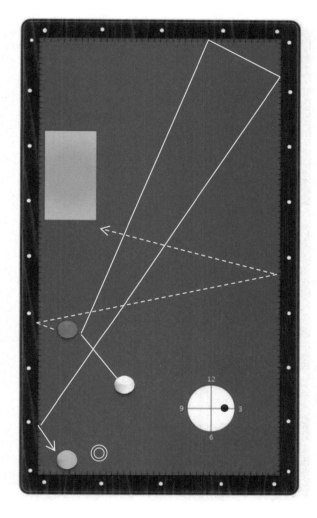

[해설]
뒤로 돌리기와 제각돌리기를 염두에
두면서 1적구를 두툼하게 밀어 친다.
큐를 비틀어 치면 공이 짧아질 수
있으므로 밀어치는 관통 샷으로 수구
의 직진성을 살려야 한다.

[해설]
1적구에 대한 힘 조절이 중요하며 너무
얇은 각으로 돌리면 Kiss의 우려가 있다.

[조언]
게임에 이기려면 어려운 공을 잘 치는 것보다 쉬운 공을 놓치지 말아야 한다.

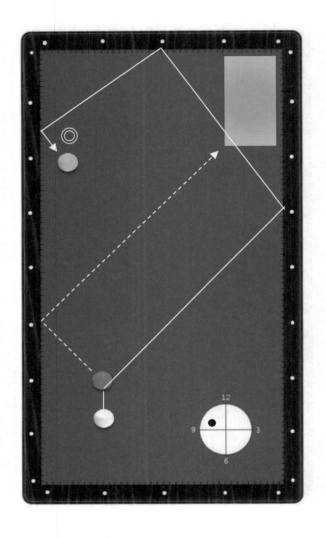 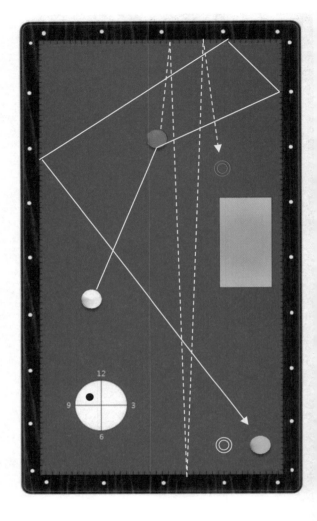

[해설]

1적구를 45°로 반사시켜 우측 상단 코너로
보내 놓으면 뒤로 돌리기 또는 제각돌리기
등이 나올 수 있다.

[해설]

1적구를 두껍게 밀어쳐서 뒤로 돌리면
1적구는 장축을 횡단하므로 다음공이
뒤로 돌리기 또는 앞으로 돌리기가
나올 수 있다.

[쪼언]

공을 ½ 두께로 맞추었을 때 분리각 이론대로라면 수구가 1적구로부터 벌어지는
각도는 60° 이나 실제로는 45° 정도로 계산하면 된다. (60° 는 수구의 중앙을 칠 때)

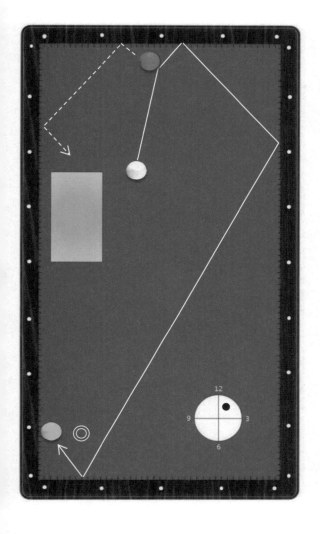 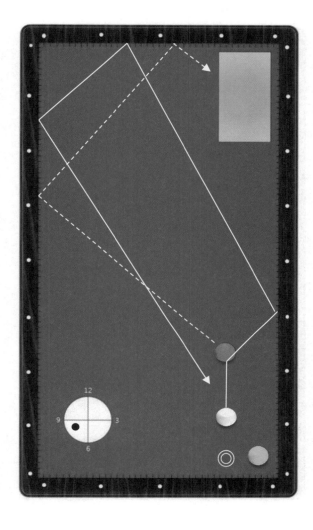

[해설]

1적구를 얇게 맞춰 뒤로 돌리기 좋은 위치
만큼 보낸다.

[해설]

1적구를 ¼두께로 부드럽게 눌러 쳐 우측
상단 코너로 분리시키고, 수구는 던져치기
로 경쾌하게 코너로 돌아와 득점 한다.

[쪼언]

공을 치기 전에 먼저 수구와 1적구의 궤도를 확인하고 어떠한 타법을 구사할 것인지
먼저 결정한 뒤에 샷을 하라.

Position Play

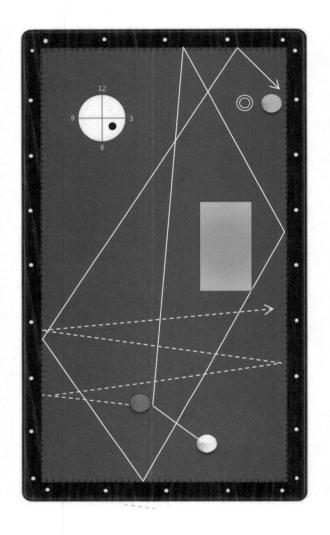

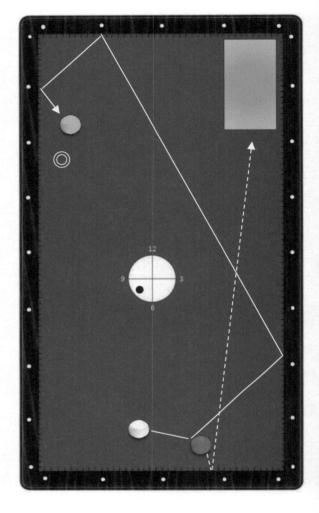

[해설]
1적구가 뒤로 돌리기 좋은 위치로
갈 만큼 힘 조절을 한다.

[해설]
1적구를 회전력으로 얇게 끌어쳐서 우측
상단 코너로 보내 놓으면 뒤로 돌리기 또
는 제각돌리기가 나온다.

[조언]
공의 ½두께를 정확히 맞출 수만 있다면 나머지 두께는 조금씩 오조준 해서 치면 된다.

Position Play

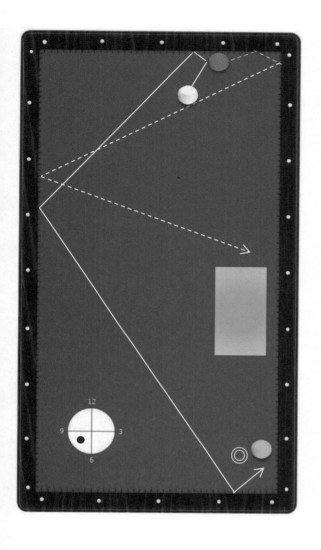

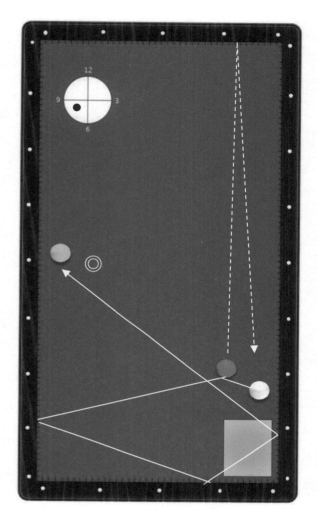

[해설]
다음 공이 뒤로 돌리기 좋은 위치로
갈 만큼 힘 조절을 한다.

[해설]
7시 30분 방향 Tip 주고 1적구를 얇게 쳐서
우측 상단 코너로 보내면 뒤로 돌리기 또는
제각돌리기 등이 나올 수 있다.

[조언]
대부분의 경기에서 승패가 엇갈리는 경우는 쉬운 공을 놓쳤을 때 상대방에게 게임의
주도권이 넘어 가게 되는 경우이다..

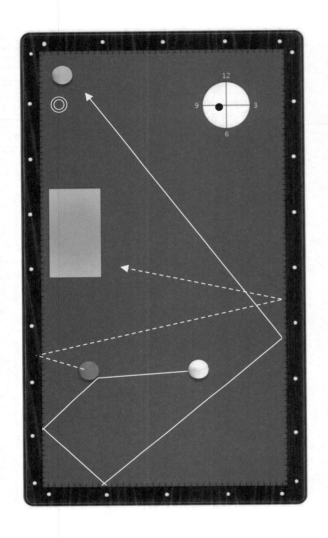

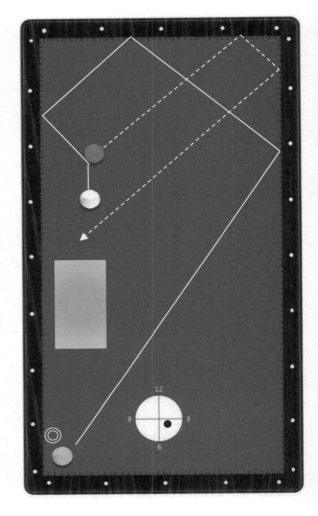

[해설]

1적구를 두껍게 횡단 시켜 뒤로 돌리기를
만든다.

비틀어 치지않고 두껍게 관통샷을 하면
공은 궤도를 짧게 만들 수 있다.

[해설]

1적구를 얇게 눌러 우측 상단 코너로 보내
고 수구는 약간의 잽 스트록으로 공의 진로
가 길어지는 것을 방지한다

1적구의 힘조절에 집중한다.

[조언]

공의 궤도를 짧게 만들어야 할 때는 살짝 눌러 치고,

공의 궤도를 길게 만들어야 할 때는 팔로우 단계에서 큐를 위로 들어 쳐라.

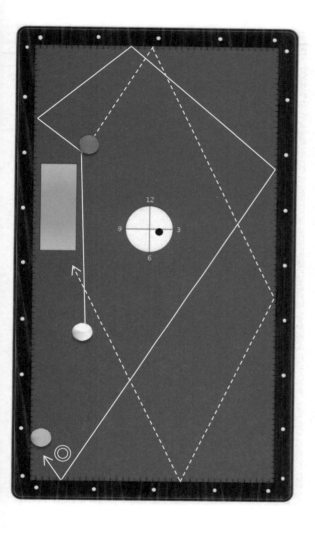 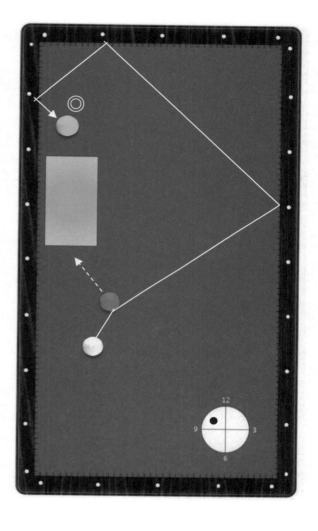

[해설]

1적구를 3분의 2 두께로 눌러 쳐 뒤로
돌리기를 만든다.

[해설]

1적구를 3분의2 두께로 눌러 쳐 뒤로
돌리기를 만든다.

[조언]

System을 많이 알고 있으면 경기가 안 풀릴 때도 크게 걱정이 되지 않는다.

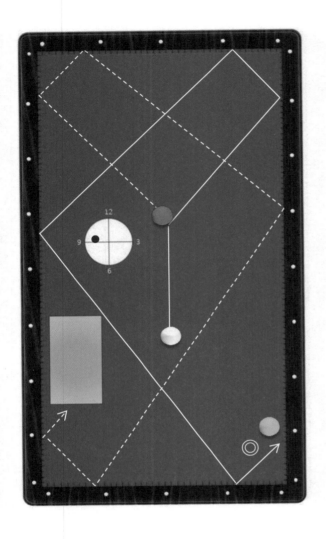

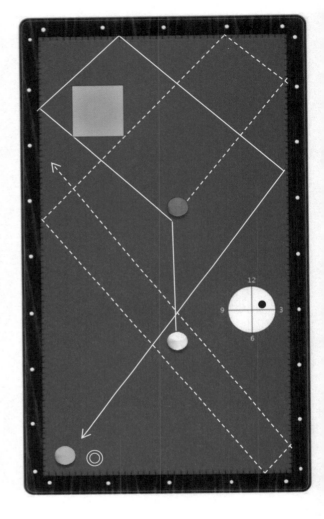

[해설]
1적구를 얇게 부딪쳐 돌리면서 생기는
반사각 장면이다.

[해설]
1적구를 두껍게 밀어쳐서 대회전을 시켜
뒤로 돌리기를 만든다.

[조언]
공 한 개를 장쿠션 중앙 부근에 보내 놓으면 다양한 다음 공을 기대할 수 있다.

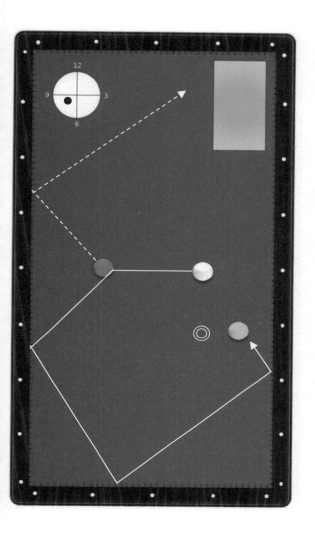

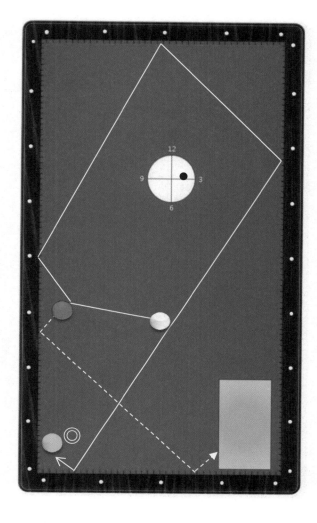

[해설]
1적구를 살짝 눌러쳐서 우측 상단 코너로
보내 놓으면 뒤로 돌리기 또는 제각 돌리기
등이 나올 수 있다.

[해설]
뒤로 돌리기나 제각돌리기를 염두에
두고 1적구를 코너로 보낸다.

[조언]
포지션 플레이 보다 더 중요한 것은 공을 맞춰 득점하는 것이다.

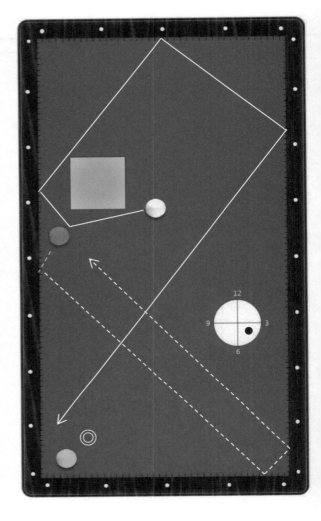

[해설]

제각돌리기를 염두에 두고 아주 약하게
큐만 얹어주는 부드러운 샷을 한다.

[해설]

제각돌리기를 염두에 두고 1적구가
코너를 돌아와 뒤로 돌리기 좋은 지점
에 돌아오도록 두께와 힘 조절을 한다.

[조언]

System 대부분이 공의 $\frac{1}{2}$ 두께를 기준으로 시작되기 때문에 $\frac{1}{2}$ 두께를 정확히 맞출 수
있도록 평소 많은 연습에 시간을 투자해야 한다.

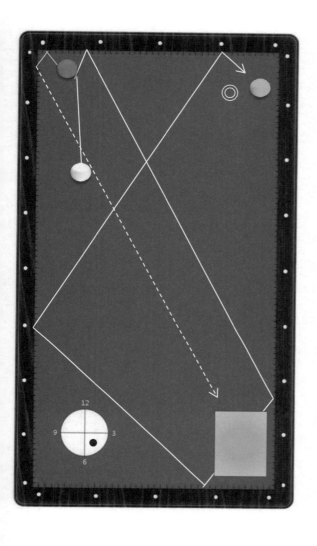 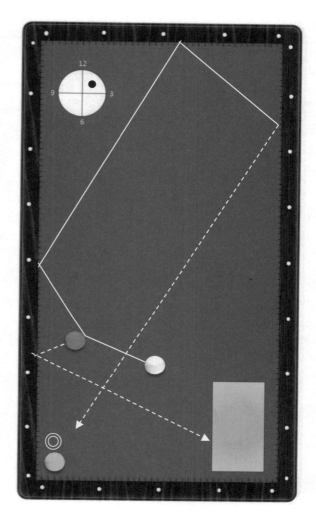

[해설]
1적구 힘조절을 잘하면 제각돌리기, 앞으로 돌리기, 뒤로 돌리기가 나올 수 있다.

[해설]
1적구를 얇게 맞춰 우측 하단 코너로 보내 놓으면 뒤로 돌리기 또는 제각돌리기가 나올 수 있다.

[조언]
상대 경기자가 수비에만 치중하는 게임을 해올 때 절대 동요하지 말고 함께 수비를 시도하면 어느 순간 분위기가 바뀌게 될 것이다.

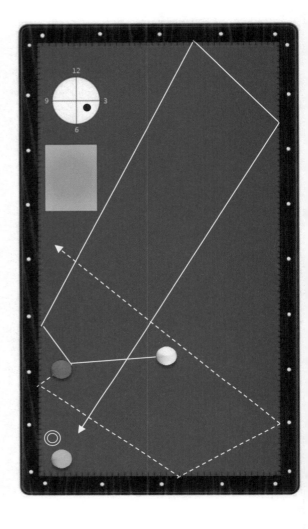

[해설]

1적구를 ½두께로 분리시켜 좌측 상단 코
너로 보내 놓으면 뒤로 돌리기 또는 제각
돌리기 등이 나올 수 있다.

[해설]

1적구가 코너로 되돌아올 만큼 1적구
를 눌러 치며 돌려 준다.

[조언]

공의 분리각 이론을 알게되면 Kiss로 부터 자유로울 수 있으며 포지션 플레이에도
그만큼 유리해질 수 있다.

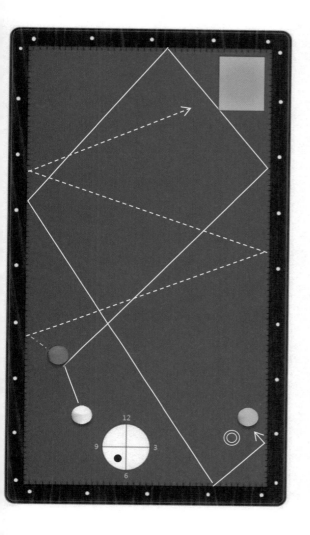

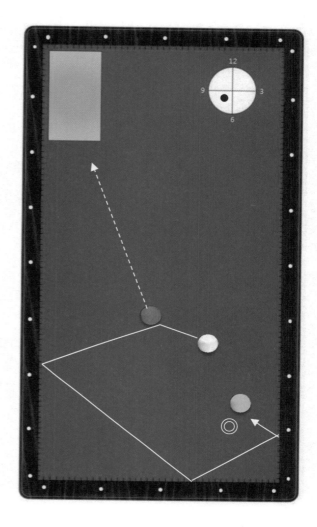

[해설]

1적구를 2번 횡단시켜 코너로 보낸다.

[해설]

1적구를 좌측 상단 코너로 보내 놓으면
제각 돌리기 또는 뒤로 돌리기 대회전이
나올 수 있다..

[쪼언]

예비 스트록을 3~ 4차례 시도하는 것은 슬로우 플레이가 아니다.

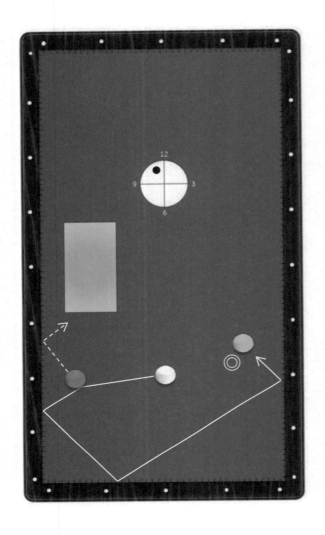 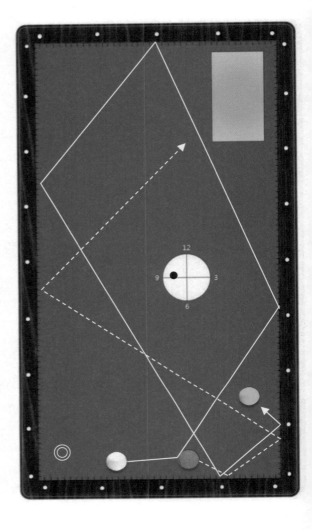

[해설]
1적구를 아주 얇게 맞춰 공 3개가 중앙에 있으면 제각 돌리기 또는 뒤로 돌리기가 나온다.

[해설]
1적구를 ⅔두께로 밀어쳐서 우측 상단 코너로 보내 놓으면 뒤로 돌리기 또는 제각 돌리기 등이 나올 수 있다.

[조언]
3쿠션 경기에서 포지션 플레이를 시도하는 경우 항상 뒤로 돌리기와 제각돌리기를 염두에 두어야 한다.

 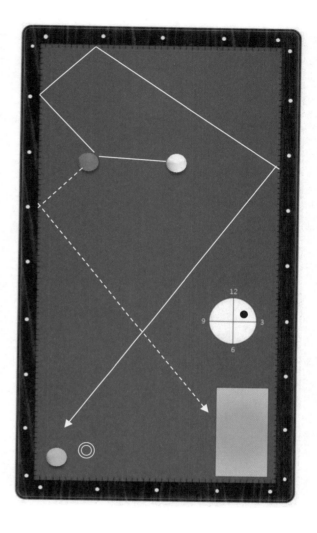

Position Play

[해설]

1적구를 아주 얇게 맞춰 뒤로 돌리기
좋은 위치로 보내 놓으면 뒤로 돌리기
또는 2적구 제각돌리기가 나올 수 있다.

[해설]

1적구를 ½ 두께로 부드럽게 밀어쳐서
우측 하단 코너로 보내 놓으면,
제각돌리기 또는 뒤로 돌리기 등을 만들
수 있다.

[조언]

상대 경기자가 치는 공의 득점 여부를 주시하는 것 보다는 1적구와 수구의 궤도로
관찰하라. Kiss를 빼는 것과 포지션 플레이를 하는 것은 평생 숙제이기 때문이다.

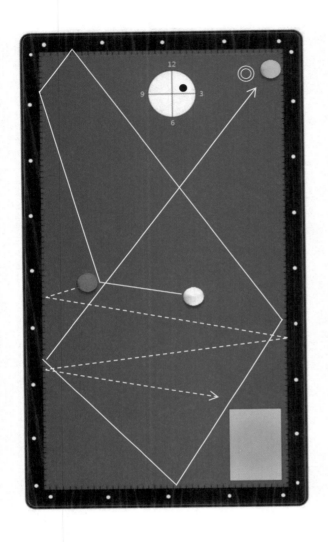

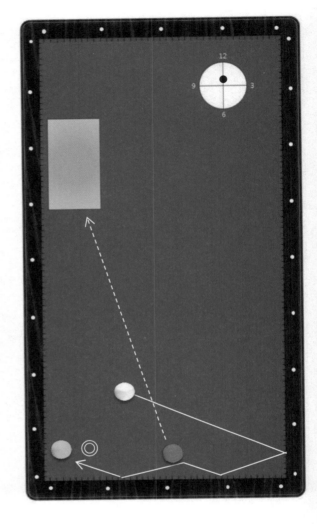

[해설]
뒤로 돌리기를 염두에 두고 1적구가
두번 횡단하도록 힘을 조절한다.
얇으면 Kiss의 확률이 높다.

[해설]
뒤로 돌리기를 염두에 두고 1적구에 적당
한 힘 조절을 한다.

[쪼언]
공을 치기 전에 먼저 할 일은 공의 궤도를 살펴 Kiss 여부를 확인하는 것과
어떤 타법을 구사할지를 먼저 결정해야 한다.

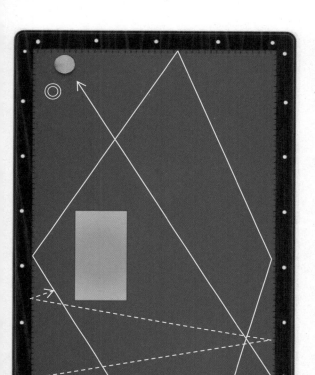 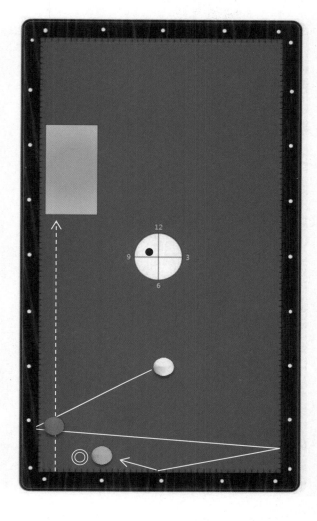

[해설]

1적구를 얇게 맞춰 횡단시켜서 뒤로 돌리기가 다시 나올 수 있도록 힘 조절을 한다.

[해설]

1적구를 얇게 맞추면 황색 점선처럼 위로 올라가 뒤로 돌리기가 나온다.

[조언]

수구의 힘 조절은 2적구를 맞춘 후 2Point 이내에 멈출 정도로 힘 조절을 하라.

Position Play

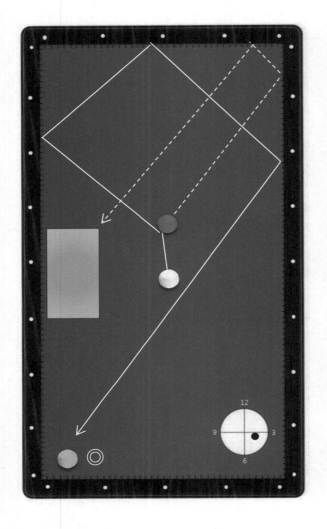

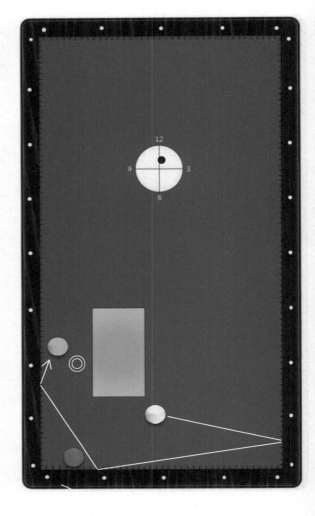

[해설]

1적구를 얇게 겨냥해서 우측 장쿠션 원
포인트 부근에 맞게하면 다음 공은 뒤로
돌리기가 만들어 진다.

수구 보다 1적구의 힘조절에 집중한다.

[해설]

2적구가 뒤로 돌리기 또는 제각돌리기
좋은 지점에 갈 만큼 수구에 힘을 조절
한다.

[조언]

경기 전에는 반드시 쿠션 상태를 확인하는 습관을 들여야 한다.

수구 수치 50에서 1쿠션 30을 쳐서 반대편 코너로 오는지 반드시 확인해보고

짧거나 긴 만큼 보정해서 쳐야 한다.

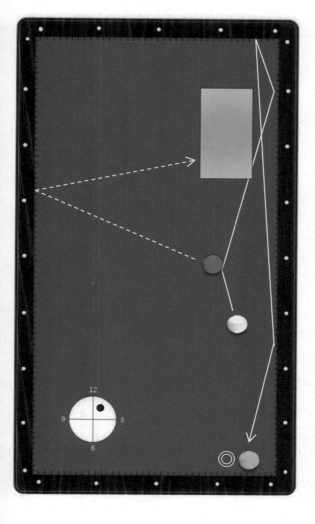

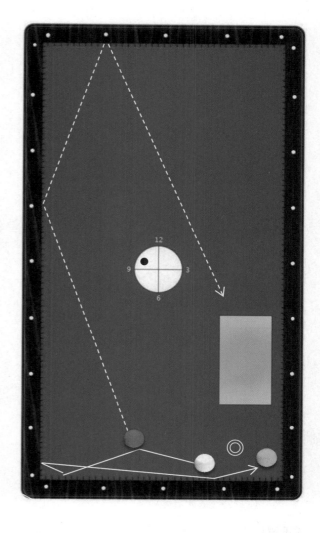

[해설]

1적구가 장쿠션을 한번만 횡단하도록
두께를 맞추고 부드러운 샷을 천천히
구사한다.

[해설]

1적구를 부드럽게 밀어쳐서 뒤로 돌리
기 좋은 지점까지 힘 조절을 한다.
하단 Tip을 주면 회전력이 반감되어 절
대 안 된다.

[조언]

쇼트 앵글 샷은 브리지를 짧고 부드럽게 하고 롱 앵글샷은 브리지를 약간 길고 견고
하게 해주는 것이 좋다.
브리지를 견고하게 하려면 엄지와 중지 손가락을 살짝 눌러 주면 된다.

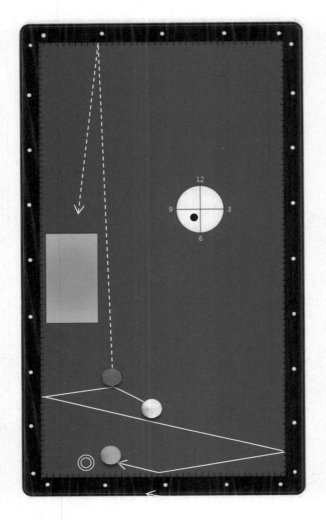

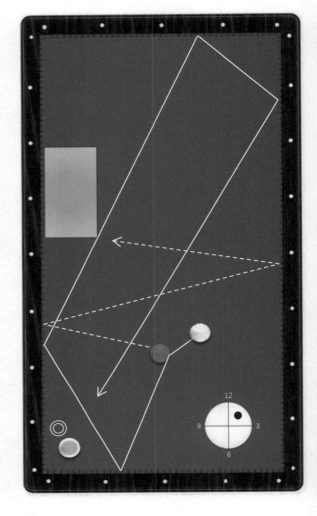

[해설]

1적구가 뒤로 돌리기 좋은 지점에 갈 만큼
힘 조절을 한다.
포인트는 7시 방향 중 하단 당점주고 천천
히
쳐야 한다.

[해설]

당점을 한Tip 반정도로 통제하고 1적구
가 장쿠션을 한번 횡단할 정도로 힘조절
을 한다..

[조언]
자신의 공과 1적구는 가급적 한쪽으로 몰아 놓고 상대의 공은 가급적 멀리 띄어
놓으면 상대의 득점에 어려움을 줄 수 있게 된다.

Position Play

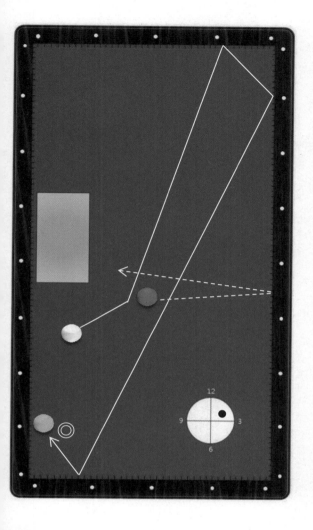

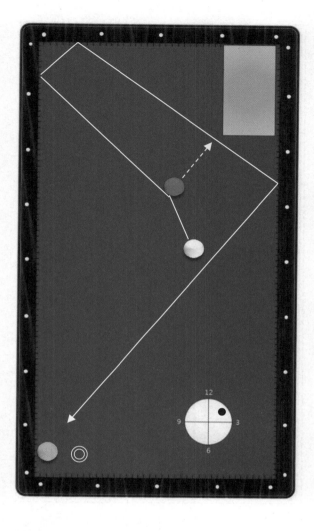

[해설]

뒤로 돌리기를 염두에 두고 1적구의
힘을 조절한다.

[해설]

1적구를 아주 얇게 맞춰서 우측 상단 코너
로 보내 놓으면 제각돌리기 대회전 또는
뒤로 돌리기 대회전 등이 나올 수 있다.

[조언]
한 큐 한 큐 일생에 마지막 샷이라 생각하고 최선을 다하라.

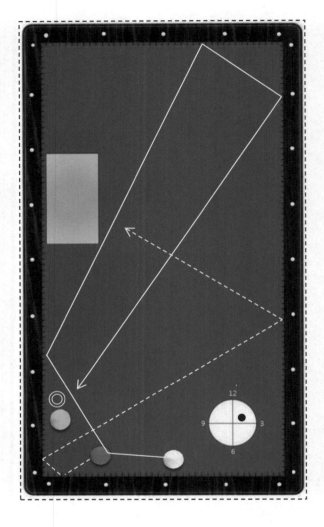

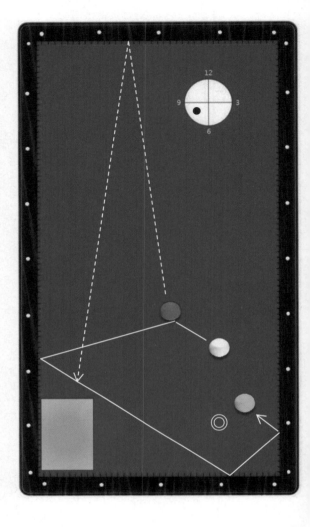

[해설]

1적구를 좌측 상단 코너로 보내놓고
Big Ball을 만든다.

[해설]

1적구를 좌측 하단 코너로 보내도록
힘조절을 한다.

[쪼언]

System을 먼저 배우고 배운 것을 토대로 자신만의 System을 만든다.

책을 마치면서

　3쿠션 System 실전 당구는 지난 40여 년간의 수많은 경험과 이론을 바탕으로 당구 동호인님들께서 보다 알기 쉽고 배우기 쉽게 전해드리기 위해 최선을 다했습니다.

　특히 당구의 기초가 되는 자세, 브리지, 그립 잡는법, 공의 두께 조준법, 당점, 타법, 스피드, 연습방법, 공을 잘 치기 위한 조언 등 모든 System에 이르기까지 동호인님들께서 실전에 바로 사용하실 수 있도록 엄선하여 제작 하였습니다.

　또한 3쿠션 System 실전 당구에는 타격감 없는 부드러운 롱샷이라는 용어와 25레일이라는 용어를 반복해서 사용하였으며, 아울러 부드럽게 1쿠션에 부딪쳐 굴리라는 용어도 반복해서 사용하였습니다.

　그 이유는 당구를 잘 치기 위한 첫 번째 조건이 수구를 1적구와 1쿠션에 어떻게 부딪쳐 주는가에 따라 2쿠션, 3쿠션의 반사각이 결정되기 때문입니다.
따라서 용어에 대한 의미와 이해가 반드시 필요합니다.

　동호인님께서는 3쿠션 System 실전 당구를 읽으시면서 모든 당구는 System과 연관되어 있다는 것을 느끼셨을 것입니다.

　이제부터 모든 당구는 System과 함께 하십시오.
그리고 연습도 System을 기준 삼아 하십시오.
System이란 처음에는 복잡해 보일 수도 있지만 자세히 들여다보면 숫자놀이에 불과합니다.

　꾸준히 노력하시다 보면 당구대 위에서 펼쳐지는 어떤 상황에도 그 해결책이 바로 떠오를 것입니다.

　끝으로 3쿠션 System 실전 당구를 구독해 주셔서 감사드리며 동호인님들의 건승을 응원합니다 !

3쿠션 System 실전당구

발행인 남 용
편저자 유효식
발행처 일신서적출판사
주　소 서울시 마포구 독막로 31길 7
등　록 1969년 9월 12일 (No. 10-70)
전　화 02) 703-3001~5 (영업부)
　　　　02) 703-3006~8 (편집부)
F A X 02) 703-3009
ISBN　978-89-366-0988-7 03690

정가 29,000원

©ILSIN 024-1
www.ilsinbook.com